V&R unipress

Schriften zum deutschen und internationalen Persönlichkeits- und Immaterialgüterrecht

Band 47

Herausgegeben von Professor Dr. Haimo Schack, Kiel,

Direktor des Instituts für Europäisches und

Internationales Privat- und Verfahrensrecht

Jochen Christoph Hegener

Die angemessene Vergütung im Urhebervertragsrecht

Zur Konkretisierung des § 32 Abs. 2 S. 2 UrhG zwischen Einzelfallgerechtigkeit und Branchentarifen

V&R unipress

DFG

NORMATIVE ORDERS

Exzellenzcluster an der Goethe-Universität Frankfurt am Main

MIX
Papier aus verantwortungsvollen Quellen
FSC
www.fsc.org
FSC® C083411

Bibliografische Information der Deutschen Nationalbibliothek
Die Deutsche Nationalbibliothek verzeichnet diese Publikation in der Deutschen Nationalbibliografie; detaillierte bibliografische Daten sind im Internet über http://dnb.d-nb.de abrufbar.

Diese Publikation geht hervor aus dem DFG-geförderten Exzellenzcluster »Die Herausbildung normativer Ordnungen« an der Goethe-Universität Frankfurt am Main.

D 30

Druck und Bindung: CPI books GmbH, Birkstraße 10, D-25917 Leck
Printed in the EU.

Vandenhoeck & Ruprecht Verlage | www.vandenhoeck-ruprecht-verlage.com

ISSN 2198-6398
ISBN 978-3-8471-0955-6

Inhalt

Abkürzungsverzeichnis

FormH	Formulierungshilfen des Bundesministeriums der Justiz vom 19. November 2001 und 14. Januar 2002 zu dem Regierungsentwurf für ein Gesetz zur Stärkung der vertraglichen Stellung von Urhebern und ausübenden Künstlern
RegE	Regierungsentwurf für ein Gesetz zur Stärkung der vertraglichen Stellung von Urhebern und ausübenden Künstlern, in den Bundestag eingebracht durch die Fraktionen der SPD und Bündnis 90/Die Grünen
UrhG-Prof	Entwurf eines Gesetzes zur Stärkung der vertraglichen Stellung von Urhebern und ausübenden Künstlern (»Professorenentwurf«)

Alle sonstigen Abkürzungen sind enthalten in: *Kirchner, Hildebert*, Abkürzungsverzeichnis der Rechtssprache, 8. Auflage, Berlin 2015.

Vorwort

Die vorliegende Arbeit entstand in meiner Zeit als wissenschaftlicher Mitarbeiter am Exzellenzcluster »Die Herausbildung normative Ordnungen« an der Goethe-Universität Frankfurt. Sie wurde im Wintersemester 2017/18 als Dissertation angenommen. Für die hiesige Publikation konnte die bis Ende August 2018 verfügbare Rechtsprechung und Literatur berücksichtigt werden.

Großer Dank gebührt meinem Doktorvater Prof. Dr. Alexander Peukert für seine Betreuung des Promotionsverfahrens wie auch die außerordentlich schnelle Erstellung des Erstgutachtens. Meine Zeit an seinem Lehrstuhl war überaus lehrreich, immer durch ein angenehmes Miteinander geprägt und mit großen Freiheiten verbunden. All dies werde ich in bester Erinnerung bewahren. Außerdem bedanke ich mich bei Prof. Dr. Tomas Brinkmann, der das Zweitgutachten ebenso in außergewöhnlich kurzer Zeit erstellte.

Für ihre Hilfe bei der Korrektur der Arbeit und diverse Anregungen möchte ich Eberhard Koch, Anna Rogler sowie Karolina Zawada danken. Darüber hinaus hat die Arbeit auch von Gesprächen mit meinen weiteren Lehrstuhlkollegen im Rahmen von Doktorandenseminaren profitiert. Dazu gehören insbesondere Nora Hesse und Timon Backes. Auch ihnen gebührt mein Dank. Schließlich bin ich auch den weiteren Lehrstuhlangehörigen für ihre Hilfe bei der Recherche und Beschaffung von Literatur, administrativen Fragen und ähnlichem dankbar. Dazu gehören namentlich Antje Hofmann, Marcus Berker, Marcel Hesse, Fabian Brandt, Johanna Möller und Julian Seidl.

Abschließend gebührt mein ganz besonderer Dank meinen Eltern, Ursel Schoeltzke und Klaus Hegener. Sie haben mich stets nach Kräften unterstützt. Ohne sie wäre all dies nicht möglich gewesen.

Frankfurt am Main im November 2018,
Jochen Christoph Hegener

Einleitung

A. Ausgangspunkt sowie Ziel der Untersuchung

»Die Konkretisierung der Angemessenheit bleibt der Rechtsprechung überlassen«[1] – so formulierte die Bundesregierung 2006 die Delegation eines zentralen Problems des Urhebervertragsrechts an die Rechtsprechung. Seinen Ursprung hatte der Auftrag zur Konkretisierung in der Einführung eines allgemeinen Anspruchs von Urhebern gegenüber ihren Verwertern auf Zahlung einer *angemessenen Vergütung* für die Einräumung von Nutzungsrechten. Der in diesem Zusammenhang verwendete Begriff der Angemessenheit stand und steht weiterhin im Zentrum des Konkretisierungsauftrags an die Gerichte.

Der in § 32 UrhG enthaltene, allgemeine Anspruch auf Zahlung einer angemessenen Vergütung war 2002 durch das *Gesetz zur Stärkung der vertraglichen Stellung von Urhebern und ausübenden Künstlern* in das Urheberrechtsgesetz eingeführt worden und sollte vor allem die wirtschaftliche und soziale Position von Urhebern zu verbessern helfen. Indes sah sich der Gesetzgeber 15 Jahrs später gezwungen, mit dem im März 2017 in Kraft getretenen *Gesetz zur verbesserten Durchsetzung des Anspruchs der Urheber und ausübenden Künstler auf angemessene Vergütung und zur Regelung von Fragen der Verlegerbeteiligung* erneut regulierend in das Urhebervertragsrecht einzugreifen. Die erwünschte Verbesserung der Situation von Urhebern war nicht in ausreichendem Maß eingetreten. Auch in der Zwischenzeit ist das Urhebervertragsrecht ein umkämpftes Gebiet geblieben, in dem zwischen den beteiligten Parteien wenig Einvernehmen besteht.

Indes würde die Zielvorstellung, dass Urheber für ihre Leistungen angemessen zu entlohnen sind, faktisch von allen am Urhebervertragsrecht beteiligten Parteien Zustimmung finden. § 11 S. 2 UrhG – der eben jene angemessene Vergütung zum Gesetzeszweck des UrhG erklärt – basierte gar auf einem For-

1 Entwurf eines zweiten Gesetzes zur Regelung des Urheberrechts in der Informationsgesellschaft, BTDrucks 16/1828, 25.

mulierungsvorschlag der den Urhebern gegenüberstehenden Verwerterseite aus dem Jahre 2001.[2] Die grundlegende Idee einer angemessenen Vergütung von Urhebern ist zwischen den Beteiligten nicht strittig. Dennoch haben die Reformbemühungen des Gesetzgebers bis dato keinen Rechtsfrieden erreichen können, wie die kontroverse Diskussion um das neuerliche Reformvorhaben von 2017 gezeigt hat. Dies ist nach Auffassung des Autors zu einem nicht unerheblichen Teil dem Umstand geschuldet, dass der Begriff der Angemessenheit im Urhebervertragsrecht auch lange nach Einführung des § 32 UrhG noch viel zu unbestimmt ist. Die Aussage, dass den Urhebern eine angemessene Vergütung geschuldet wird, kann in der Praxis aus dem Blickwinkel beider Parteien zu ganz verschiedenen Vorstellungen von konkret zu zahlenden Vergütungen führen. Der vermeintliche Konsens über eine angemessene Vergütung von Urhebern fällt also spätestens in der Praxis in sich zusammen.

Die Unbestimmtheit der in diesem Zusammenhang relevanten Kriterien einer angemessenen Vergütung und die damit verbundene Problematik sind in der Vergangenheit bereits angemerkt worden.[3] Gleichwohl ist die Diskussion um anwendbare Kriterien bisher eher zurückhaltend geführt worden. Es ist dieser Umstand, der die gerichtliche Konkretisierung des Begriffs der Angemessenheit in den Blickpunkt rückt. Das gilt umso mehr, als die mangelnde Verständigung über die angemessene Bezahlung von Urhebern für ihre Werke vielen Kontroversen um das Urhebervertragsrecht zugrunde zu liegen scheint.

Ein zentraler Ansatzpunkt für die Konkretisierung der Angemessenheit ist die Legaldefinition der angemessenen Vergütung in § 32 Abs. 2 S. 2 UrhG. Mit dieser Norm versuchte der Gesetzgeber von 2002 den Begriff der Angemessenheit auch unabhängig von Kollektivabsprachen innerhalb einzelner Branchen so zu definieren, dass die Gerichte in streitigen Fällen zu passenden und gerechten Ergebnissen befähigt würden. In der Norm manifestiert sich der Grundgedanke des Gesetzgebers darüber, wie eine angemessene Vergütung zu ermitteln ist und damit eine Grundlage für die weitere Konkretisierung.[4] Aus diesem Grund steht die Legaldefinition des § 32 Abs. 2 S. 2 UrhG im Mittelpunkt dieser Untersuchung.

Der Konkretisierungsauftrag des Gesetzgebers an die Gerichte ist dabei der Ausgangspunkt. Die Untersuchung geht dabei in erster Linie der Frage nach, wie es um die Konkretisierung der Legaldefinition der angemessenen Vergütung in

---

2 Vgl. Vorschlag aus der Medienwirtschaft für ein Urhebervertragsrecht vom 10.04.2001, 2; zur Entstehungsgeschichte von § 11 S. 2 UrhG vgl. *Czychowski*, in: Fromm/Nordemann, § 11 UrhG Rn. 4.

3 Vgl. etwa *Hoeren*, in: Bullinger u. a., Festschrift Wandtke, 159, 162.

4 Das gilt auch und sogar umso mehr, als dem Gesetzgeber bei der Konzeption der Legaldefinition »Hilflosigkeit« bescheinigt wurde; vgl. *Schack*, in: Stern/Peifer/Hain, Urhebervertragsrecht – Gelungen oder reformbedürftig?, 55, 66.

§ 32 Abs. 2 S. 2 UrhG bestellt ist. Auch wenn der deutsche Gesetzgeber bisweilen dafür gelobt wurde, mit § 32 UrhG einen ›gerechten Preis‹ eingeführt zu haben[5], muss die Suche nach einem solchen ›gerechten Preis‹ oder *iustum pretium* – wie vielfach betont wird[6] – ein unendliches und ultimativ fruchtloses Unterfangen bleiben. Die Untersuchung versucht daher auch nicht, einen eigenständigen Begriff der angemessenen Vergütung zu entwickeln. Gegenstand der Untersuchung ist vielmehr eine Art von Bestandsaufnahme der bisherigen Bemühungen, mit der Legaldefinition der angemessenen Vergütung praktisch umzugehen und diese zu konkretisieren. Indes sollen diese Bemühungen nicht nur dokumentiert werden. Es geht vielmehr auch darum, Probleme bei der Konkretisierung der angemessenen Vergütung herauszuarbeiten und zu formulieren und einige mögliche Wege auf der Suche nach Lösungen dieser Probleme aufzuzeigen. Wenn die Untersuchung also die – zweifellos sehr komplexe und langwierige – Konkretisierung der Legaldefinition auf diese Weise zu einem gewissen Maße fördern kann, so hat sie ihr Ziel erreicht.

B. Gang der Untersuchung

Die Untersuchung ist in drei thematisch verbundene Teile untergliedert. In *Teil 1* werden zunächst die Grundlagen für die beiden weiteren Teile der Untersuchung gelegt, indem die Entstehung und Systematik der Legaldefinition dargestellt werden. *§ 1* befasst sich dabei mit den gesetzgeberischen Motiven hinter den Bemühungen bei den beiden Urhebervertragsrechtsreformen von 2002 und 2017. *§ 2* beleuchtet sodann die Entwicklung der Legaldefinition innerhalb der Gesetzgebungsmaterialien. Schließlich wird in *§ 3* die Systematik der Legaldefinition dargestellt und eine ganz erhebliche Unbestimmtheit für die weitere Untersuchung aufgelöst. Es geht dabei primär darum, der weiteren Untersuchung eine einheitliche Lesart des § 32 Abs. 2 S. 2 UrhG zugrunde zu legen.

Teil 2 der Untersuchung enthält daraufhin die eigentliche Bestandsaufnahme der bisherigen Konkretisierungsversuche in der Rechtsprechung. Vorab wird in *§ 4* auch eine methodische Grundlage der Konkretisierungsbemühungen gelegt, die vor allem darauf abzielt, die Form und das Resultat einer gelungenen Normkonkretisierung zu identifizieren. Anschließend wird der Umgang der Rechtsprechung mit den beiden entscheidenden Begriffen der Üblichkeit (in

5 Vgl. *Grosheide*, in: Loewenheim, Festschrift Nordemann, 447, 448.

6 Vgl. nur *Schack*, ZUM 2001, 453, 459; *Hoeren*, MMR 2000, 449, 449; *ders.*, MMR 7/2001, V, V; *Haupt/Flisak*, KUR 2003, 41, 43; *Berger*, in: Berger/Wündisch, § 2 Rn. 93; *Andernach*, Die vertragliche Beteiligung nach dem neuen Urhebervertragsrecht, 102; *Stickelbrock*, GRUR 2001, 1087, 1094.

§ 5) und der Redlichkeit (in *§ 6*) analysiert. Berücksichtigt wurden dabei alle bis Ende August 2018 auf Juris einsehbaren Entscheidungen zu § 32 UrhG.

Der abschließende *Teil 3* beschäftigt sich sodann mit der Frage, ob die Konkretisierung des § 32 Abs. 2 S. 2 UrhG notwendigerweise auf Einzelfallgerechtigkeit zielen sollte, oder ob die Tendenz der Gerichte, branchenweit einheitliche Tarife zur Anwendung zu bringen, den Reformzielen des Gesetzgebers ebenso gerecht wird. Diese Problematik wird dabei aus einer verfassungsrechtlichen Perspektive betrachtet. *§ 7* stellt zunächst die diesbezügliche Tendenz der Gerichte zur Bemessung der Vergütung anhand von Branchentarifen und mögliche Gründe hierfür dar. Die folgenden drei Kapitel untersuchen die Frage sodann aus den spezifischen Perspektiven von drei zugunsten der Reformbemühungen vorgebrachten verfassungsrechtlichen Anknüpfungspunkten. Zunächst erfolgt dies aus der Perspektive der Eigentumsgarantie des Art. 14 Abs. 1 S. 1 GG (in *§ 8*), sodann aus der Perspektive des Ausgleichs gestörter Vertragsparität (in *§ 9*) und schließlich aus der Perspektive des Sozialstaatsprinzips der Art. 20 Abs. 1, 28 Abs. 1 S. 1 GG (in *§ 10*).

Hiernach schließt eine kurze Formulierung der Hauptthesen die Untersuchung ab.

C. Eingrenzung der Untersuchung

Naturgemäß unterliegt die Untersuchung einigen Beschränkungen, die insbesondere der Weite des Themas geschuldet sind. Daher wird – wie zuvor bereits angemerkt – kein von der bisher ergangenen Rechtsprechung gänzlich unabhängiger Begriff der Angemessenheit entwickelt. Die Untersuchung muss insoweit als Bestandsaufnahme und Analyse verstanden werden. Insbesondere wegen der Vielfältigkeit der mit der Konkretisierung verbundenen Probleme können diese auch nicht alle einer möglichen Lösung zugeführt werden. An diesen Stellen dient die Untersuchung in erster Linie der Identifizierung von offenen und im Rahmen der weiteren Konkretisierung klärungsbedürftigen Fragen.

Im Rahmen der Quellen bedient sich die Untersuchung in erster Linie der gesamten zu § 32 UrhG ergangenen Rechtsprechung. Bisweilen werden auch Urteile zu §§ 11, 32a UrhG verwendet, diesbezüglich kann die Untersuchung aber keine Vollständigkeit beanspruchen.

D. Terminologie

Schließlich sind vorab noch einige Klarstellungen zur Terminologie der Untersuchung vorzunehmen. Es wird weitestgehend auf die gängigen Bezeichnungen zurückgegriffen. Dies gilt insbesondere für die Bezeichnung der Verwerter, die allgemein für alle Vertragspartner der Urheber im Rahmen von Verträgen über die Einräumung von Nutzungsrechten genutzt wird und keinerlei Wertung über deren Rolle oder Leistung beinhaltet. Der Begriff der Urheber auf der anderen Seite bezeichnet ebenso die ausübenden Künstler, sofern und soweit dies in dem jeweiligen Kontext angebracht ist.

Teil 1: Die Legaldefinition des § 32 Abs. 2 S. 2 UrhG: Entstehung und Systematik

§ 1 Die Reformbemühungen um das Urhebervertragsrecht

A. Die Urhebervertragsrechtsreform 2002

Die Legaldefinition des § 32 Abs. 2 S. 2 wurde durch das *Gesetz zur Stärkung der vertraglichen Stellung von Urhebern und ausübenden Künstlern*[7] in das UrhG eingefügt. Diese Neufassung des Urhebervertragsrechts wurde erst nach intensiver Auseinandersetzung und kontroverser Diskussion um wesentliche Punkte[8] am 22. März 2002 verkündet und trat am 01. Juli 2002 in Kraft. Damit wurde der vorläufige Schlusspunkt unter eine lang erwartete Reform des Urhebervertragsrechts gesetzt.

Schon bei Erlass des Urheberrechtsgesetzes im Jahre 1965 war dem Gesetzgeber bewusst, dass es einer umfassenderen Regelung des Urhebervertragsrechts bedurfte, als dies mit dem damaligen Gesetzesvorhaben geleistet wurde. Die wenigen darin enthaltenen urhebervertragsrechtlichen Vorschriften sollten vielmehr Übergangscharakter haben und durch ein eigenes Urhebervertragsgesetz ersetzt werden.[9] In der Folgezeit erfolgte allerdings kein Versuch, ein solches Urhebervertragsgesetz tatsächlich zu erlassen, obwohl es hierzu Absichten in der Politik[10] und detaillierte Konzepte der Wissenschaft[11] gab. Es stellte sich heraus, dass die Regulierung vieler verschiedener Branchen durch

---

7 Vgl. BGBl I 2002, 1155ff.

8 Vgl. *Peukert*, IIC 2004, 900, 902; *Schmidt*, ZUM 2002, 781, 781f.; *Schack*, GRUR 2002, 853, 853; *Berger*, Das neue Urhebervertragsrecht, Rn. 8; *Wandtke/Grunert*, in: Wandtke/Bullinger, Vor §§ 31ff. UrhG Rn. 3; *Vogel*, in: Schricker/Loewenheim, Einl. Rn. 121ff.; *J. B. Nordemann*, in: Fromm/Nordemann, Vor §§ 31ff. UrhG Rn. 17 m.w.N.

9 Vgl. Entwurf eines Urheberrechtsgesetzes, BTDrucks IV/270, 56.

10 So *Däubler-Gmelin*, GRUR 2000, 764, 765 (»nahezu alle Bundesregierungen«); *Stickelbrock*, GRUR 2001, 1087, 1087 (»praktisch von allen Bundesregierungen«); *Obergfell*, in: Obergfell, Zehn Jahre reformiertes Urhebervertragsrecht, 7, 14 (»uneingelöstes Versprechen sämtlicher Regierungen«); vgl. auch *Schulze*, in: Dreier/Schulze, Vor § 31 UrhG Rn. 2 m.w.N.

11 Vgl. *Schricker/Loewenheim*, in: Schricker/Loewenheim, Vor § 28 UrhG Rn. 3ff. m.w.N.

einen einzigen Normenkatalog ebenso problematisch und umstritten war wie die Erfassung aller Branchen durch verschiedene Einzelgesetze. Der Gesetzgeber entschied in diesem Zuge zunächst, auf den Abschluss von Tarifverträgen in den jeweiligen Branchen zu vertrauen.[12]

Diese Lücke wurde aber insoweit als unbefriedigend angesehen, als das Urhebervertragsrecht auch dem Schutz der Urheber und ihrer Interessen dienen soll, einem insbesondere nach §§ 1, 11 UrhG grundsätzlichen Anliegen des Urheberrechts.[13] Neben der Erfüllung der – in funktionaler Hinsicht – primären Aufgabe, nämlich der Regelung der Rechtsbeziehungen zwischen Urhebern und ihren Verwertern sowie den Verwertern untereinander, soll das Urhebervertragsrecht auch den Ersteren zu angemessenen Vertragsbedingungen und zur Kontrolle über die Nutzung ihrer Werke verhelfen.[14] Im Hinblick auf die vermögensrechtlichen Aspekte des Schutzes der Urheber wurde diesbezüglich schon in der ersten Hälfte des 20. Jahrhunderts durch die Rechtsprechung des Reichsgerichts der Grundsatz aufgestellt, dass diese am wirtschaftlichen Nutzen ihrer Werke angemessen zu beteiligen seien.[15] Insofern hat die Regelung des Rechtsverkehrs von Nutzungsrechten und anderen Gegenständen des Urhebervertragsrechts eine spezifische Schutzrichtung, die durch die lange Zeit geringe Kodifizierung nur unzureichend erfüllt werden konnte. Diese Schutzrichtung des Urhebervertragsrechts zugunsten der Urheber basiert auf der weit verbreiteten Annahme, dass die Urheber in Verwertungsverträgen typischerweise die gegenüber ihren Verwertern – im Hinblick auf wirtschaftliche Macht wie rechtliche Kenntnisse – schwächere Vertragspartei sind.[16] Dabei wird bisweilen das Bild des einzelnen Urhebers bemüht, der einem geschäftlich organisierten, unter Umständen sogar weltweit tätigen Verwerter gegenüber tritt und aufgrund dieses Ungleichgewichts kaum Einfluss auf den Vertragsinhalt hat.[17]

Unter dem Stichwort der gestörten Vertragsparität behandelte die Urhebervertragsrechtsreform von 2002 dieses Ungleichgewicht als einen Hauptansatzpunkt der Reform. Die Bundesregierung konstatierte in ihrem Gesetzentwurf,

12 Vgl. *Schack*, GRUR 2002, 853, 853; *ders.*, ZUM 2001, 453, 453f.; *Dietz*, IIC 2002, 828, 829f.

13 Vgl. zu diesem Schutzzweck *Dietz*, ZUM 2001, 276, 276f.; *Schricker*, GRUR Int. 2002, 797, 798; *Wandtke*, K&R 2001, 601, 601; *Erdmann*, GRUR 2002, 923, 923f.; Däubler-*Gmelin*, GRUR 2000, 764, 764f.

14 *Schricker/Loewenheim*, in: Schricker/Loewenheim, Vor § 28 UrhG Rn. 1 f.; *J. B. Nordemann*, in: Fromm/Nordemann, Vor §§ 31ff. UrhG Rn. 4, 6ff.

15 *Erdmann*, GRUR 2002, 923, 924 m.w.N.

16 Vgl. etwa *Rehbinder/Peukert*, Urheberrecht, Rn. 845; *Wandtke*, Urheberrecht, 4. Kapitel Rn. 2; *Schack*, Urheber- und Urhebervertragsrecht, Rn. 1080; *Schulze*, in: Dreier/Schulze, Vor § 31 UrhG Rn. 2 m.w.N.

17 So zum Beispiel im Rahmen des Gesetzgebungsverfahren: Regierungsentwurf, BTDrucks 14/6433, 9f.; in der Literatur: *Schricker*, IIC 2004, 850, 850; *Grosheide*, in: Loewenheim, Festschrift Nordemann, 447, 447; in der Rechtsprechung: BVerfG 1 BvR 1842/11, 1 BvR 1843/11, 23.10.2013, BVerfGE 134, 204, Rn. 76 – *Übersetzerhonorare*.

dass es Symptom des strukturellen Ungleichgewichts sei, dass Urheber in vielen Bereichen nur zu ungerechten Vertragsbedingungen beschäftigt würden.[18] Dies führe dazu, dass die »wirtschaftliche Lage der Kreativen [...] häufig schwierig« sei.[19] Entsprechend diesem abgestuften Befund von Ursache und Wirkung der Problematik lässt sich das primäre Ziel der Reform von 2002 ebenso zweigestuft formulieren: Einerseits sollte der Grundsatz der angemessen Vergütung für die Einräumung von Nutzungsrechten gesetzlich verankert werden[20], andererseits aber auch tiefergehend eine Vertragsparität zwischen Urhebern und Verwertern hergestellt werden[21].

Die Herangehensweise des Gesetzgebers glich sich im Hinblick auf beide Zielsetzungen. So wurde in erster Linie eine Kollektivierung der Verhandlungsmacht der Urheber als Heilmittel für die zugrundeliegende Ursache wie auch deren Auswirkungen betrachtet. Diese Idee war vom Grundsatz betrachtet nicht neu, sondern auch schon im Gutachten von *Eugen Ulmer* für das Bundesministerium der Justiz aus dem Jahre 1977 enthalten[22] und wurde auch im Vorschlag von *Wilhelm Nordermann* zumindest angedeutet[23]. Die Kollektivierung sollte nunmehr dadurch hergestellt werden, dass Verbände von Urhebern in Verhandlungen über die für bestimmte Nutzungsrechtseinräumungen geschuldete Vergütung den Verwertern gegenübertreten und dabei verbindliche Kollektivverträge aushandeln sollten.[24] Die resultierenden gemeinsamen Vergütungsregeln traten hierbei neben die bereits zuvor gesetzlich vorgesehenen Tarifverträge für arbeitnehmerähnliche Urheber und stellten durch ihre für alle Mitglieder unmittelbare und zwingende Wirkung eine Neuigkeit dar.[25] Sie sollten nämlich – um im Wege der Selbstregulierung einen Ausweg aus dem Dilemma des Gesetzgebers hinsichtlich der Erfassung vieler unterschiedlicher

18 Vgl. Regierungsentwurf, BTDrucks 14/6433, 7.

19 Vgl. ebd., 9.

20 Die damalige Justizministerin bezeichnete dies mit Blick auf den dem Gesetzentwurf zugrunde liegenden sog. Professorenentwurf als »Leitfaden« der Reform, vgl. *Däubler-Gmelin*, GRUR 2000, 764, 765; die Bundesregierung sprach vom »Kernanliegen«, vgl. Gegenäußerung der Bundesregierung, BTDrucks 14/7564, 11.

21 Vgl. Regierungsentwurf, BTDrucks 14/6433, 7.

22 Vgl. *Ulmer*, Gutachten zum Urhebervertragsrecht, Rn. 23ff., 165f., der neben der Anwendung von Tarifverträgen auf arbeitnehmerähnliche Personen gem. § 12a TVG auf sonstige, allerdings nicht allgemeinverbindliche Kollektivvereinbarungen setzte. Damit waren vor allem Vertragsrichtlinien und Vertragsmuster gemeint, die gerade nicht unmittelbare und zwingende Wirkung auf Individualverträge haben konnten, aber als typische und angemessene Regelungen gerichtlich zu berücksichtigen sein sollten.

23 Vgl. *W. Nordemann*, GRUR 1991, 1, 3, der konstatierte, dass bei Einführung eines Anspruchs auf angemessene Vergütung für jede Nutzung den Kollektivvereinbarungen zwischen Urheber- und Verwerterverbänden größere Bedeutung zukommen würde.

24 Vgl. Gegenäußerung der Bundesregierung, BTDrucks 14/7564, 11.

25 Vgl. Regierungsentwurf, BTDrucks 14/6433, 12.

Branchen mit einem Gesetz zu finden – gleichzeitig für Individualverträge die angemessene Vergütung bestimmen.[26] So war intendiert, dass bei der individuellen Geltendmachung von angemessenen Vergütungen in erster Linie die Kollektivverträge anspruchsausfüllende Wirkung haben würden.[27] Mithin sollten die beiden zentralen Regelungen der Urhebervertragsrechtsreform ineinandergreifen, um letztlich die erstrebte Wirkung der Besserstellung der Urheber insgesamt zu erreichen. Damit beruhte die Hoffnung des Gesetzgebers, die gesamte von ihm anvisierte Problematik – sowohl die mangelnde Vertragsparität als auch die daraus resultierende schlechte Einkommenssituation der Urheber – zu lösen, ganz wesentlich auf dem Institut der Kollektivverträge. Der gerichtlichen Bestimmung von angemessenen Vergütungen ohne Bezug zu einem Kollektivvertrag war dagegen eine eher vorübergehende Funktion bis zum Abschluss diverser Kollektivverträge zugedacht.[28] Die Legaldefinition der angemessenen Vergütung – die ausschließlich zur Erleichterung der gerichtlichen Bestimmung einer angemessenen Vergütung dient – stand daher weniger im Fokus des Gesetzgebers.[29]

B. Die Urhebervertragsrechtsreform 2017

Die zweite umfassende Reform des Urhebervertragsrechts erfolgte dann kurz vor dem 15-jährigen Jubiläums der Reform von 2002. So wurde am 23.03.2016 nach ähnlich kontroversen Diskussionen das *Gesetz zur verbesserten Durchsetzung des Anspruchs der Urheber und ausübenden Künstler auf angemessene Vergütung und zur Regelung von Fragen der Verlegerbeteiligung* verkündet.[30] Die damit verbundenen Änderungen des Urhebervertragsrechts traten am 01.03. 2017 in Kraft.

Die Eckpfeiler der neuerlichen Reform waren dabei im Wesentlichen dieselben wie im Rahmen der vorangegangenen Reform. Erneut ging es vor allem um die Stärkung der Stellung von Urhebern im Verhältnis zu ihren Verwertern.[31] Auch weiterhin wurde eine mangelnde Vertragsparität und eine sich daraus ergebende schlechte wirtschaftliche Situation der Urheber diagnostiziert.[32] Letztere wurde im Rahmen dieses Gesetzgebungsverfahrens gar als »häufig

26 Vgl. ebd.
27 Vgl. ebd., 12f.
28 Vgl. *Dietz*, IIC 2002, 828, 837.
29 Dazu näher sogleich in § 2.
30 Vgl. BGBl I 2016, 3037ff.
31 Vgl. Regierungsentwurf, BTDrucks 18/8625, 13.
32 Vgl. ebd., 12f.

prekär« eingeschätzt.[33] In diesem Zusammenhang wurden vor allem das Phänomen der ›Total Buy-Outs‹, also der umfassenden Rechteeinräumung gegen eine einmalige Pauschalzahlung, sowie das des ›Blacklisting‹, also des Boykotts von klagenden Urhebern, als für die Lage der Kreativen besonders schädlich ausgemacht.[34] Letztlich ging es also wiederum darum, die Urheber bei den Verhandlungen mit ihren Verwertern und der Durchsetzung ihrer Rechte zu schützen. In den zentralen Fragen handelte der Gesetzgeber im Rahmen beider Reformen in den zentralen Fragen damit aus den gleichen Beweggründen.

Weil die Diagnose des Gesetzgebers im Rahmen dieser erneuten Reform derjenigen im Jahre 2002 nahezu vollständig gleichkam, entschied dieser sich dafür, die seinerzeit beschlossenen Regelungen in erster Linie zu ergänzen, statt gänzlich neue Maßnahmen zu treffen. So sollte der Grundsatz der angemessenen Vergütung von Urhebern – durch Instrumente wie einen neuerlich normierten Auskunftsanspruch der Urheber – nochmals betont werden.[35] Andererseits sollte wiederum auch das Instrument der gemeinsamen Vergütungsregelungen durch diverse Ergänzungen gestärkt werden.[36] Insofern ging es bei der erneuten Reform aus dem Jahr 2017 um eine Ergänzung der bereits geleisteten Bemühungen, deren Defizite zuvorderst behoben werden sollten.[37] Selbiges gilt im Kleinen auch für die Legaldefinition des § 32 Abs. 2 S. 2 UrhG, die lediglich um zwei Wörter ergänzt wurde, um den Grundsatz der angemessenen Vergütung für jede Nutzung eines Werkes noch stärker zu betonen.[38]

§ 2 Die Gesetzgebungsmaterialien der Reformen und ihre Vorgaben an die Rechtsprechung

Es sind diese Beweggründe des Gesetzgebers von 2002 sowie 2017, die die Grundlage für die Auslegung von § 32 UrhG bilden. Der darin enthaltene Anspruch eines Urhebers auf eine angemessene Vergütung für die Einräumung von Nutzungsrechten an seinem Werk stellt nach allgemeiner Ansicht einen zentralen Pfeiler der Schutzvorschriften des Urhebervertragsrechts dar.[39] Aus dieser Bedeutung des Anspruchs der Urheber aus § 32 UrhG folgt letztlich auch die

33 Vgl. ebd., 16.
34 Vgl. ebd., 12.
35 Vgl. ebd.
36 Vgl. ebd.
37 So auch *Lucas-Schloetter*, GRUR 2017, 235, 235f.
38 Vgl. Beschlussempfehlung und Bericht des Ausschusses für Recht und Verbraucherschutz, BTDrucks 18/10637, 21. Zu dem genauen Wortlaut sogleich unter § 2 A. III.
39 Vgl. nur *Soppe*, in: Ahlberg/Götting, § 32 Rn. 2 UrhG, der § 32 UrhG als »Kernstück der Reformen« bezeichnet.

Bedeutung der Legaldefinition in § 32 Abs. 2 S. 2 UrhG, die schließlich den Begriff der Angemessenheit definieren und damit für die Gerichte handhabbar machen soll. Im Folgenden sind die Leiterwägungen und Vorgaben des Gesetzgebers zu eben dieser Definition der Angemessenheit und ihrer Elemente der Üblichkeit und Redlichkeit anhand der Gesetzgebungsmaterialien darzustellen. Dabei steht die Frage im Vordergrund, welches Verständnis und welche Rolle der Gesetzgeber der Legaldefinition zugrunde legte. Hierbei ist insbesondere die Entwicklung derselben innerhalb der Gesetzgebungsmaterialien zu beachten (*dazu unter A.*). Auf Grundlage der Materialien zur geltenden Fassung von § 32 Abs. 2 S. 2 UrhG soll außerdem der Konkretisierungsauftrag des Gesetzgebers mit Blick auf die weitere Untersuchung abgesteckt werden (*unter B.*).

A. Die Legaldefinition in den Gesetzgebungsmaterialien

Die Betrachtung muss mit den Erwägungen zur ersten Reform des Urhebervertragsrechts von 2002 beginnen, in deren Verlauf § 32 Abs. 2 S. 2 UrhG entstand. Eine Legaldefinition der angemessenen Vergütung für das Urhebervertragsrecht war seinerzeit nicht von Anfang an vorgesehen, sondern fand erst im Laufe des Gesetzgebungsverfahrens Einzug in den Gesetzestext. Dementsprechend kamen auch die Üblichkeit und Redlichkeit als Bestandteile der Legaldefinition in den Erwägungen zunächst nur in weniger entscheidenden Rollen vor.

I. Die »redliche Verkehrsübung« als Kriterium der Angemessenheit

1. *Der Professorenentwurf*

Ausgangspunkt der Reformbestrebungen war der sogenannte »Professorenentwurf« vom 22. Mai 2000, der durch das Bundesministerium der Justiz angeregt worden war.[40] In beiden Fassungen dieses Gesetzentwurfs fand sich zwar in § 32 Abs. 1 S. 1 UrhG-Prof der (gesetzliche) Anspruch auf eine angemessene Vergütung, eine Definition der Angemessenheit war aber noch nicht in den Gesetzestext eingefügt.[41] Dennoch wurde der Begriff der Redlichkeit in der Entwurfsbegründung bereits verwendet. Dort wurde ausgeführt, dass die angemessene Vergütung zu finden sei, indem der jeweilige Anteil des Urhebers und des Verwerters am Endprodukt bestimmt und diese Wertung auf die vermögenswerten Ergebnisse jenes Endprodukts übertragen werden solle.[42] Die

40 *Kotthoff*, in: HK-UrhR, § 31 UrhG Rn. 9.
41 Vgl. *Dietz/Loewenheim/Nordemann/Schricker/Vogel*, GRUR 2000, 765, 766.
42 Vgl. ebd., 774.

»redliche Verkehrsübung« wurde dabei als ein bei der Bestimmung des Anteils zu berücksichtigender Umstand genannt, neben den die Faktoren der Art und des Umfangs der Nutzung, der Markverhältnisse, der Investitionen, der Risikotragung sowie der Kosten und der zu erzielenden Einnahmen treten sollten.[43] Damit handelte es sich bei der im Verkehr üblichen und redlichen Vergütung also zunächst nicht um ein eigenständiges Element der Definition der angemessenen Vergütung, sondern lediglich um einen unter mehreren Faktoren bei deren Bestimmung.

2. *Der Regierungsentwurf*

Der Professorenentwurf wurde sodann am 30. Mai 2001 in überarbeiteter und erweiterter Ausgestaltung als Regierungsentwurf vorgelegt und gleichzeitig von den Fraktionen der SPD und Bündnis 90/Die Grünen in den Bundestag eingebracht.[44] Auch § 32 Abs. 1 S. 1 RegE enthielt einen gesetzlichen Anspruch der Urheber auf eine angemessene Vergütung.[45] Ebenso wie im Professorenentwurf wurde im Regierungsentwurf zudem explizit von einer Definition der Angemessenheit abgesehen, wobei als Begründung für den Verzicht auf eine »Vielzahl von Bestimmungen des geltenden Rechts« verwiesen wurde, in denen die Angemessenheit ebenfalls nicht definiert sei.[46] Indes enthielt der Entwurf auch den Hinweis, dass von einem Entstehen des Anspruchs auf eine angemessene Vergütung bereits bei Einräumung der Nutzungsrechte abgesehen werde, weil zu diesem Zeitpunkt die Berechnung der angemessenen Vergütung auf zu große Schwierigkeiten treffen würde.[47] Ein inhaltlicher Unterschied zum Professorenentwurf bestand darin, dass die Entwurfsbegründung die in der jeweiligen Branche redliche und übliche Vergütung nunmehr nicht neben den anderen zu beachtenden Faktoren auflistete, sondern sie vorgezogen und damit herausgestellt als Anhaltspunkt für die gerichtliche Praxis aufführte.[48] Dennoch handelte es sich bei der redlichen und üblichen Vergütung weiterhin lediglich um einen unter mehreren Faktoren, die bei der Bestimmung des Anteils des Urhebers und des Verwerters am Endprodukt zu beachten sein sollten.

3. *Die Stellungnahme des Bundesrats*

Diese Ausgestaltung des Anspruchs auf eine angemessene Vergütung stieß in der Stellungnahme des Bundesrates – gemäß Art. 76 Abs. 2 GG – vom 13. Juli 2001 auf Bedenken. Hinsichtlich der gerichtlichen Bestimmung der Angemessenheit

43 Vgl. ebd.
44 *Kotthoff*, in: HK-UrhR, § 31 UrhG Rn. 9.
45 Vgl. Regierungsentwurf, BTDrucks 14/6433, 3.
46 Vgl. ebd., 14.
47 Vgl. ebd., 15.
48 Vgl. ebd.

prognostizierte der Bundesrat erhebliche Schwierigkeiten, da gerade keine Vergleichbarkeit etwa mit der angemessenen Vergütung im Rahmen der unberechtigten Werknutzung gegeben sei.[49] Das wurde insbesondere damit begründet, dass in den dortigen Verfahren lediglich die im Markt üblichen Vergütungen festzustellen wären, was allein durch Erhebung von Marktdaten möglich sei.[50] Im Hinblick auf ein darüber hinausgehendes Erfordernis der Angemessenheit der Vergütung wurde auf das Recht der allgemeinen Geschäftsbedingungen verwiesen, in dessen Rahmen die Angemessenheit der Preisvereinbarung mangels rechtlicher Kontrollmaßstäbe grundsätzlich der Inhaltskontrolle entzogen sei.[51]

II. Die »im Geschäftsverkehr übliche und redliche Vergütung« als Legaldefinition der Angemessenheit

1. Die Gegenäußerung der Bundesregierung

In der auf die Stellungnahme des Bundesrats folgenden Gegenäußerung der Bundesregierung vom 23. November 2001 wurde dann als Reaktion auf die Bedenken erstmals vorgeschlagen, eine Legaldefinition der Angemessenheit in den Gesetzestext mitaufzunehmen. Die Bundesregierung merkte an, dass sie zwar nicht davon ausginge, dass die Gerichte mit der Bestimmung von angemessenen Vergütungen große Schwierigkeiten haben würden, sich die Einfügung einer Legaldefinition zur Erleichterung aber dennoch empfähle.[52] Zu diesem Zweck sollte das Konzept der üblichen und redlichen Vergütung genutzt werden und die Angemessenheit als das definiert werden, »was zurzeit des Vertragsschlusses in der jeweiligen Branche für vergleichbare Werknutzungen üblicher und redlicher Weise gezahlt wird«.[53] Die Gegenäußerung enthielt indes keinen neuen Gesetzentwurf und daher auch keinen konkreten Vorschlag für eine Legaldefinition.

2. Die Formulierungshilfen

Einen solchen Vorschlag hatte kurz zuvor aber das Bundesministerium der Justiz gemacht. In einer am 19. November 2001 herausgegebenen Formulierungshilfe wurde in dem dortigen § 32 Abs. 2 S. 1 FormH die Angemessenheit als das definiert, was »im redlichen Geschäftsverkehr nach Art und Umfang der eingeräumten Befugnis unter Berücksichtigung aller Umstände üblicherweise zu

49 Vgl. Stellungnahme des Bundesrates, BRDrucks 404/01, 2.
50 Vgl. ebd.
51 Vgl. ebd.
52 Vgl. Gegenäußerung der Bundesregierung, BTDrucks 14/7564, 11.
53 Ebd.

leisten ist«.[54] Nach diesem Wortlaut hätte sich also die Prüfung der Redlichkeit nicht auf die Vergütung selbst bezogen, sondern auf den Geschäftsverkehr, aus dem sich die übliche Vergütung ergibt. Allerdings sprach die Begründung der Formulierungshilfe wiederum von der »redliche[n] Branchenübung«.[55] Diese Formulierung war damit nahe am vorgenannten Vorschlag der Bundesregierung, der einige Tage später veröffentlicht werden sollte. Darüber hinaus enthielt die Begründung der Formulierungshilfe erstmals weitere Ausführungen zu der Handhabung der Legaldefinition. So verwies sie bei einer fehlenden Redlichkeit auf eine von den Gerichten durchzuführende wertende Korrektur, bei einer mangelnden Branchenübung auf eine Ermittlung der Vergütung nach billigem Ermessen, wobei alle relevanten Umstände zu berücksichtigen seien.[56] Näher wurde aber insbesondere der Begriff der Redlichkeit nicht ausgeführt. Bedeutsam war außerdem, dass die Formulierungshilfe nicht länger einen gesetzlichen Anspruch auf eine angemessene Vergütung vorsah, sondern einen rein vertraglichen Anspruch nur gegenüber dem Vertragspartner des Urhebers, und zur Bestimmung der Vergütung auf den Zeitpunkt des Vertragsschlusses abstellte.[57] Mit dieser Konzeption setzte sich die Formulierungshilfe indes in Widerspruch zu den oben genannten, im Regierungsentwurf enthaltenen Bedenken zu der Schwierigkeit der Berechnung der angemessenen Vergütung zu diesem Zeitpunkt.

Am 14. Januar 2002 veröffentlichte das Bundesministerium der Justiz sodann eine überarbeitete Version der Formulierungshilfe und übernahm hierin schließlich die Konzeption der Bundesregierung zur Definition der Angemessenheit. § 32 Abs. 2 S. 2 FormH sprach nunmehr davon, »was im Geschäftsverkehr nach Art und Umfang der eingeräumten Nutzungsmöglichkeit unter Berücksichtigung aller Umstände üblicher- und redlicherweise zu leisten ist«.[58] Die zugehörige Begründung verwies mit Blick auf die Einfügung der Legaldefinition der Angemessenheit auf die Erwägungen in der Gegenäußerung der Bundesregierung sowie die Kritik von Verwertern und den Bundesländern.[59] Neu hinzugefügt war zudem eine Konkretisierung des Begriffs der Redlichkeit als solcher, die als eine gleichberechtigte Berücksichtigung der Interessen der Urheber und ausübenden Künstler neben denen der Verwerter beschrieben wurde.[60] Die wertende Korrektur im Falle einer mangelnden Redlichkeit sollte

54 Formulierungshilfe des BMJ vom 19.11.2001, 5.
55 Ebd., 1, 16.
56 Vgl. ebd.
57 Vgl. ebd. 15.
58 Vgl. *Hucko*, Das neue Urhebervertragsrecht, 152.
59 Vgl. ebd., 159.
60 Vgl. ebd.

ebenfalls nach diesem Maßstab erfolgen.[61] Im Übrigen wurde auch die Ermittlung einer Vergütung nach billigem Ermessen weiter konkretisiert. Die Billigkeit sollte dann gewährleistet sein, wenn der Urheber an den Erträgen und Vorteilen der Nutzung seines Werkes angemessen beteiligt würde.[62] Auch war der Anwendungsbereich des billigen Ermessens insoweit erweitert worden, als dieses nicht nur bei einer mangelnden Feststellbarkeit einer Branchenübung, sondern auch bei fehlender Redlichkeit einer festgestellten Übung Maßstab der gerichtlichen Entscheidung sein sollte.[63] Damit wurde die überarbeitete Version der Formulierungshilfe im Vergleich zur ursprünglichen Fassung insofern verändert, als nunmehr sowohl die Redlichkeit als auch das billige Ermessen auf den Fall der mangelnden Redlichkeit einer Branchenübung Anwendung finden sollten.

3. *Bericht und Beschlussempfehlung des Rechtsausschusses*

Nach seiner abschließenden Beratung am 23. Januar 2002 veröffentlichte der Rechtsausschuss des Bundestags schließlich seine(n) Beschlussempfehlung sowie Bericht bezüglich der Gesetzentwürfe. Diese Beschlussempfehlung enthielt nunmehr § 32 Abs. 2 UrhG in seiner sodann beschlossenen Fassung.[64] Die Fraktion der FDP scheiterte dagegen mit einem Antrag, der es vorsah, zur Konzeption der ersten Version der Formulierungshilfe zurückzukehren.[65] Der zu der Beschlussempfehlung gehörige Bericht des Rechtsausschusses wurde aus der überarbeiteten Fassung der Formulierungshilfe übernommen[66] und brachte so in Bezug auf die Konkretisierung der Angemessenheit keine Neuerungen.

4. *Die beschlossene Fassung*

Durch Beschluss vom 25. Januar 2002 wurde der Gesetzentwurf schließlich in seiner Form aus der Beschlussempfehlung des Rechtsausschusses übernommen und passierte schließlich den Bundestag am 01. März 2002.[67] § 32 Abs. 2 S. 2 UrhG erhielt damit seine bis 01.03.2017 gültige Fassung:

> »Im Übrigen ist die Vergütung angemessen, wenn sie im Zeitpunkt des Vertragsschlusses dem entspricht, was im Geschäftsverkehr nach Art und Umfang der einge-

61 Vgl. ebd.
62 Vgl. ebd., 160.
63 Vgl. ebd.
64 Vgl. Beschlussempfehlung und Bericht des Rechtsausschusses, BTDrucks 14/8058, 5.
65 Vgl. ebd., 15.
66 Vgl. ebd., 17ff.
67 *Kotthoff*, in: HK-UrhR, § 31 UrhG Rn. 9.

räumten Nutzungsmöglichkeit, insbesondere nach Dauer und Zeitpunkt der Nutzung, unter Berücksichtigung aller Umstände üblicher- und redlicherweise zu leisten ist.«[68]

III. Ergänzung der Legaldefinition durch die Häufigkeit und das Ausmaß der Nutzung

Im Rahmen der Reformbemühungen von 2017 wurde die Legaldefinition in § 32 Abs. 2 S. 2 UrhG sodann lediglich ergänzt. Die Merkmale der Üblichkeit und der Redlichkeit behielten dabei die ihnen 2002 zugesprochene Rolle bei der Definition der Angemessenheit einer Vergütung.

Dabei war im frühen Stadium des erneuten Gesetzgebungsverfahrens zunächst vorgesehen, dass § 32 Abs. 2 UrhG durch einen dritten Satz ergänzt werden würde. Der das eigentliche Verfahren einleitende Referentenentwurf des Bundesministeriums der Justiz und für Verbraucherschutz vom 05.10.2015 statuierte in jenem dritten Satz, dass eine Vergütung nach der Legaldefinition des Satz 2 nur dann angemessen sein könne, »wenn der Urheber für mehrfache Nutzungen desselben Werkes Anspruch auf jeweils gesonderte Vergütung hat«. Dieser Zusatz sollte den Grundsatz der angemessenen Vergütung für jede Nutzung eines Werkes betonen und die Vertragsparteien dazu veranlassen, gesonderte Vergütungen für mehrfache Nutzungen vertraglich festzuschreiben.[69] § 32 Abs. 2 S. 2 UrhG war im Referentenentwurf dagegen in seiner bis dato geltenden Fassung enthalten.

Auf den Referentenentwurf folgte am 16.03.2016 der Entwurf der Bundesregierung zur neuerlichen Reform des Urhebervertragsrechts. Hierin war der Vorschlag zu einem dritten Satz in § 32 Abs. 2 UrhG bereits entfallen. Stattdessen sollte die Legaldefinition – und die darin bereits enthaltenen Kriterien der Art und des Umfangs der eingeräumten Nutzungsmöglichkeit sowie der Dauer und des Zeitpunkts der Nutzung – lediglich durch das Kriterium der Häufigkeit der Nutzung ergänzt werden. Gleichwohl sollte die Ergänzung demselben Zweck dienen wie der im Referentenentwurf vorgesehene Satz 3, nämlich insbesondere der gesonderten Vergütung bei wiederholten Nutzungen eines Werkes.[70]

Die nunmehr geltende Fassung von § 32 Abs. 2 S. 2 UrhG wurde schließlich wiederum durch die Arbeit des Ausschusses für Recht und Verbraucherschutz erreicht. Sein(e) Beschlussempfehlung und Bericht vom 13.12.2016 fügte an den Vorschlag des Regierungsentwurfs und das Kriterium der Häufigkeit zusätzlich noch das Kriterium des Ausmaßes der Nutzung an. Im Gegensatz zur Häufigkeit

68 Vgl. Gesetz zur Stärkung der vertraglichen Stellung von Urhebern und ausübenden Künstlern, BGBl I 2002, 1155, 1155.
69 Vgl. Referentenentwurf des BMJ vom 05.10.2015, 21.
70 Vgl. Regierungsentwurf, BTDrucks 18/8625, 22.

der Nutzung – die sich auf wiederholende, gleichbleibende Nutzungen beziehen sollte – sollte nach der Begründung des Ausschusses damit die Erfassung der Intensität der Nutzung – etwa in Form räumlichen Geltungsbereichs oder der Ausschließlichkeit der Nutzungsmöglichkeit – ermöglicht werden.[71] Damit beschränkte sich auch der Ausschuss für Recht und Verbraucherschutz auf eine minimale Ergänzung der Legaldefinition durch die Einfügung von zwei Wörtern – nämlich die von Häufigkeit und Ausmaß. Bedeutender war dagegen seine Ergänzung von § 32 UrhG durch einen Absatz 2a, der klarstellt, dass Gerichte eine gemeinsame Vergütungsregel auch vor deren zeitlichem Anwendungsbereich zur Ermittlung einer angemessenen Vergütung heranziehen können.[72]

Jene Fassung des § 32 UrhG wurde schließlich verabschiedet und am 23.03. 2016 verkündet.[73] Die nunmehr geltende Fassung des § 32 Abs. 2 S. 2 UrhG lautet somit:

> »Im Übrigen ist die Vergütung angemessen, wenn sie im Zeitpunkt des Vertragsschlusses dem entspricht, was im Geschäftsverkehr nach Art und Umfang der eingeräumten Nutzungsmöglichkeit, insbesondere nach Dauer, Häufigkeit, Ausmaß und Zeitpunkt der Nutzung, unter Berücksichtigung aller Umstände üblicher- und redlicherweise zu leisten ist.«[74]

B. Der Konkretisierungsauftrag an die Rechtsprechung

Es zeigt sich aus den Gesetzgebungsmaterialien, dass die Legaldefinition des § 32 Abs. 2 S. 2 UrhG erst spät im Verlauf der Reform von 2002 ihren Weg in das Gesetzesvorhaben fand, und nicht im Vorhinein im Detail konzipiert worden war. Ihre Elemente der Üblichkeit sowie Redlichkeit entwickelten sich letztlich aus einem unvorhergesehenen Bedürfnis heraus von Bestimmungsfaktoren zu entscheidenden Kriterien der Angemessenheit. Detaillierte Aussagen zur Legaldefinition des § 32 Abs. 2 S. 2 UrhG lassen sich den Gesetzgebungsmaterialien daher kaum entnehmen. Die Konkretisierung sollte vielmehr allen voran durch die Gerichte geleistet werden.[75] Auch im Rahmen der Ergänzungen von 2017 sind weitere Konkretisierungen zu den Begriffen der Üblichkeit und Redlichkeit weitgehend unterblieben.

Gleichwohl lassen sich aus den Gesetzgebungsmaterialien – insbesondere

---

71 Vgl. Beschlussempfehlung und Bericht des Ausschusses für Recht und Verbraucherschutz, BTDrucks 18/10637, 21.

72 Vgl. ebd., 6.

73 Vgl. BGBl I 2016, 3037, 3037.

74 Die Unterstreichungen kennzeichnen die Ergänzung durch die Reform von 2017.

75 Vgl. Entwurf eines zweiten Gesetzes zur Regelung des Urheberrechts in der Informationsgesellschaft, BTDrucks 16/1828, 25.

dem Bericht des Rechtsausschusses des Bundestages von 2002 – für die Normkonkretisierung zumindest einige Ansatzpunkte dahingehend entnehmen, welche Rolle die Merkmale der Üblichkeit und Redlichkeit einnehmen sollten.

I. Beidseitiger Interessensausgleich durch gerichtliches Gerechtigkeitsurteil

Auf abstrakter Ebene kann anhand der Gesetzgebungsmaterialien zunächst festgestellt werden, dass die Legaldefinition als eine Form von Gerechtigkeitsurteil intendiert war. Dies betrifft naturgemäß vor allem das Merkmal der Redlichkeit. Am deutlichsten wird dies im Rahmen der Ausführungen des Rechtsausschusses, die darauf verweisen, dass die Redlichkeit die Interessen von Urhebern und Verwertern gleichberechtigt berücksichtigen solle.[76] Es geht also um einen gleichberechtigten und damit gerechten Ausgleich zwischen Urhebern und Verwertern. Dem entsprechen auch die Hinweise des Rechtsausschusses, dass im Falle einer unredlichen Branchenpraxis eine wertende Korrektur nach diesem Maßstab vorzunehmen bzw. in Ermangelung einer Branchenpraxis oder deren Redlichkeit eine angemessene Vergütung nach billigem Ermessen festzusetzen sei.[77] Inhaltlich handelt es sich demnach um ein Urteil, das vor allem auf Billigkeitserwägungen beruht. Darüber hinaus weisen die Ausführungen des Rechtsausschusses darauf hin, dass eine Beteiligung des Urhebers an den Erträgen und Vorteilen aus der Nutzung seines Werkes am ehesten der Billigkeit – und damit dem hinter § 32 UrhG stehenden Gerechtigkeitsbild – entspricht.[78]

Für die hier erwogene Normkonkretisierung kann aus alledem letztlich zweierlei entnommen werden: Erstens haben die Gerichte die zu berücksichtigenden Umstände des Einzelfalles gleichberechtigt auszuwählen. Dies legt den Schluss nahe, dass Umstände bzw. Interessen, die auf beiden Seiten des Vertragsverhältnisses eine Rolles spielen, nicht nur einseitig berücksichtigt werden dürfen. Außerdem sollten aber auch alle sonstigen, einseitigen Interessen in gleichberechtigter Weise miteinander in Ausgleich gebracht werden. Zweitens muss eine Konkretisierung der Legaldefinition dem urheberrechtlichen Leitbild des Beteiligungsgrundsatzes so nahe wie möglich kommen.

Ebenfalls auf abstrakter Ebene können zwei Anmerkungen aus dem ursprünglichen Gesetzentwurf der Bundesregierung für die Normkonkretisierung nutzbar gemacht werden. Zum einen wird dort ausgeführt, dass die Angemessenheit einen Rahmen vorgeben soll, innerhalb dessen sich vertragliche Ver-

76 Vgl. Beschlussempfehlung und Bericht des Rechtsausschusses, BTDrucks 14/8058, 18.
77 Vgl. ebd.; zu dem diesen Ausführungen immanenten Widerspruch vgl. unten unter § 3 B. II.
78 Vgl. Beschlussempfehlung und Bericht des Rechtsausschusses, BTDrucks 14/8058, 18.

gütungsabreden bewegen dürfen.[79] Notwendigerweise muss dasselbe auch für die Bestimmung einer Vergütung nach den Kriterien der Legaldefinition gelten, die ja nunmehr die Angemessenheit anhand der Merkmale von Üblichkeit und Redlichkeit definiert. Dementsprechend sollten auch Üblichkeit und Redlichkeit in ihrer Kombination einen Rahmen bzw. eine Spanne von zulässigen Vergütungen vorgeben. Zum anderen merkt die Erläuterung des Gesetzentwurfs an, dass im Hinblick auf die Angemessenheit zu fragen ist, welcher Anteil am Endprodukt jeweils den Leistungen des Urhebers bzw. des Verwerters zuzurechnen ist.[80] Auch diese Fragestellung kann bei der Normkonkretisierung miteinbezogen werden.

II. Zu berücksichtigende Umstände des Einzelfalls

Aber auch auf einer konkreteren Ebene lassen sich den Gesetzgebungsmaterialien einzelne Anhaltspunkte entnehmen. Eine Passage der Ausführungen des Rechtsausschusses nimmt zwar Bezug auf die relevanten Umstände des Einzelfalls – ohne dabei die Relevanz weiter auszuführen – benennt aber zumindest einige Beispiele für solche relevanten Umstände. So werden Art und Umfang der Nutzung, Marktverhältnisse, Investitionen, Risikotragung, Kosten, Zahl der Werkstücke und zu erzielende Einnahmen beispielhaft angeführt.[81] Diese Ausführungen können bei der Konkretisierung der Angemessenheit folglich miteinbezogen werden. Sie sollte die erwähnten Faktoren grundsätzlich als Kriterien der Angemessenheit im Einzelfall berücksichtigen. Im Übrigen wird auch die gerichtliche Praxis auf die Verwendung jener Kriterien zu überprüfen sein. Weiterhin kann sich auch die Beurteilung der Relevanz anderer Umstände des Einzelfalls an der Auswahl dieser Umstände und einem Vergleich mit diesen orientieren.

Der Bericht des Rechtsausschusses spricht des Weiteren davon, dass »Werkarten und Nutzungen in anderen Branchen und die dort nach redlicher Übung geleisteten Vergütungen als Vergleichsmaßstab herangezogen werden« können.[82] Hierbei handelt es sich allerdings ihrer Natur nach nicht um zu berücksichtigende Umstände des Einzelfalls, sondern um Anhaltspunkte zur Bestim-

79 Vgl. Regierungsentwurf, BTDrucks 14/6433, 14.

80 Vgl. ebd.

81 Vgl. Beschlussempfehlung und Bericht des Rechtsausschusses, BTDrucks 14/8058, 18. Im Regierungsentwurf, BTDrucks 16/6433, 14 war zusätzlich noch die Zahl der öffentlichen Wiedergaben erwähnt. Angesichts der Beispielhaftigkeit der Aufzählung ist der Wegfall im späteren Dokument aber nicht als Urteil über deren – mangelnde – Relevanz zu deuten. Die Zahl der öffentlichen Wiedergaben sollte daher ebenso als grundsätzlich relevantes Kriterium miteinbezogen werden.

82 Vgl. Beschlussempfehlung und Bericht des Rechtsausschusses, BTDrucks 14/8058, 18.

mung eines Orientierungswertes, anhand dessen eine angemessene Vergütung nach einer Korrektur anhand jener Einzelfallumstände festgelegt werden kann.

Weiterhin im Rahmen der Konkretisierung zu beachten ist, dass der Bericht des Rechtsausschusses explizit Quersubventionierungen und Mischkalkulationen für zulässig erklärt, sofern den Interessen der Urheber dabei hinreichend Rechnung getragen wird.[83] Es sollte den Verwertern aus Sicht des Gesetzgebers also grundsätzlich gestattet bleiben, die Kosten für weniger erfolgreiche Werke durch die Erlöse von erfolgreichen Werken mitzufinanzieren. Hieraus ergibt sich, dass auch die vom konkret in Frage stehenden Einzelfall losgelösten Kosten des Verwerters – zumindest zum Teil – als Interesse desselben bei der Beurteilung der angemessenen Vergütung berücksichtigt werden könnten. Weiterhin ergibt sich aus einer weiteren Bemerkung des Rechtsausschusses, dass auch nicht-monetäre Vorteile des Urhebers bzw. Rechteinhabers aus der Rechteeinräumung berücksichtigungsfähig sein sollen. Dies erschließt sich daraus, dass der Rechtsausschuss eine unentgeltliche Rechteeinräumung des Rechtsnachfolgers des Urhebers für angemessen hielt, sofern dadurch die Bekanntheit des Werkes gesteigert werden soll.[84] Schließlich kann wiederum dem ursprünglichen Gesetzentwurf entnommen werden, dass der von der Angemessenheit vorgegebene Rahmen sich je nach Größe des Verwerters – beispielhaft angegeben werden der Kleinverleger und das globale Medienunternehmen – unterschiedlich ausgestaltet sein können.[85] Hieraus ist zu schließen, dass die Größe und Struktur des Verwerters – wie es der Gesetzgeber in § 36 Abs. 1 S. 2 UrhG formulierte – ebenso berücksichtigungsfähig sein sollten.

Auch aus dem Bericht des Ausschusses für Recht und Verbraucherschutz im Rahmen der Reform des Jahres 2017 kann auf die Relevanz einzelner Kriterien geschlossen werden. So ist aus diesen Ausführungen zu entnehmen, dass einerseits Wiederholungen einer Nutzung relevant sein sollen.[86] Auch hieran ist die Relevanz der Zahl der Nutzungen zu belegen. Im Übrigen werden in dem Bericht auch der räumliche Geltungsbereich und die Ausschließlichkeit eines Nutzungsrechts als relevante Kriterien der Angemessenheit benannt.[87] Indes zeigt sich auch an dieser Stelle wiederum die mangelnde Konkretisierung des Angemessenheitsbegriffs, wenn der Bericht auf »weitere relevante Aspekte zur Art und zum Umfang der eingeräumten Nutzungsmöglichkeiten«[88] verweist.

83 Vgl. ebd.
84 Vgl. ebd., 18f.
85 Vgl. Regierungsentwurf, BTDrucks 14/6433, 14.
86 Vgl. Beschlussempfehlung und Bericht des Ausschusses für Recht und Verbraucherschutz, BTDrucks 18/10637, 21.
87 Vgl. ebd.
88 Ebd.

III. Die Notwendigkeit der weiteren Konkretisierung

Zusammenfassend ist damit festzustellen, dass die gesetzgeberischen Vorgaben im Falle von § 32 Abs. 2 S. 2 UrhG spärlich ausfallen und eine gerichtliche Normkonkretisierung umso notwendiger erscheint. Die Rechtsprechung muss mit einer groben Umschreibung des zu fällenden Urteils auf abstrakter Ebene und einigen Anhaltspunkten zu den zu berücksichtigenden Umständen auf konkreterer Ebene auskommen. Dies bedeutet einerseits, dass die begrenzten Richtlinien durch die Konkretisierung der Angemessenheit weiterentwickelt werden müssen und anderseits, dass dabei ein weiter Spielraum seitens der Gerichte besteht. Die Frage, wie dieser Spielraum methodisch auszufüllen ist und inwieweit die Gerichte angesichts der Notwendigkeit eigener Regelsetzung dabei auch an die Vorgaben des Gesetzgebers gebunden sind, wird an späterer Stelle aufgenommen. Zuvor sind der Anwendungsbereich sowie die sich aus den Gesetzgebungsmaterialien ergebende Systematik der Legaldefinition zu analysieren und verschiedene – bereits in diesem Kapitel angedeutete – Unsicherheiten für die weitere Untersuchung aufzuklären.

§ 3 Anwendungsbereich und Systematik der Legaldefinition

Vorstehend wurde der Rahmen dargestellt, den die Gerichte auf Grundlage der Gesetzgebungsmaterialien nach der Einführung von § 32 Abs. 2 S. 2 UrhG hatten und nach der erneuten Reform von 2017 nunmehr vorfinden. Hieran schließt sich an dieser Stelle eine Untersuchung des Anwendungsbereichs sowie der Systematik der Legaldefinition an. Dies ist für die weitere Untersuchung insofern von Bedeutung, als die zu konkretisierenden Begriffe einerseits in das Gesamtgefüge des § 32 UrhG und dessen Anwendungsbereich (*dazu unter A.*) eingeordnet werden müssen. Andererseits sind auch die Betrachtungsweise und das gegenseitige Verhältnis der zu konkretisierenden Begriffe der Üblichkeit und Redlichkeit im System des § 32 Abs. 2 S. 2 UrhG zu klären (*unter B.*), bevor eine Konkretisierung sinnvollerweise erfolgen kann. Insofern geht es im Folgenden vor allem um die Schaffung einer Basis für das weitere Projekt der Konkretisierung des § 32 Abs. 2 S. 2 UrhG.

A. Der Anwendungsbereich der Legaldefinition

I. Die Hierarchie der Bestimmungsgrundlagen

Nach der Systematik des § 32 UrhG ist eine angemessene Vergütung unter Anwendung der Legaldefinition nur dann zu bestimmen, wenn die übrigen, hierarchisch geordneten Bestimmungsgrundlagen[89] hierfür einen Raum bieten. Dies wiederum ist dann der Fall, wenn die übergeordneten Bestimmungsgrundlagen auf den zu beurteilenden Sachverhalt keine Anwendung finden. Die Problematik der Unbestimmtheit der Angemessenheit einer Vergütung stellt sich also nicht in jedem einzelnen Fall, in dem ein Anspruch nach § 32 UrhG geltend gemacht wird. Vielmehr hat der Gesetzgeber der Legaldefinition lediglich eine Auffangfunktion zugedacht, sofern und soweit nicht Kollektivverträge eine Lösung in Form einer bestimmten geschuldeten Vergütung bereithalten.

1. *Tarifverträge*

Entsprechend dieser Intention sind es auch Kollektivverträge, die in der Hierarchie der Bestimmungsgrundlagen auf den beiden Stufen vor der Legaldefinition zu beachten sind. Auf erster Stufe stehen insoweit gemäß § 32 Abs. 4 UrhG die Tarifverträge. Nach § 32 Abs. 4 UrhG besteht für einen Urheber kein Anspruch nach § 32 Abs. 1 S. 3 UrhG auf Einwilligung seines Vertragspartners in die Vertragsanpassung, soweit die Vergütung durch einen Tarifvertrag bestimmt ist. Der Ausschluss des Anspruchs auf Vertragsanpassung ist dabei vor dem Hintergrund zu sehen, dass nach § 4 Abs. 1 S. 1 TVG die Normen des Tarifvertrags zwischen den gebundenen Parteien unmittelbar und zwingend gelten.[90] Ein Anspruch auf Einwilligung in die Änderung des Vertrages hätte hier keinen Mehrwert, da vom Tarifvertrag abweichende Normen gemäß § 4 Abs. 1 S. 1, Abs. 3 TVG ohnehin keine Wirkung entfalten. Gleichwohl ist damit aus der Perspektive des Urhebervertragsrechts gesagt, dass Tarifverträge in praktischer Hinsicht die erste Stufe der Bestimmungsgrundlagen des § 32 UrhG darstellen.[91]

2. *Gemeinsame Vergütungsregeln*

Auf der zweiten Stufe stehen gemäß § 32 Abs. 2 S. 1 UrhG die in § 36 UrhG normierten gemeinsamen Vergütungsregeln, die eine zentrale Neuerung der Urhebervertragsrechtsreform von 2002 waren. Eine Vergütung ist nach § 32 Abs. 2 S. 1 UrhG angemessen, wenn sie durch eine gemeinsame Vergütungsregel bestimmt wird, also Urheber und Verwerter wiederum durch sie gebunden werden. Diese Vermutung ist nach der Gesetzeskonzeption unwiderleglich.[92] Wie im Falle der Erfassung durch einen Tarifvertrag endet die gerichtliche Ermittlung einer angemessenen Vergütung also bei der Feststellung, dass diese unmittelbar durch eine gemeinsame Vergütungsregel bestimmt wird.

---

89 Der Begriff der ›Hierarchie‹ wird entsprechend verwendet von *Schricker/Haedicke*, in: Schricker/Loewenheim, § 32 UrhG Rn. 25; *Schulze*, in: Dreier/Schulze, § 32 UrhG Rn. 29, spricht von einer ›Rangfolge‹.

90 Vgl. *Franzen*, in: ErfK ArbR, § 4 TVG Rn. 1f.

91 Ebenso *Schricker/Haedicke*, in: Schricker/Loewenheim, § 32 UrhG Rn. 25.

92 Vgl. Beschlussempfehlung und Bericht des Rechtsausschusses, BTDrucks 14/8058, 18.

3. *Die Legaldefinition*

Nur soweit weder ein Tarifvertrag noch eine gemeinsame Vergütungsregel den in Frage stehenden Sachverhalt erfassen, erfolgt die Ermittlung einer angemessenen Vergütung anhand der Legaldefinition des § 32 Abs. 2 S. 2 UrhG. Es handelt sich damit also um die dritte Stufe der hierarchischen Ordnung. Die Legaldefinition der Angemessenheit spielt demnach nur dort eine bestimmende Rolle, wo entgegen der gesetzgeberischen Intentionen keine Kollektivverträge Anwendung finden. Dass dies häufiger als vom Gesetzgeber der Reform von 2002 vorhergesehen der Fall ist, wurde bereits vorstehend festgestellt. Dieser Befund ist im Übrigen für die weitere Untersuchung insoweit von Bedeutung, als Gerichte auch im Rahmen der Anwendung der Legaldefinition mitunter auf nicht unmittelbar anwendbare Kollektivverträge Bezug nehmen, was im Rahmen der Analyse der Rechtsprechung an späterer Stelle näher dargestellt werden wird. Selbst auf der dritten Stufe der Bestimmungsgrundlagen spielen Kollektivverträge also mitunter eine wichtige Rolle.

II. Anwendbarkeit trotz bestehender Vertragsparität

Jene Hierarchie der Bestimmungsgrundlagen im Rahmen des § 32 UrhG ist vor dem Hintergrund der Motive der Urhebervertragsrechtsreform 2002 ohne Weiteres nachvollziehbar. Der Gesetzgeber ging bei der Reform schließlich von einer These in Form von *Ursache und Symptom* aus: Die mangelnde Vertragsparität zwischen Urhebern und ihren Verwertern führe in der Breite über unfaire Vertragskonditionen zu einer allgemein schlechten Einkommenssituation der Urheber. Der Gesetzgeber wollte im Rahmen der Reform an der Ursache ansetzen, nämlich der mangelnden Vertragsparität. Dieser sollte insbesondere durch eine Kollektivierung der Verhandlungsmacht der Urheber sowie durch die Einführung des Anspruchs eines jeden Urhebers auf eine angemessene Vergütung abgeholfen werden. Beide Maßnahmen sollten ferner ineinandergreifen. Im Fall des § 32 UrhG wurde gerade aus diesem Grund vorgesehen, dass der Anspruch auf angemessene Vergütung inhaltlich so weit wie möglich durch Kollektivverträge ausgefüllt wird.[93] Durch die vorrangige Berücksichtigung der Kollektivverträge zur Bestimmung der angemessenen Vergütung wird also die Grundannahme des Gesetzgebers bei der ursprünglichen Reform des Urhebervertragsrechts reflektiert.

Diese Reflektion erscheint im Normtext des § 32 UrhG aber in einer Hinsicht unvollständig. So hätte es nach der vorgenannten These der mangelnden Vertragsparität als Ursache der schlechten wirtschaftlichen Situation von Urhebern auch nahegelegen, den Anspruch auf Einwilligung in die Vertragsänderung nach

93 Vgl. etwa Beschlussempfehlung und Bericht des Rechtsausschusses, BTDrucks 14/8058, 2.

§ 32 Abs. 1 S. 3 UrhG von einem tatsächlich bestehenden Ungleichgewicht in der Verhandlungsmacht der beiden Parteien abhängig zu machen. Dieser Gedanke findet sich etwa in einer frühen Entscheidung des LG Hamburg aus dem Jahre 2006 wieder.[94] Indes sieht § 32 UrhG die Anwendungsvoraussetzung eines bestehenden Mangels an Vertragsparität gerade nicht vor. Dem Normtext entsprechend sieht auch die Literatur – soweit dies überhaupt thematisiert wird – in § 32 UrhG einen von der tatsächlichen Vertragsparität unabhängigen Anspruch.[95] § 32 UrhG formuliert demnach nach allgemeinem Verständnis einen unbeschränkten und von der konkreten Verhandlungssituation unabhängigen Anspruch.

III. Anwendbarkeit bei vereinbarter wie fehlender Vergütung

Hinsichtlich des Anwendungsbereichs des § 32 Abs.2 S. 2 UrhG ist zudem noch zwischen zwei verschiedenen Konstellationen zu unterscheiden, in denen ein Urheber die Festsetzung einer angemessenen Vergütung anhand der Legaldefinition gerichtlich begehren kann.

1. *§ 32 Abs. 1 S. 3 UrhG*

Die erste Konstellation betrifft den Fall, dass eine Vergütung zwar vereinbart wurde, diese aber wegen vermeintlicher Unangemessenheit gerichtlich angepasst werden soll – § 32 Abs. 1 S. 3 UrhG. Hierbei ist die vereinbarte Vergütung mit der durch das Gericht ermittelten angemessenen Vergütung zu vergleichen. Nun könnte hinsichtlich dieser Konstellation – in der nämlich mit der vereinbarten Vergütung bereits ein bestimmter Bezugspunkt feststeht – angenommen werden, dass sich die gerichtliche Kontrolle der Angemessenheit ausschließlich auf diesen feststehenden Bezugspunkt beziehen könnte. Dann wäre also zunächst keine Vergleichsgröße zu ermitteln, sondern die vereinbarte Vergütung lediglich darauf zu kontrollieren, ob sie die Interessen des Urhebers ausreichend berücksichtigt.[96] Indes wäre dann methodisch unklar, wie ein Gericht diese

94 Vgl. LG Hamburg 308 O 793/04, 10.02.2006, ZUM 2006, 683, 687, das eine Klage einer Übersetzerin auf Einwilligung in eine Vertragsanpassung gem. § 32 Abs. 1 S. 3 UrhG u. a. mit dem Hinweis zurückwies, es seien keine Anhaltspunkte dafür ersichtlich, dass die Vertragsinhalte gar nicht zur Disposition gestünden hätten. Vielmehr habe die Klägerin ihre Vorstellungen »einbringen und zumindest teilweise auch durchsetzen« können; ähnlich auch AG Düsseldorf 14 C 13/16, 12.09.2016, juris Rn. 47.

95 Vgl. *Berger*, in: Berger/Wündisch, Urhebervertragsrecht, § 2 Rn. 37.

96 So formuliert BGH I ZR 38/07, 07.10.2009, BGHZ 182, 337, Rn. 31 – *Talking to Addison:* »Steht fest, dass die vertraglich vereinbarte Vergütung i. S. des § 32 Abs. 1 S. 3 UrhG nicht angemessen ist, hat der Tatrichter die angemessene Vergütung [...] zu bestimmen.«; hiernach käme die Feststellung der Unangemessenheit also vor der Bestimmung einer angemessenen Vergütung.

Kontrolle vornehmen und eine Unangemessenheit feststellen sollte, ohne den Betrag zu bestimmen, der im Gegensatz zum vereinbarten Betrag angemessen ist. Es erscheint impraktikabel zu sein, unmittelbar aus einer Zahl und ohne Vergleichsgröße eine Unausgewogenheit festzustellen.[97]

Zudem geht auch aus dem Normtext des § 32 Abs. 2 S. 2 UrhG die Methode eines Vergleichs hervor:

> »Im Übrigen ist die Vergütung angemessen, wenn sie […] dem entspricht, was im Geschäftsverkehr […] üblicher- und redlicherweise zu leisten ist.«

Mit der Verwendung des Begriffs der Entsprechung impliziert die Norm, dass die tatsächlich vereinbarte Vergütung der im Geschäftsverkehr üblicher- und redlicherweise zu leistenden Vergütung gegenüberzustellen ist. Damit muss aber zwangsläufig ein Vergleich stattfinden.

Hieraus ergibt sich also ein methodischer Ablauf, der im Weiteren der hiesigen Untersuchung zugrunde gelegt ist: In einem ersten Schritt muss das Gericht also die nach der Legaldefinition angemessene Vergütung ermitteln. Der zweite Schritt beinhaltet dann den Vergleich der vereinbarten mit der ermittelten, angemessenen Vergütung. Sofern man die angemessene Vergütung nun wie im ursprünglichen Gesetzentwurf vorgesehen als einen Rahmen von Vergütungen ansieht, in dem sich eine vertraglich vereinbarte Vergütung bewegen kann[98], so geht es hierbei de facto um den Vergleich der vereinbarten Vergütung mit der *Untergrenze* dieses Rahmens.[99] Bei einem Unterschreiten dieser Untergrenze der angemessenen Vergütung ist sodann in einem dritten Schritt die angemessene Vergütung als Anspruchsinhalt festzusetzen. Dies läuft dann auf die Anpassung des Vertrags an eine Vergütung innerhalb des im ersten Schritt

97 Im Ergebnis ist auch die Entscheidung des BGH nicht eindeutig, da der BGH nachträglich die Ausführungen des Berufungsgerichts überprüft, also bei der Entscheidung zwangsläufig bereits eine Vergleichsgröße hatte. Die Struktur der Entscheidungsgründe mag auch dieser Konstellation geschuldet sein. Bezeichnend ist in dieser Hinsicht aber vor allem, dass der BGH bei der Überprüfung der vereinbarten Vergütung auf ihre Angemessenheit letztlich doch schon Bezug auf die später in der Entscheidung entwickelte angemessene Vergütung nimmt und beide vergleicht; vgl. BGH I ZR 38/07, 07.10.2009, BGHZ 182, 337, Rn. 28 – *Talking to Addison.*

98 Vgl. Regierungsentwurf, BTDrucks 14/6433, 14; ebenso BGH I ZR 38/07, 07.10.2009, BGHZ 182, 337, Rn. 61 – *Talking to Addison*; *Schricker/Haedicke*, in: Schricker/Loewenheim, § 32 UrhG Rn. 29; *Wandtke/Grunert*, in: Wandtke/Bullinger, § 32 UrhG Rn. 31; *v. Becker*, in: Loewenheim, Handbuch des Urheberrechts, § 29 Rn. 22f. m.w.N.; *Kotthoff*, in: HK-UrhR, § 32 UrhG Rn. 13; kritisch dagegen *Czychowski*, in: Fromm/Nordemann, § 32 UrhG Rn. 43; der Begriff des Rahmens impliziert im Übrigen auch eine Obergrenze, die bisher nur spärlich diskutiert wurde, vgl. dazu *Schaub*, in: Riesenhuber, Die »Angemessenheit« im Urheberrecht, 97, 111.

99 Vgl. zur Methodik einer solchen ›Grenzziehung‹ auch die Ausführungen unten unter § 4 C. I. 1.

als Vergleichsgröße ermittelten Rahmens von angemessenen Vergütungen hinaus.[100]

2. *§ 32 Abs. 1 S. 2 UrhG*

Eine grundsätzlich andere Konstellation besteht dagegen, wenn schon keine Vergütung vereinbart wurde – § 32 Abs. 1 S. 2 UrhG. Hier ist keine Überprüfung, sondern lediglich die Festsetzung einer angemessenen Vergütung vonnöten. Dazu ist aber ebenfalls die Ermittlung einer angemessenen Vergütung anhand der Legaldefinition entsprechend des oben dargestellten ersten Schritts vorzunehmen, die dann indes unmittelbar entsprechend des dritten Schritts festgesetzt werden muss. Konsequenterweise wäre zwar auch hier ein Rahmen von angemessenen Vergütungen anzunehmen. Da aber der Vergleich von vereinbarter Vergütung und Untergrenze des Rahmens entfällt, muss eine Untergrenze gerade nicht mehr eindeutig bestimmt werden. Das Gericht kann unmittelbar eine Vergütung innerhalb des Rahmens festlegen.

B. Unbestimmtheiten in der Systematik der Legaldefinition

Bevor nunmehr die Konkretisierung der Begriffe der Üblichkeit und Redlichkeit problematisiert werden kann, gilt es bei der Anwendung des § 32 Abs. 2 S. 2 UrhG auf einer vorgelagerten Ebene weitere Unbestimmtheiten aufzuklären. Die erste Unbestimmtheit ist dabei bereits in der Rechtsprechung thematisiert worden. Sie führt zu der Frage, ob die Legaldefinition eine angemessene Vergütung durch einen strikt generalisierenden, also ausschließlich auf die jeweilig betroffene Branche gerichteten Blickwinkel bestimmen, oder durch einen individualisierenden Maßstab die Umstände des jeweiligen Einzelfalls berücksichtigen soll (*dazu unter I.*).

Die zweite Unbestimmtheit dagegen betrifft die Systematik der Legaldefinition und deren Elemente der Üblichkeit und Redlichkeit. Das Verhältnis jener Begriffe zueinander ist vielfach unterschiedlich interpretiert worden, was zu gänzlich unterschiedlichen Lesarten der Legaldefinition als solcher geführt hat (*dazu unter II.*). Dieser Aspekt ist – soweit ersichtlich – bis dato nur am Rande diskutiert worden. Er ist aber nicht minder entscheidend für das Projekt der Konkretisierung des § 32 Abs. 2 S. 2 UrhG, da das Verhältnis der verschiedenen

100 Für die Festsetzung einer Vergütung, die deutlich oberhalb der Untergrenze im Durchschnitt des Rahmens liegt, plädieren mit Blick auf eine sonst zu befürchtende Bevorteilung unredlich handelnder Verwerter *Kotthoff*, in: HK-UrhR, § 32 UrhG Rn. 13; *Wandtke/Grunert*, in: Wandtke/Bullinger, § 32 UrhG Rn. 12. Dem entspricht die Aussage in BGH I ZR 38/07, 07.10.2009, BGHZ 182, 337, Rn. 61 – *Talking to Addison*, dass Gerichte nicht gehalten sind, die Vergütung nur so weit anzuheben, dass sie gerade nicht mehr unangemessen ist.

Elemente der Legaldefinition zueinander geklärt werden muss, bevor eine einheitliche Konkretisierung möglich ist.

I. Individualisierende oder generalisierende Betrachtungsweise?

Die Frage danach, ob die Legaldefinition am Einzelfall – also individualisierend – oder an den Verhältnissen in der Branche – also generalisierend – ausgerichtet sein sollte, hat für die Anwendung der Norm des § 32 Abs. 2 S. 2 UrhG offensichtliche Bedeutung. Bei einem individualisierenden Maßstab könnten Kriterien des jeweiligen Einzelfalls berücksichtigt werden, bei einem generalisierenden Maßstab dagegen nicht. Dementsprechend hat diese Frage bereits kurz nach Einführung des § 32 UrhG einige Gerichte beschäftigt. Mittlerweile erscheint sie aber durch die Entscheidung *Talking to Addison* seitens des BGH zugunsten eines – auch – individualisierenden Maßstabs entschieden. Aus diesem Grund soll die nachfolgende Darstellung die Frage – im Gegensatz zu der unten unter II. diskutierten Problematik – auch nicht in aller Ausführlichkeit darstellen, sondern vielmehr einen Überblick über die für diese Untersuchung wichtigen Aspekte gewähren.

1. Generalisierung der Betrachtungsweise durch das OLG München

Die Möglichkeit, eine angemessene Vergütung anhand einer generalisierenden Betrachtungsweise zu ermitteln, ergriff zuerst der 6. Senat des OLG München in vier Entscheidungen zum Anfang des Jahres 2007.[101] Ihr entspricht es, dass Gerichte insbesondere anhand von typisierten – also vor allem für die jeweilige Branche und Werkart spezifischen – Fallgestaltungen entscheiden und anhand solch typischer Umstände die angemessene Vergütung bestimmen.[102] Zu entscheiden wäre hiernach also anhand von Umständen, die sich mit Blick auf die betreffende Branche generalisieren ließen. Zu werten wären jene Umstände so, wie sie typischerweise – nicht notwendigerweise aber auch im konkreten Fall – vorlägen. Unerheblich wären darüber hinaus Umstände, die ohnehin nur ausnahmsweise in einem besonderen Einzelfall auftreten.

Zur Begründung seines Ansatzes verwies der Senat vor allem auf zwei Argumente: Zum einen stützte er sich darauf, dass § 32 Abs. 2 S. 2 UrhG nach seinem Wortlaut auf den Zeitpunkt des Vertragsschlusses abstellt, also eine ex-ante Perspektive voraussetzt. Zu diesem Zeitpunkt seien aber wichtige Umstände des Einzelfalls – so die Anzahl der Werkstücke oder auch die Einnahmen

101 Vgl. OLG München 6 U 5748/05, 08.02.2007, ZUM 2007, 308, 312; OLG München 6 U 5785/05, 08.02.2007, ZUM 2007, 317, 324f.; OLG München 6 U 5649/05, 08.02.2007, ZUM-RD 2007, 166, 175; OLG München 6 U 5747/05, 08.02.2007, ZUM-RD 2007, 182, 188.

102 Vgl. hierzu und zum Folgenden auch *Czychowski*, in: Fromm/Nordemann, § 32 UrhG Rn. 37f.

des Verwerters – noch nicht feststellbar. Daher müsse es im Rahmen der Legaldefinition um eine generalisierende Betrachtungsweise gehen.[103] Zum anderen stellte der Senat auch darauf ab, dass mit der vorrangigen Bestimmung von angemessenen Vergütungen anhand von gemeinsamen Vergütungsregeln und Tarifverträgen jeweils Bezug auf Kollektivverträge genommen werde, die zwar typische Umstände berücksichtigen, aber nicht den Einzelfall als solchen in den Blick nehmen können. Die Bestimmung der angemessenen Vergütung anhand der Legaldefinition könne und solle demnach ebenfalls anhand eines dementsprechend generalisierten Maßstabs erfolgen.[104] Diesen Erwägungen schlossen sich im Folgenden das LG München[105] und das LG Hamburg[106] an. Sie wurden zudem auch von Teilen der Literatur mit Wohlwollen aufgenommen.[107]

2. *Grundsatzentscheidung durch den BGH*

Zuvor waren diverse Gerichte – ohne eine generalisierende Betrachtungsweise in Betracht zu ziehen – von einem individualisierenden und am konkreten Einzelfall orientierten Blickwinkel der Legaldefinition ausgegangen.[108] Das galt bemerkenswerterweise auch für den 29. Senat des OLG München in einer Entscheidung Ende des Jahres 2006.[109] Jene individualisierende Betrachtungsweise erklärte dann wiederum der BGH – in der Revision zu einem der vorher durch den 6. Senat des OLG Münchens entschiedenen Fälle – in *Talking to Addison* für maßgeblich. Hierbei nahm der Gerichtshof vor allem Bezug auf die in den Ausführungen des Rechtsausschusses im Jahre 2002 genannten Kriterien[110], die – wie die beispielhaft erwähnten Kriterien der Zahl der Werkstücke und der Einnahmen des Verwerters – zum Teil kaum sinnvoll zu erfassen sind, ohne auf den konkreten Einzelfall abzustellen. Offenkundig ging der BGH bei der Entscheidung auch davon aus, dass der Gesetzeszweck des § 32 Abs. 2 S. 2 UrhG darin besteht, eine im konkreten Einzelfall angemessene Vergütung zu bestimmen und so Einzelfallgerechtigkeit herzustellen. Entsprechend entschied er zugunsten eines individualisierenden Blickwinkels, der auch in der zweiten

103 Vgl. OLG München 6 U 5748/05, 08.02.2007, ZUM 2007, 308, 312; OLG München 6 U 5785/05, 08.02.2007, ZUM 2007, 317, 324f.; OLG München 6 U 5649/05, 08.02.2007, ZUM-RD 2007, 166, 175; OLG München 6 U 5747/05, 08.02.2007, ZUM-RD 2007, 182, 188.

104 Vgl. ebd.

105 Vgl. LG München 7 O 25258/05, 12.07.2007, ZUM-RD 2007, 550, 554.

106 Vgl. LG Hamburg 308 O 452/07, 18.04.2008, ZUM 2008, 603, 605f.; LG Hamburg 308 O 450/07, 18.04.2008, ZUM 2008, 608, 611.

107 Vgl. etwa *v. Becker*, ZUM 2007, 249, 254.

108 Vgl. etwa LG Berlin 16 O 795704, 27.09.2005, ZUM 2005, 904, 906; LG München 7 O 24552/04, 10.11.2005, ZUM 2006, 73, 77f.; LG Hamburg 308 O 793/04, 10.02.2006, ZUM 2006, 683, 686f.

109 Vgl. OLG München 29 U 1728/06, 14.12.2006, ZUM 2007, 142, 149.

110 Vgl. BGH I ZR 38/07, 07.10.2009, BGHZ 182, 337, Rn. 54 – *Talking to Addison.*

Grundsatzentscheidung zu Übersetzervergütungen *Destructive Emotions* wiederzufinden ist.[111]

3. *Stellungnahme*

Nach den vorgenannten Entscheidungen des BGH ist davon auszugehen, dass der Meinungsstreit der Gerichte – mindestens vorläufig – zugunsten einer individualisierenden Betrachtungsweise entschieden ist, auch wenn die Anwendung eines generalisierenden Blickwinkels weiterhin vertreten wird.[112] Für einen individualisierten Maßstab spricht aber – neben den durch den Rechtsausschuss genannten Einzelfallkriterien – auch, dass der Gesetzeszweck des § 32 UrhG schon im Rahmen des ursprünglichen Regierungsentwurfs eine im konkreten Einzelfall angemessene Vergütung gewesen war. Dieser führte explizit aus, dass der Anspruch nach § 32 UrhG in seiner Entstehung und Höhe am Einzelfall orientiert sei, und die Angemessenheit einer Vergütung weitgehend von den Umständen des Einzelfalls abhänge.[113]

Die Argumente gegen einen individualisierenden Blickwinkel sind demgegenüber nicht gänzlich zwingend. Die Erwägung, dass ein generalisierender Maßstab zu bevorzugen sei, weil die Angemessenheit sonst im Rahmen von Tarifverträgen und gemeinsamen Vergütungsregeln bestimmt würde und diese den Einzelfall nicht berücksichtigen können, erscheint zwar auf den ersten Blick stimmig. Dieser Umstand lässt sich aber andererseits auch als Argument für eine individualisierende Betrachtungsweise anführen, wenn man davon ausgeht, dass bei Nichtvorliegen einer kollektiven Regel gerade der jeweilige Einzelfall entscheidend sein sollte.[114] Zudem ist auch zu beachten, dass der Gesetzgeber des Jahres 2002 diese Kollektivinstrumente insbesondere deshalb für sinnvoll erachtete, weil nach seiner Auffassung eine Vermutung für die ausreichende Berücksichtigung der beidseitigen Interessen durch solche Kollektivverträge spricht.[115] Insofern sind diese Formen der Berechnung nicht unabhängig von Einzelfallumständen zu verstehen, sondern vermuten vielmehr unwiderleglich deren ausreichende Berücksichtigung und Wertung in der weit überwiegenden Zahl von Fällen. Im Übrigen spricht für einen individualisierenden Blickwinkel auch der Normtext des § 32 Abs. 2 S. 2 UrhG, der der Üblichkeit und Redlichkeit

111 Vgl. BGH I ZR 19/09, 20.01.2011, GRUR 2011, 328, Rn. 28 – *Destructive Emotions.*

112 Vgl. *Schricker/Haedicke*, in: Schricker/Loewenheim, § 32 UrhG Rn. 29.

113 Vgl. Regierungsentwurf, BTDrucks 14/6433, 12; ähnlich der dem Regierungsentwurf zugrundeliegende Professorenentwurf, vgl. *Dietz/Loewenheim/Nordemann/Schricker/Vogel*, GRUR 2000, 765, 772; ebenso einer der Mitverfasser des Professorenentwurfs in *Schricker*, GRUR 2002, 737, 738.

114 So *Czychowski*, in: Fromm/Nordemann, § 32 UrhG Rn. 38; *Kotthoff*, in: Hk-UrhR, § 32 UrhG Rn. 40.

115 Vgl. Regierungsentwurf, BTDrucks 14/6433, 12, wo sogar noch eine Widerlegung der Vermutung möglich sein sollte, wenn die Umstände des Einzelfalls dies nahelegten.

die ›Berücksichtigung aller Umstände‹ voranstellt, was wiederum auch Einzelfallumstände miteinschließen sollte.

Letztlich erscheint es hiernach geboten, entsprechend dem BGH sowohl jene Umstände zu berücksichtigen, die genereller Natur sind, als auch jene Umstände, die nur den jeweiligen Einzelfall betreffen. Insofern ist ein allgemeiner Blickwinkel angebracht.[116] Diese Lösung lässt es im Übrigen auch zu, alle vom Rechtsausschuss genannten Kriterien zu berücksichtigen, ohne dass sich dabei Widersprüche auftun. Diese können – entgegen dem Argument des 6. Senats des OLG München – mittels einer Prognose auch zum Zeitpunkt des Vertragsschlusses berücksichtigt werden.[117] Aus diesen Gründen geht die hiesige Untersuchung davon aus, dass die Konkretisierung der Intention des Gesetzgebers mit § 32 Abs. 2 S. 2 UrhG Einzelfallgerechtigkeit zu schaffen, grundsätzlich Rechnung tragen sollte. Dies gilt zumindest insoweit, als es Gerichten überhaupt möglich ist, sämtliche Umstände des Einzelfalls festzustellen und zu werten.[118]

II. Verhältnis der Elemente der Legaldefinition zueinander

Eine dagegen bislang nur in einzelnen Aspekten problematisierte Frage betrifft das Verhältnis der einzelnen Elemente der Legaldefinition zueinander. Sie ist aber für diese Untersuchung naturgemäß von einigem Gewicht. Ihre Untersuchung erfolgt daher ausführlich, um hierdurch eine klare Zuordnung und Abgrenzung der im Rahmen der Legaldefinition verwandten unbestimmten Rechtsbegriffe zu gewährleisten, die die Grundlage für deren Konkretisierung darstellt.

Die dargestellte Unbestimmtheit ist dabei im oben beschriebenen methodisch ersten Schritt zu verorten, d.h. bei der Ermittlung einer angemessenen Vergütung entweder als Vergleichsmaßstab oder als unmittelbarem Anspruchsinhalt. Sie betrifft damit alle Konstellationen, in denen § 32 Abs. 2 S. 2 UrhG eine Rolle spielen kann, nämlich bei getroffener wie auch bei fehlender Vergütungsvereinbarung.

1. Ursprung des Problems

Mit Blick auf die vom Gesetzgeber intendierte Systematik sind wiederum die Ausführungen des Rechtsausschusses des Bundestages sowie die Formulierungshilfen des Bundesministeriums der Justiz von 2002 heranzuziehen, da diese als einzige Dokumente des Gesetzgebungsprozesses § 32 UrhG in seiner

116 Ebenso *Czychowski*, in: Fromm/Nordemann, § 32 UrhG Rn. 38.
117 Ebd., Rn. 37.
118 Vgl. zu dieser Problematik unten unter § 7 D.

letztlich erlassenen Fassung betreffen.[119] Ihnen kommt damit für dessen Auslegung und Anwendung eine entscheidende Rolle zu. Sie enthalten allerdings – im Rahmen der Darstellung des Gesetzgebungsvorgangs teilweise bereits angedeutete – Unbestimmtheiten hinsichtlich der Systematik des § 32 Abs. 2 S. 2 UrhG, die sogar in einen potenziellen Widerspruch münden.

a) Vier unbestimmte Rechtsbegriffe

Zunächst besteht für die praktische Anwendung eine Unsicherheit dadurch, dass in den Ausführungen gleich vier unbestimmte Rechtsbegriffe bzw. Generalklauseln verwendet werden, namentlich die der Angemessenheit, der Üblichkeit, der Redlichkeit sowie des billigen Ermessens. Nun sollten letztere drei Begriffe gerade der Ausfüllung des ersten Begriffes dienen, stellen den Rechtsanwender aber ihrerseits vor das Problem, dass auch sie ausfüllungsbedürftig sind. Alle drei Begriffe werden freilich in den finalen Gesetzgebungsmaterialien näher ausgeführt. So wird der Begriff dessen, was im Geschäftsverkehr üblicherweise zu leisten ist, mit den Begriffen der Branchenpraxis und Branchenübung umschrieben.[120] Damit handelt es sich bei der Üblichkeit um den anhand der Gesetzgebungsmaterialien am weitesten konkretisierten Begriff, da zumindest der Begriff des Geschäftsverkehrs durch den engeren Begriff der Branche ersetzt wird. Eine weitere Konkretisierung durch Benennung einer bestimmten Ermittlungsgrundlage für eine Branchenpraxis wird indes nicht vorgenommen.

Wie bereits an früherer Stelle dargestellt, verweisen die Formulierungshilfe und der Bericht des Rechtsausschusses hinsichtlich des Begriffs der Redlichkeit auf eine gleichberechtigte Berücksichtigung der Interessenlage der Verwerter und Urheber.[121] Hiermit wird allerdings in erster Linie auf die nicht-diskriminierende Gewichtung der durch das Merkmal der Redlichkeit enthaltenen Interessen Bezug genommen, eine Konkretisierung eben jener Interessen erfolgt an dieser Stelle jedoch nicht. Gleichwohl ist dies eine der entscheidenden Fragen der Konkretisierung des Begriffs der Angemessenheit, da § 32 UrhG immerhin gerade die Interessen von Urhebern und Verwertern in einer Weise ausgleichen soll, die der Gesetzgeber durch den Marktmechanismus nicht für gewährleistet ansah.

Schließlich enthalten die Ausführungen des Rechtsausschusses auch den Begriff des billigen Ermessens. Er wird insoweit konkretisiert, als diesem Maßstab hiernach in der Regel dann genüge getan sein sollte, wenn der »Urheber

119 Da sich der Bericht des Rechtsausschusses mit der – zeitlich vorgelagerten – überarbeiteten Fassung der Formulierungshilfe vom 14. Januar 2002 an den hier entscheidenden Stellen wörtlich deckt, wird im Folgenden wegen der besseren Zugänglichkeit der Bundestagsdrucksachen in erster Linie auf den Rechtsausschuss verwiesen.

120 Vgl. Beschlussempfehlung und Bericht des Rechtsausschusses, BTDrucks 14/8058, 18.

121 Vgl. ebd.

an den aus der Nutzung seines Werkes resultierenden Erträgen und Vorteilen angemessen« beteiligt wird.[122] Die Konkretisierung des billigen Ermessens verweist damit auf die angemessene Beteiligung des Urhebers. Hieraus entsteht aber eine bisweilen angemerkte[123] Rückbindung des Begriffs der Billigkeit an den der Angemessenheit, obwohl Ersterer gerade zur Ausfüllung des Letzteren genutzt werden sollte. Es entsteht durch die vermeintliche Konkretisierung mithin ein Zirkelschluss. Insofern ist diese Konkretisierung des billigen Ermessens nicht hilfreich.

Letztlich enthält § 32 Abs. 2 S. 2 UrhG und die dazu gehörigen Materialien also vier ausfüllungsbedürftige - weil unbestimmte - Rechtsbegriffe. Dies erscheint angesichts anderer Normen des Privatrechts mit mehreren unbestimmten Rechtsbegriffen[124] für die praktische Anwendung noch kein unlösbares Problem zu sein. Indes ist im Falle der hier behandelten Legaldefinition nicht nur der Inhalt der Begriffe unklar, sondern auch deren Verhältnis zueinander. Beide Unsicherheiten potenzieren sich zudem - wie angesichts der hieraus resultierenden verschiedenen Auslegungen der Legaldefinition noch zu zeigen sein wird - gegenseitig.

b) Konkurrenz von Redlichkeit und billigem Ermessen

Aus den eben zitierten Passagen der Ausführungen des Rechtsausschusses sind zwei Konstellationen besonders herausgestellt, in denen sich die Gerichte nicht an die durch den Markt bestimmten Preise halten können: Zum einen in denjenigen Fällen, in denen es keine Branchenpraxis gibt, zum anderen in Fällen, in denen eine gegebene Branchenpraxis nicht der Redlichkeit entspricht. Für beide Konstellationen stellt sich die Frage nach der dann vorzunehmenden Ausfüllung der Angemessenheit. Diesbezüglich gibt der Rechtsausschuss aber widersprüchliche Antworten.

Hinsichtlich der mangelnden Redlichkeit einer Branchenpraxis führt der Bericht des Rechtsausschusses aus:

> »Sofern eine übliche Branchenpraxis feststellbar ist, die nicht der Redlichkeit entspricht, bedarf es einer wertenden Korrektur nach diesem Maßstab.«[125]

Hiernach wäre also eine Korrektur der Branchenpraxis nach dem Maßstab der Redlichkeit vorzunehmen.

---

122 Vgl. ebd.

123 Vgl. *Berger*, in: Berger/Wündisch, Urhebervertragsrecht, § 2 Rn. 94; *Kotthoff*, in: HK-UrhR, § 32 UrhG Rn. 38; *Schaub*, in: Riesenhuber, Die »Angemessenheit« im Urheberrecht, 97, 104f.

124 In dieser Hinsicht scheint etwa § 313 BGB vergleichbar zu sein.

125 Vgl. Beschlussempfehlung und Bericht des Rechtsausschusses, BTDrucks 14/8058, 18; Hervorhebung durch den Verfasser.

Indes wird im nächsten Absatz ebenso ausgeführt:

> »Soweit eine Branchenübung nicht festgestellt werden kann oder diese Übung nicht der Redlichkeit entspricht, ist die angemessene Vergütung nach billigem Ermessen festzusetzen.«[126]

Hiernach wäre wiederum bei mangelnder Redlichkeit einer Branchenübung die Vergütung nach billigem Ermessen zu ermitteln.

Für den Fall eines Mangels an Redlichkeit einer anhand der Branche ermittelten, üblichen Vergütung verweisen die Ausführungen also sowohl auf die Redlichkeit als auch auf das billige Ermessen als ausfüllenden Maßstab. Damit stellt sich die Frage nach dem Verhältnis von billigem Ermessen und Redlichkeit zueinander. Nun könnte das Problem prinzipiell als nur auf eben jenen Spezialfall begrenzte Unklarheit angesehen werden. Indes ergeben sich selbst dann alternative Schlussfolgerungen: Zum einen könnte man beide Begriffe als deckungsgleich erachten und trotz unterschiedlicher Bezeichnung einen einheitlichen Maßstab annehmen. Damit wären die oben beschriebenen Konkretisierungen für beide Begriffe zu kombinieren und eben jener einheitliche Maßstab im Wege der Konkretisierung zu finden. Anderseits könnte man aber auch einen der beiden Begriffe für vorrangig erachten und für die Ausführungen hinsichtlich des anderen Begriffs ein Redaktionsversehen annehmen. Dann wäre zu fragen, ob dies nur für jenen Spezialfall gelten sollte bzw. wie das Verhältnis der Begriffe in anderen Konstellationen zu handhaben ist. Das Verhältnis der Begriffe zueinander scheint mithin in jedem Fall klärungsbedürftig.

c) *Verhältnis von billigem Ermessen und Üblichkeit*

Es ergeben sich indes weitere Probleme hinsichtlich des Verhältnisses von billigem Ermessen zur Üblichkeit. Sofern man im Falle der mangelnden Redlichkeit einer Branchenpraxis den Maßstab des billigen Ermessens als vorrangig erachtete, würde sich auf einer Folgenebene nämlich auch die Frage stellen, wie dann das Verhältnis des billigen Ermessens zur Üblichkeit zu beurteilen ist. Denn daraus, dass die Ermittlung einer angemessenen Vergütung auch dann nach billigem Ermessen erfolgen soll, wenn keine übliche Vergütung zu ermitteln ist, folgt auch, dass der Maßstab des billigen Ermessens nicht darauf angewiesen ist, eine solche Branchenpraxis als Ausgangspunkt vorzufinden. Besteht nun aber eine solche Praxis, wäre zu fragen, ob sie bei Anwendung des billigen Ermessens zu berücksichtigen ist, womit das billige Ermessen dann die Funktion einer wertenden Korrektur hätte. Andererseits könnte man annehmen, dass das billige Ermessen auch in diesem Fall unabhängig von der Branchenübung auszuüben wäre und die angemessene Vergütung wiederum unge-

126 Vgl. ebd.; Hervorhebung durch den Verfasser.

achtet des Marktpreises zu bestimmen ist. Mit der ersten Alternative würde einhergehen, dass das billige Ermessen für unterschiedliche Konstellationen – mangelnde Branchenpraxis oder mangelnde Redlichkeit selbiger – einen unterschiedlichen Maßstab enthalten würde. Einerseits wäre das billige Ermessen ein Surrogat für den Maßstab der Angemessenheit, andererseits eine wertende Korrektur der Branchenpraxis. Damit wären aber im Rahmen des § 32 Abs. 2 S. 2 UrhG de facto fünf unbestimmte Rechtsbegriffe zu konkretisieren. Die zweite Alternative würde dagegen eine vollständige Abkehr von der Orientierung am Markt bedeuten, sofern dieser nicht der Redlichkeit entspricht. Es bestünde insoweit keinerlei Ausgangs- bzw. Orientierungspunkt.

Nähme man hingegen eine Übereinstimmung der Begriffe der Redlichkeit und des billigen Ermessens an, so würden sich ähnliche Folgeprobleme ergeben. Sowohl im Falle einer mangelnden Branchenpraxis als auch im Falle der mangelnden Redlichkeit einer solchen Praxis wäre der einheitliche Maßstab anzuwenden. Hierbei würde aber das Problem der unterschiedlichen Funktion – und damit des unterschiedlichen Inhalts – desselben unbestimmten Rechtsbegriffs nur auf den Begriff der Redlichkeit erweitert.

Einzig wenn man die wertende Korrektur anhand des Begriffs der Redlichkeit als gegenüber der Festsetzung mittels des billigen Ermessens für den Fall der mangelnden Redlichkeit einer Branchenübung für vorrangig ansähe, würden sich keine unmittelbaren Probleme hinsichtlich der Verhältnisse der unbestimmten Rechtsbegriffe zueinander ergeben. Dieser Auslegung entspricht im Übrigen die Begründung der ersten Formulierungshilfe des Bundesministeriums der Justiz.[127] Die Redlichkeit entspräche einer wertenden Korrektur des Marktpreises, das billige Ermessen dagegen wäre unabhängig von diesem und nur bei fehlender Branchenpraxis anzuwenden. Letzteres allerdings würde wiederum einen Mangel an Orientierungspunkten bedeuten.

d) Die resultierende Problematik

Im Ergebnis sind demnach zum einen die Inhalte der drei zur Ausfüllung der Angemessenheit verwendeten, ihrerseits unbestimmten Rechtsbegriffe ungewiss, zum anderen aber auch ihr Verhältnis zueinander. Aus der Kombination von beiden Unsicherheiten folgen vor dem Hintergrund des Gesamtsystems weitere Unklarheiten. Es ergeben sich diverse Deutungsmöglichkeiten, insbesondere wenn sowohl der Inhalt der Begriffe als auch ihr Verhältnis unterschiedlich ausgelegt werden. Letztlich kann dies auch in praktischer Hinsicht eine wichtige Rolle spielen, nämlich vor allem bei der Frage danach, ob sich die Gerichte in allen Konstellationen an durch marktwirtschaftliche Abläufe zustande gekommenen Werten orientieren müssen.

127 Vgl. Formulierungshilfe des BMJ vom 19.11.2001, 16.

In jedem Fall können sich aber auf Basis der Unsicherheiten grundlegend verschiedene Auffassungen zur Auslegung und Konkretisierung des § 32 Abs. 2 S. 2 UrhG entwickeln. Diese Gefahr hat sich zumindest zu einem gewissen Grad seit der Einführung der Norm tatsächlich realisiert.

2. Lösungsoptionen

a) Zwei gegensätzliche Lesarten der Legaldefinition

Als Folge der beschriebenen Unsicherheiten gibt es verschiedene Lesarten des § 32 Abs. 2 S. 2 UrhG. Diesbezüglich drängt sich der Eindruck auf, dass vor allem zwei gegensätzliche Lesarten[128] miteinander konkurrieren, zwischen denen noch verschiedene Mischformen liegen. So wird die Legaldefinition einerseits als reines Prüfungsschema daraufhin interpretiert, ob eine angemessene Vergütung anhand der Branchenpraxis ermittelbar ist, während bei deren Scheitern die Gerichte anhand des billigen Ermessens entscheiden müssen. Andererseits wird insbesondere die Rolle der Redlichkeit als das zentrale Element der gerichtlichen Wertung interpretiert, so dass dem Maßstab des billigen Ermessens eine weitaus weniger gewichtige Rolle zukommt.

aa) Üblichkeit und Redlichkeit als reines Prüfungsschema

Zu den Vertretern der ersten Lesart zählen sowohl *Jost Kotthoff*[129] als auch *Gernot Schulze*[130]. Beide räumen sowohl im Falle einer mangelnden Branchenpraxis als auch bei deren mangelnder Redlichkeit dem Maßstab des billigen Ermessens den Vorzug ein.[131]

Hieraus ergibt sich letztlich, dass die Merkmale der Üblichkeit und Redlichkeit ihrer Funktion nach auf bei der Vergütungsvereinbarung einzuhaltende Maßstäbe reduziert sind. Dagegen haben sie im Falle eines Abweichens von ihrem Maßstab keine weitergehende Bedeutung. Zunächst ist nach dieser Lesart nämlich nach dem Merkmal der Üblichkeit eine Vergütungsübung der jeweiligen Branche zu ermitteln.[132] Sofern eine solche besteht, ist sie dann auf ihre Redlichkeit hin zu kontrollieren. Dies erfolgt durch die Prüfung, ob die Übung

---

128 Im Detail mögen die verschiedenen Vertreter der im Folgenden dargestellten Lesarten wiederum voneinander abweichen. Indes geht es hier um die der Legaldefinition zugrunde zu legende Systematik, so dass die Darstellung nur auf eben jene Systematik abzielt, nicht aber auf Unterschiede im Detail. Zudem beschränkt sich die Darstellung aus diesem Grund auch auf die gängigen Kommentare zum UrhG.

129 Vgl. *Kotthoff*, in: HK-UrhR, § 32 UrhG Rn. 34ff.

130 Vgl. *Schulze*, in: Dreier/Schulze, § 32 UrhG Rn. 47ff.

131 Vgl. *Kotthoff*, in: HK-UrhR, § 32 UrhG Rn. 40; *Schulze*, in: Dreier/Schulze, § 32 UrhG Rn. 51.

132 Vgl. *Kotthoff*, in: HK-UrhR, § 32 UrhG Rn. 34; *Schulze*, in: Dreier/Schulze, § 32 UrhG Rn. 47ff.

abstrakt-generell die Urheberinteressen gleichberechtigt berücksichtigt oder vielmehr auf der missbräuchlichen Ausnutzung eines strukturellen Vorteils der Verwerter aufgrund ihrer Verhandlungsmacht beruht.[133] Der Maßstab der Redlichkeit bezieht sich hiernach also allein auf die ermittelte Branchenpraxis. Sofern jene Branchenübung dem entsprechend ausgestalteten Maßstab der Redlichkeit entspricht, ist sie demnach als angemessene Vergütung aufzufassen. Ist aber entweder schon keine Übung im Geschäftsverkehr gegeben oder stellt sich eine solche Übung als nicht redlich heraus, so ist entsprechend dieser Lesart eine Vergütung nach billigem Ermessen festzulegen. Hierbei sollen dann entsprechend § 287 Abs. 2 ZPO die relevanten Umstände nach freier Überzeugung berücksichtigt werden.[134]

Üblichkeit und Redlichkeit sind hiernach im Wesentlichen auf die Funktion eines Prüfungsschemas beschränkt, das auf das jeweilige Marktergebnis anzuwenden ist. Insbesondere die Redlichkeit ist gerade nicht als wertende Korrektur des Marktergebnisses ausgestaltet, sondern soll nur der Feststellung dienen, ob selbiges Marktergebnis normativ akzeptabel ist. Eine entscheidende Rolle hat dagegen der Maßstab des billigen Ermessens bei der Festlegung einer angemessenen Vergütung nach freier Überzeugung, weil hierbei die Interessen der beiden Parteien abgewogen und die relevanten Umstände berücksichtigt werden sollen. Hiernach müsste für die hiesige Untersuchung und die Konkretisierung der Angemessenheit vor allem jenes Merkmal des billigen Ermessens im Zentrum der Betrachtung stehen, weil in erster Linie anhand dieses Merkmals festzulegen wäre, welche Kriterien die Angemessenheit einer Vergütung ausmachen.[135]

bb) Die Redlichkeit als zentrales Korrektiv

Vertreter einer gewissermaßen entgegengesetzten Lesart sind etwa *Gerhard Schricker/Maximilian Haedicke*[136], *Bernhard v. Becker*[137], *Martin Soppe*[138] und wohl auch *Christian Berger*[139]. Sie betrachten allesamt die Merkmale der Redlichkeit und des billigen Ermessens bzw. der Billigkeit als deckungsgleich.[140]

133 Vgl. *Kotthoff*, in: HK-UrhR, § 32 UrhG Rn. 38; *Schulze*, in: Dreier/Schulze, § 32 UrhG Rn. 50.

134 Vgl. *Kotthoff*, in: HK-UrhR, § 32 UrhG Rn. 40; *Schulze*, in: Dreier/Schulze, § 32 UrhG Rn. 51 f., 63 ff.

135 Indes berücksichtigt zumindest *Kotthoff* die Einzelfallumstände wohl auch schon bei der Ermittlung einer entsprechend anwendbaren Branchenpraxis, vgl. *Kotthoff*, in: Hk-UrhR, § 32 UrhG Rn. 34 f.

136 Vgl. *Schricker/Haedicke*, in: Schricker/Loewenheim, § 32 UrhG Rn. 30 ff.

137 Vgl. *v. Becker*, in: Loewenheim, Handbuch des Urheberrechts, § 29 Rn. 33.

138 Vgl. *Soppe*, in: Ahlberg/Götting, § 32 UrhG Rn. 73 ff.

139 Vgl. *Berger*, in: Berger/Wündisch, Urhebervertragsrecht, § 2 Rn. 85 ff.

140 Vgl. *Schricker/Haedicke*, in: Schricker/Loewenheim, § 32 UrhG Rn. 32; *v. Becker*, in:

Nach dieser Lesart nimmt damit insbesondere das Merkmal der Redlichkeit gegenüber dem billigen Ermessen eine weitaus größere und zentralere Rolle ein.

Diese zentrale Funktion drückt sich in zweierlei Weise aus, nämlich einerseits in einer aktiven Korrektur von ›unredlichen‹ Branchenübungen, andererseits in der Festlegung eines von Branchenübungen unabhängigen redlichen Ergebnisses. Die erste Konstellation tritt in Fällen ein, in denen eine Branchenübung feststellbar ist, die aber einer im Rahmen der Redlichkeit vorzunehmenden umfassenden Interessensabwägung[141] nicht entspricht. Eine solche Übung ist nach dieser Lesart anhand des normativen bzw. ethisch-rechtlichen Kriteriums der Redlichkeit durch Wertung der relevanten Umstände aktiv zu korrigieren.[142] Die zweite Konstellation betrifft dagegen wiederum den Fall einer mangelnden Branchenpraxis. Hier soll sogleich normativ anhand des Merkmals der Redlichkeit unter Berücksichtigung aller relevanten Umstände eine angemessene Vergütung ermittelt werden.[143]

Vereinendes Merkmal für diese Lesart ist also die zentrale Funktion der Redlichkeit sowohl bei der Korrektur einer Branchenpraxis als auch bei der von einer solchen Praxis losgelösten Ermittlung einer angemessenen Vergütung. Das billige Ermessen hat insoweit keine eigenständige Rolle mehr, sondern kann durch seinen Maßstab der Billigkeit nur zur Ausfüllung der Redlichkeit dienen. Hiernach wäre für die Konkretisierung der Angemessenheit vor allem das Merkmal der Redlichkeit in den Blick zu nehmen, da in dessen Rahmen die Abwägung der Einzelfallumstände erfolgen soll.

cc) Mischformen

Insbesondere auf Grundlage seiner ersten Grundsatzentscheidung *Talking to Addison* ist zu konstatieren, dass der BGH eine Mischform der Systematiken beider Lesarten verwendet. So findet in der Entscheidung einerseits eine umfassende Abwägung der beiderseitigen Interessen im Einzelfall schon im Rahmen der Prüfung der Redlichkeit der für literarische Übersetzer üblichen Vergütung statt.[144] Folglich bezieht sich die Prüfung entgegen der ersten Lesart nicht

Loewenheim, Handbuch des Urheberrechts, § 29 Rn. 33 (insb. Fn. 61); *Soppe*, in: Ahlberg/Götting, § 32 UrhG Rn. 73; *Berger*, in: Berger/Wündisch, Urhebervertragsrecht, § 2 Rn. 95.

141 Vgl. *Schricker/Haedicke*, in: Schricker/Loewenheim, § 32 UrhG Rn. 31; *Soppe*, in: Ahlberg/Götting, § 32 UrhG Rn. 75f.

142 Vgl. *Schricker/Haedicke*, in: Schricker/Loewenheim, § 32 UrhG Rn. 31 (die die Redlichkeit als der »Üblichkeit übergeordnetes Kriterium« bezeichnen); *v. Becker*, in: Loewenheim, Handbuch des Urheberrechts, § 29 Rn. 33; *Soppe*, in: Ahlberg/Götting, § 32 UrhG Rn. 74; zu beachten ist hierbei, dass die Auffassungen in praktischer Hinsicht wiederum auseinanderfallen, weil *Schricker/Haedicke* im Gegensatz zu den anderen Autoren eine generalisierende Betrachtungsweise einnehmen.

143 Vgl. *Schricker/Haedicke*, in: Schricker/Loewenheim, § 32 UrhG Rn. 32; *v. Becker*, in: Loewenheim, Handbuch des Urheberrechts, § 29 Rn. 33.

144 Vgl. BGH I ZR 38/07, 07.10.2009, BGHZ 182, 337, Rn. 21ff. – *Talking to Addison.*

allein auf eine strukturelle Kontrolle der Branchenpraxis auf den Missbrauch eines Machtungleichgewichts. Die Redlichkeit erhält somit grundsätzlich ein hohes Gewicht. Indes ermittelt der BGH eine angemessene Vergütung in der Folge wegen der mangelnden Redlichkeit der Branchenpraxis anhand des billigen Ermessens unter Würdigung aller Umstände nach freier Überzeugung.[145] Hierdurch wird auch das billige Ermessen zu einem zentralen Maßstab. Innerhalb der Ausübung jenes billigen Ermessens wiederum billigte der BGH die Methodik des Berufungsgerichts, das die gemeinsamen Vergütungsregeln für Autoren belletristischer Werke als Ausgangspunkt genommen und diese auf die Umstände der Übersetzer solcher Werke unter anderem durch Abschläge angepasst hatte.[146] In dieser Methodik könnte gewissermaßen ein Rückgriff auf die Merkmale der Üblichkeit und Redlichkeit innerhalb des billigen Ermessens gesehen werden.

Eine der ersten Lesart nahe Mischform vertritt *Christian Czychowski*, der entsprechend dieser die Notwendigkeit des kumulativen Vorliegens von Üblichkeit und Redlichkeit betont[147] und andernfalls den Maßstab des billigen Ermessens zur Anwendung bringt.[148] Indes ist seinen Ausführungen auch zu entnehmen, dass die Überprüfung einer Branchenübung anhand der Redlichkeit – wie nach dem BGH – bereits eine Interessensabwägung enthalte und damit entgegen der ersten Lesart nicht auf den Ausschluss des Missbrauchs eines strukturellen Ungleichgewichts beschränkt sei.[149]

Näher an der zweiten Lesart liegen *Artur-Axel Wandtke/Eike Wilhelm Grunert*, die das Merkmal der Redlichkeit ebenfalls als normatives Korrektiv von Branchenübungen behandeln – ihr also eine aktive Rolle zusprechen – und sie im Falle einer feststellbaren Branchenpraxis dem billigen Ermessen vorziehen.[150] Indes bringen sie letzteres unter Berücksichtigung der Einzelfallumstände wiederum zur Anwendung, wenn es an jeglichem Markt- bzw. Branchenpreis fehlt.[151] Zur Ausfüllung des billigen Ermessens nehmen sie sodann aber wiederum Bezug auf eine vergleichbare Verwertungs- bzw. Branchenpraxis und gewähren hiervon Auf- und Abschläge.[152]

---

145 Vgl. ebd., Rn. 31. Zu der methodischen Frage, ob die Feststellung der Unangemessenheit einer vereinbarten Vergütung vor der Ermittlung einer angemessenen Vergütung möglich ist, siehe oben unter A. III.
146 Vgl. ebd., Rn. 32ff.
147 Vgl. *Czychowski*, in: Fromm/Nordemann, § 32 UrhG Rn. 44.
148 Vgl. ebd., Rn. 33.
149 Vgl. ebd., Rn. 45.
150 Vgl. *Wandtke/Grunert*, in: Wandtke/Bullinger, § 32 UrhG Rn. 29f.
151 Vgl. ebd., Rn. 31ff.
152 Vgl. ebd.

b) Stellungnahme und Lösungsvorschlag

Angesichts der Bandbreite möglicher Wege, die Systematik des § 32 Abs. 2 S. 2 UrhG zu behandeln, erscheint es dringend geboten, eine vereinheitlichende Lösung zu finden. Zwar mögen die verschiedenen Wege letztlich in einem gegebenen Fall zum gleichen Ergebnis kommen, doch ist es insbesondere für das Vorhaben einer Konkretisierung der Angemessenheit und deren Bestandteile unabdingbar, dass die unbestimmten Rechtsbegriffe der Legaldefinition einheitlich angewandt werden.

Letztlich erscheint es hierbei am sinnvollsten, die verschiedenen Auffassungen für eine solche Vereinheitlichung miteinander zu harmonisieren. Eine grundlegende Unvereinbarkeit ist trotz der Gegensätzlichkeit insbesondere hinsichtlich des Merkmals der Redlichkeit nach hier vertretener Auffassung nämlich nicht gegeben.

aa) Wertende Korrektur einer Branchenpraxis am Maßstab der Redlichkeit

Zu diesem Zweck sollte zuvorderst die Konkurrenz der Begriffe der Redlichkeit und des billigen Ermessens für den Fall aufgelöst werden, dass eine Branchenpraxis besteht, die nicht der Redlichkeit entspricht, da hiervon die weitere Ausfüllung der beiden Begriffe entscheidend abhängt. Hierbei ist der – im Sinne einer aktiven Korrektur orientiert an den Umständen des Einzelfalls ausgelegte – Maßstab der Redlichkeit vorzugswürdig. Sofern das überprüfende Gericht nämlich – unter Anwendung eines konkretisierten Begriffs der Redlichkeit – feststellt, dass eine bestimmte Vergütungsübung dem Maßstab der Redlichkeit nicht entspricht, wäre eine Korrektur anhand eben jener Kriterien, die zu der Unredlichkeit führen, folgerichtig. Die Anwendung eines völlig unabhängigen Maßstabs – in Form des billigen Ermessens – würde hier gewissermaßen zu einem ›Rückfall auf Null‹ führen. Aus diesem Grund sollte die Redlichkeit in dieser Konstellation maßgeblich sein.

Dabei sollte das Merkmal der Redlichkeit auch schon den konkreten Einzelfall und dessen Umstände berücksichtigen und nicht nur eine strukturelle Überprüfung der Branchenpraxis auf einen Missbrauch von Verhandlungsmacht gewährleisten. Die Frage nach der Ausrichtung der Redlichkeit in diesem Kontext ist mit der oben beschriebenen Kontroverse um die grundsätzliche Betrachtungsweise der Legaldefinition verwandt, ist aber durch eine grundsätzliche Befürwortung einer individualisierenden Betrachtungsweise noch nicht entschieden. Letztlich könnte nämlich eine individualisierende Betrachtungsweise erst auf der Ebene des billigen Ermessens bei Fehlen einer Branchenpraxis angebracht sein, während die Redlichkeit noch an der Struktur der Branche orientiert wäre.[153] Dabei ist einzugestehen, dass die Auffassung, nach der der

153 Es ist in diesem Zusammenhang zu konstatieren, dass sich wohl alle Lesarten sowohl mit

Maßstab der Redlichkeit die Frage sein soll, ob die Branchenpraxis abstrakt-generell auf mangelnder Vertragsparität beruht, sich ebenfalls in systematisch sinnvoller Weise aus den Gesetzgebungsmaterialien lesen lässt. Dennoch ist aus den oben bereits angeführten Gründen – insbesondere der Intention des Gesetzgebers, Einzelfallgerechtigkeit herzustellen – zugunsten einer Ausrichtung der Redlichkeit an allen Umständen des Einzelfalls[154] – und damit an allen branchen- wie auch fallbezogenen Kriterien – zu entscheiden. Eine rein abstrakte Kontrolle der Branchenübung auf Missbrauch eines strukturellen Übergewichts der Verwerter hätte eher Rückhalt im Gesetz gefunden, wenn der in der ersten Version der Formulierungshilfe verwendete Wortlaut – »wenn sie dem entspricht, was [...] im redlichen Geschäftsverkehr [...] üblicherweise zu leisten ist«[155] – übernommen worden wäre. Die doppelte[156] Entscheidung gegen jenen Wortlaut spricht aber – in Verbindung mit der Intention des Gesetzgebers – für eine Anwendung der Redlichkeit mit Blick auch auf den konkreten Einzelfall.

Noch entscheidender als jene Argumente ist aber, dass diese Folgerung für den hier präsentierten Lösungsansatz zwingend ist. Eine Trennung nach billigem Ermessen und Redlichkeit ist nicht sinnvoll möglich, da – wie sogleich zu zeigen ist – der hiesige Lösungsansatz das billige Ermessen unter anderem durch die Redlichkeit ausfüllt. Das billige Ermessen könnte dann aber nicht am Einzelfall orientiert sein, während sich die Redlichkeit gleichzeitig an strukturellen Gegebenheiten ausrichtet. Damit ist im Rahmen der Redlichkeit im Ergebnis die Formulierung der ›wertenden Korrektur‹ aus den Gesetzgebungsmaterialien aufzunehmen und auf die Umstände der Branche wie des Einzelfalls anzuwenden.

bb) Ausfüllung des billigen Ermessens durch Üblichkeit und Redlichkeit

Damit verbleibt für die Anwendung des billigen Ermessens aber noch die Konstellation, in der schon keine Branchenpraxis besteht. Sofern man das billige Ermessen nun als unabhängigen Maßstab betrachtet, stellt sich hier allerdings die Frage, wie dieser Maßstab auszufüllen ist, ohne letztlich auf dieselben Kriterien, die bereits im Rahmen der Redlichkeit berücksichtigt wurden, zurückgreifen zu müssen. Andererseits scheint es auch nicht sinnvoll, die Begriffe der

---

einer individualisierenden wie auch einer generalisierenden Betrachtungsweise vereinbaren lassen. Daher sind die beiden Unbestimmtheiten letzten Endes getrennte Problemkreise – einerseits ist die grundsätzliche Perspektive der Legaldefinition zu bestimmen, andererseits deren Systematik.

154 Auch das gilt vorbehaltlich der begrenzten Möglichkeit der Gerichte; vgl. dazu unten unter § 7 D.

155 Formulierungshilfe des BMJ vom 19.11.2001, 5.

156 Einerseits zwischen der ersten und zweiten Version der Formulierungshilfe, andererseits im Rechtsausschuss nach Antrag der FDP-Fraktion.

Redlichkeit und des billigen Ermessens für deckungsgleich zu erachten, da die Redlichkeit als wertendes Korrektiv einen Ausgangspunkt benötigt, den das Gericht bei Anwendung des billigen Ermessens in dieser Konstellation gerade nicht vorfindet. Würde man also den Begriff des billigen Ermessens schlicht mit dem Begriff der Redlichkeit übersetzen, so müsste man die Redlichkeit nun anders als zuvor anwenden, und würde zu zwei verschiedenen Auslegungen der Redlichkeit kommen. Damit würde also wiederum die Menge der unbestimmten Rechtsbegriffe erhöht.

Stattdessen scheint es vielmehr geboten, den Begriff des billigen Ermessens durch die *beiden* Merkmale der Üblichkeit und der Redlichkeit auszufüllen. In ihrer Kombination ergeben diese nämlich eine Vorlage, durch das das billige Ermessen der Gerichte angeleitet werden kann. Die Begriffe müssten zwar in diesem Zusammenhang einen anderen Bezugspunkt erfahren, da es in dieser Konstellation ja gerade keine in der konkreten Branche übliche Vergütung gibt. Hierzu kann aber wiederum eine Passage der Ausführungen des Rechtsausschusses fruchtbar gemacht werden, der bei der Ausübung des billigen Ermessens auf die in anderen Branchen nach redlicher Übung geleisteten Vergütungen verweist.[157] Der Blick der Gerichte sollte bei Ausübung des billigen Ermessens im Falle einer fehlenden Branchenübung also auch auf andere Branchen gerichtet werden. Demnach könnte – im Falle eines Mangels an einer Branchenübung – das billige Ermessen ausgeübt werden, indem das Muster der Ermittlung einer üblichen Vergütung und deren wertende Überprüfung und Korrektur anhand des Merkmals der Redlichkeit auf eine andere Branche angewendet wird. Die Vergleichsbranche müsste dabei anhand ihrer Sachnähe zu der konkret in Frage stehenden Branche ausgewählt werden.

Dieser Methodik entspricht schließlich auch die Entscheidung des BGH in *Talking to Addison*, der dort die Übertragung einer Vergütungsregel für Autoren auf den Fall der Übersetzer unter wertender Abwandlung wegen der grundsätzlichen Ähnlichkeit der Sachverhalte bzw. Tätigkeiten billigte.[158] Außerdem spricht für diese Methodik auch der Gedanke hinter der Verwendung einer Legaldefinition. Diese soll ja abstrakt-generell dasjenige definieren, das – hier bezogen auf das Urhebervertragsrecht – eine angemessene Vergütung ausmacht. Hiernach sind Üblichkeit und Redlichkeit als *Muster einer angemessenen Vergütung* zu sehen, und können als solches Muster bei der Ausübung des billigen Ermessens dienen. Logisch folgt dies zudem aus der Überlegung, dass das billige Ermessen bei mangelnder Branchenpraxis als Surrogat für das Kriterium der Angemessenheit dient, mithin aus denselben Elementen bestehen sollte. Darüber hinaus ist mit diesem Lösungsansatz zudem auch eine Verringerung von

157 Vgl. Beschlussempfehlung und Bericht des Rechtsausschusses, BTDrucks 14/8058, 18.
158 Vgl. BGH I ZR 38/07, 07.10.2009, BGHZ 182, 337, Rn. 35ff. – *Talking to Addison*.

unbestimmten Rechtsbegriffen verbunden, da die Gerichte innerhalb des billigen Ermessens auf die bereits konkretisierten Begriffe der Üblichkeit und Redlichkeit zurückgreifen könnten.

Zuletzt entspricht diese Lösung auch Erkenntnissen der Verhaltensökonomik, die erhebliche Schwierigkeiten belegt hat, wenn Menschen ein vorher gefertigtes Werturteil in einem geldwerten Betrag ausdrücken sollen, ohne dabei auf einen Referenzwert zurückgreifen zu können – das sogenannte *Scaling Without a Modulus.*[159] Konsequenz dieser Schwierigkeiten ist eine hochgradige Variabilität der resultierenden Geldbeträge. Bei Vorliegen eines Referenzwerts ist dagegen eine wesentlich geringere Variabilität festzustellen.[160] Gleichermaßen unterläge die Ausübung des billigen Ermessens ohne einen Referenzwert, der als Ausgangspunkt der gerichtlichen Wertung dient, großen Unsicherheiten. Die Ausübung des billigen Ermessens durch Anwendung des Musters von Üblichkeit – Ermittlung eines Ausgangspunkts/Referenzwerts – und Redlichkeit – gerichtliche Wertung und Korrektur des Referenzwerts – ist demnach auch vor dem Hintergrund praktischer Erwägungen sinnvoll.

cc) *Funktionelle Definition von Üblichkeit und Redlichkeit*

Um den hier vertretenen Lösungsansatz weiter zu präzisieren, sollten die Merkmale der Üblichkeit und der Redlichkeit außerdem ihrer Funktion nach definiert werden. In Bezug auf die Üblichkeit ist dies unkompliziert, da sich hier zwischen den verschiedenen Lesarten soweit ersichtlich keine gravierenden Unterschiede auftun. Die Üblichkeit verweist durchweg auf die in der Gesetzesbegründung genannten Begriffe der Branchenübung und Branchenpraxis. Dies ist auch nach dem hier vertretenen Lösungsansatz der Fall. Die einzige Abweichung ergibt sich mit der Anwendung der Üblichkeit im Rahmen des billigen Ermessens, da hier auf eine vergleichbare Branchenpraxis Bezug genommen wird.

Etwas anders liegt der Fall im Hinblick auf die Redlichkeit, da nach diesem Lösungsansatz verschiedene Ausführungen in den Gesetzgebungsmaterialien zusammengeführt werden müssen, die sich nach dem Wortlaut einerseits auf die Redlichkeit, andererseits auf das billige Ermessen beziehen. Ausgangspunkt ist wiederum die Funktion der Redlichkeit als wertende Korrektur. Diese Korrektur soll die Branchenpraxis daraufhin überprüfen und dahingehend korrigieren, ob sie die Interessen der Urheber und der Verwerter gleichberechtigt behandelt und

159 Vgl. zu diesen Befunden in experimentellen Studien zur Festlegung von punitive damages nach US-amerikanischem Recht *Kahnemann/Schkade/Sunstein*, Journal of Risk and Uncertainty 16 (1998), 49, 74f.; *Sunstein/Kahnemann/Schkade*, Yale Law Journal 107 (1997–1998), 2071, 2106f.; *Sunstein*, American Law and Economics Review 1 (1999), 115, 142ff. m.w.N.

160 Vgl. ebd.

berücksichtigt. Dabei müssen dann die eigentlich für die Ausübung des billigen Ermessens genannten[161] relevanten Umstände des Einzelfalls in die Wertung einfließen, und zwar in Form der durch sie begründeten Interessen der beiden Parteien. Zu fragen ist also, inwiefern die Branchenpraxis die durch die relevanten Umstände des Einzelfalls begründeten Interessen der Parteien gleichberechtigt berücksichtigt und miteinander in Ausgleich bringt. Diese Fragestellung leitet die – allgemein als Abwägung titulierte[162] – Wertung an. Schließlich ist jenem Standard nach der Gesetzesbegründung in der Regel nur dann Genüge getan, wenn der Urheber an den Erträgen und Vorteilen aus der Nutzung des Werkes in ausreichendem Maße beteiligt wird.

Hinsichtlich der Anwendung der Redlichkeit im Rahmen des billigen Ermessens ist dieser Definition im Übrigen noch ein geringer Zusatz zuzugeben: Da sich die Redlichkeit hier auf eine fremde Branchenpraxis bezieht, muss sie auch überprüfen, ob zwischen den Branchen trotz ihrer Vergleichbarkeit dennoch solche Unterschiede bestehen, die zu einer Korrekturbedürftigkeit führen.[163] Das kann aber unter Zugrundelegung der genannten Fragestellung geschehen – im Rahmen der Prüfung eines gleichberechtigten Ausgleichs zwischen den Interessen durch die Übung können dann nämlich auch Unterschiede zwischen den Branchen, die für die Branchenpraxis mitursächlich waren, mitberücksichtigt werden. Zu fragen ist dann also, inwiefern eine Übertragung der fremden Branchenpraxis diesen Ausgleich vollziehen würde und inwiefern hierzu Korrekturen notwendig sind. Damit bleibt im Ergebnis ein einheitlicher Maßstab der Redlichkeit erhalten.

dd) Methodische Aspekte des Lösungsvorschlags

Gewissermaßen als Kontrollüberlegung und zur Verdeutlichung ist dieser Lösungsansatz an dieser Stelle auch in die Gesamtmethodik des § 32 UrhG einzufügen. Dabei ist wiederum zu beachten, dass die folgenden Ausführungen ausschließlich im ersten methodischen Schritt bei der Anwendung des § 32 Abs. 2 S. 2 UrhG zu verorten sind, nämlich der Ermittlung einer angemessenen

161 Vgl. Beschlussempfehlung und Bericht des Rechtsausschusses, BTDrucks 14/8058, 18.

162 Vgl. *Czychowski*, in: Fromm/Nordemann, § 32 UrhG Rn. 56ff.: »umfassende Interessensabwägung«; *Schricker/Haedicke*, in: Schricker/Loewenheim, § 32 UrhG Rn. 31: »umfassende Interessensabwägung und -wertung«; *Berger*, in: Berger/Wündisch, Urhebervertragsrecht, § 2 Rn. 93: »Abwägung der Interessen«; *Soppe*, in: Ahlberg/Götting, § 32 UrhG Rn. 73ff.: »praktische Konkordanz der betroffenen Interessen«; *Tolkmitt*, in: Buscher u.a., FS Bornkamm, 991, 996: »Ausgleich«; *Kromer*, AfP 2013, 29, 34: »Redlichkeitsabwägung«; *Poll*, ZUM 2009, 611, 617: »im Urhebervertragsrecht stets zu beachtende Interessensabwägung«; *Peifer*, AfP 2008, 545, 548: »Abwägung zwischen Urheber- und Verwerterinteressen«.

163 Wie es der BGH bei der Anpassung der Tarife für Autoren auf die besonderen Umstände der Gruppe der Übersetzer ebenfalls tat.

Vergütung zum Zwecke des Vergleichs – § 32 Abs. 1 S. 3 UrhG – oder zum Zwecke der unmittelbaren Festsetzung – § 32 Abs. 1 S. 2 UrhG.

Bei dieser Ermittlung muss das entscheidende Gericht hiernach im Rahmen der Üblichkeit also zunächst prüfen, ob für die betroffene Branche eine Vergütungsübung besteht. Ist dies der Fall, muss diese als Ausgangspunkt genommen werden. Ist dagegen keine Branchenübung vorhanden, so erfolgt ein Blick auf vergleichbare Branchen – im Rahmen der Ausübung des billigen Ermessens – und die dort üblichen Vergütungen. Eine Praxis in einer solchen vergleichbaren Branche kann dann als Ausgangspunkt und Referenzwert genommen werden. Von dem dann – nunmehr in beiden Konstellationen – gegebenen Ausgangspunkt muss im Rahmen der Redlichkeit unter Berücksichtigung der besonderen Umstände des Einzelfalls und Abwägung der beiderseitigen Interessen die Untergrenze der Angemessenheit ermittelt werden. Eine vereinbarte Vergütung kann nun mit dieser Untergrenze verglichen werden. Wird die Grenze unterschritten, so kann – sofern eine Vergütung im Mittel eines Rahmens von angemessenen Vergütungen geschuldet sein soll – erneut hin zur durchschnittlichen angemessenen Vergütung innerhalb des Rahmens korrigiert werden. Ist dagegen vorab keine Vergütung vereinbart worden, so kann unmittelbar jene Vergütung im Mittel des Rahmens festgelegt werden.

Der präsentierte Lösungsansatz erscheint somit die methodische Herangehensweise an § 32 Abs. 2 S. 2 UrhG insgesamt zu vereinheitlichen und zu vereinfachen. Indes liegt es in der Natur der Sache, dass es Konstellationen gibt, in denen auch dieser Ansatz an Grenzen stoßen mag. So wäre bei gänzlich neuen Verwertungsarten oder innovativen Branchen möglicherweise schon keine vergleichbare Branche zur Ermittlung eines Ausgangswertes festzustellen. Diese Fälle scheinen aber auch durch die anderen Lesarten und insbesondere den Rückgriff auf einen allgemeinen Maßstab des billigen Ermessens nicht einfacher zu klären zu sein.

ee) *Konsequenzen für die weitere Untersuchung*

Für die weitere Untersuchung ist nach diesem Lösungsansatz zunächst klarzustellen, dass sich die Konkretisierung auf die Begriffe der Üblichkeit und Redlichkeit konzentrieren muss. Sie sind unmittelbar oder im Rahmen der Ausübung des billigen Ermessens die entscheidenden Maßstäbe bei der Bemessung der angemessenen Vergütung. Insbesondere die Redlichkeit ist hiernach ein zentraler Begriff, weil sie die – noch zu behandelnden – Einzelfallkriterien in sich trägt. Bei der Frage danach, auf welche Umstände des Einzelfalls sich die Angemessenheit im Urhebervertragsrecht beziehen soll, spielt also die Redlichkeit die entscheidende Rolle.

Der Vollständigkeit halber ist schließlich anzumerken, dass die in § 5 und § 6 folgende Analyse der Rechtsprechungspraxis bezüglich bisher angewandter

Einzelfallkriterien letztlich auch innerhalb der anderen Konzeptionen von § 32 Abs. 2 S. 2 UrhG fruchtbar gemacht werden kann. Dann müssen die herausgearbeiteten Kriterien auf den nach der jeweiligen Lesart bei der Wertung und Abwägung verwendeten Maßstab übertragen werden.

Teil 2: Methodik der Konkretisierung und Auswertung der Rechtsprechung

§ 4 Methodik der Konkretisierung von Üblichkeit und Redlichkeit

Sind damit nunmehr die erschwerenden Unbestimmtheiten in der Systematik des § 32 Abs. 2 S. 2 UrhG ausgeräumt, soll im Folgenden die eigentliche Konkretisierung der Begriffe der Üblichkeit und Redlichkeit in der gerichtlichen Praxis dargestellt werden. Zuvor ist aber in einem ersten Schritt zu erörtern, unter welchen methodischen Voraussetzungen die Konkretisierung der Legaldefinition erfolgen kann. Dazu soll hier in knapper Form der allgemeine Prozess einer Normkonkretisierung betrachtet werden, um den bisherigen Stand der Praxis der Gerichte darin einordnen zu können (*dazu unter A.*). Im Weiteren soll dann dasjenige Ziel einer Konkretisierung herausgearbeitet werden, das unter Berücksichtigung der Besonderheiten der Üblichkeit und der Redlichkeit methodisch erreichbar ist. Dazu ist zunächst eine Typologie von Konkretisierungsformen zu rezipieren (*unter B.*) und das Vorhaben der Konkretisierung der Merkmale der Üblichkeit und der Redlichkeit hierin einzuordnen (*unter C.*). Darauf aufbauend ist ergänzend zu erwägen, welche methodischen Grenzen und Regeln bei der Konkretisierung zu berücksichtigen sind (*unter D.*). Schließlich ist noch das Problem der Berücksichtigung von tatsächlichen Unterschieden zwischen verschiedenen Branchen anhand der Lehre des sogenannten ›beweglichen Systems‹ zu untersuchen, das im Zusammenhang mit § 32 Abs. 2 S. 2 UrhG bisweilen genannt wird (*unter E.*).

A. Der Prozess einer Normkonkretisierung: Spezifizierung und Typisierung

Eine Normkonkretisierung durch die Rechtsprechung findet grundsätzlich innerhalb eines langfristigen Prozesses statt.[164] Dieser Prozess ist insbesondere

164 *Ossenbühl*, in: Schröder u. a., Freiheit, Verantwortung, Kompetenz, 335; *Larenz*, Metho-

dadurch bedingt, dass die Gerichte durch die Entscheidung von verschieden gelagerten, konkreten Fällen Erfahrungswerte mit der zu konkretisierenden Norm sammeln und mit der Zeit durch jene Entscheidungen ein sich weiterentwickelndes System für die Anwendung der Norm bilden.[165] Dieser anhand von konkreten Fällen angeregte Erfahrungsgewinn führt schließlich dazu, dass die Regeln zur Anwendung der Norm durch das von der Rechtsprechung entwickelte System auch auf abstrakt-genereller Ebene immer konkreter werden. Jener Ablauf der Normkonkretisierung wird dabei häufig in zwei Stufen eingeteilt – zunächst findet hiernach eine *Spezifizierung* des in der Norm enthaltenen Begriffes statt, danach eine *Typisierung* der entschiedenen Fälle.[166] Die anfänglich erfolgende Spezifizierung des zu konkretisierenden Begriffs bezeichnet dabei die Beurteilung von Einzelfällen, in denen die Rechtsprechung erste Entscheidungen darüber trifft, ob diese unter die zu konkretisierende Norm zu subsumieren sind oder nicht.[167] Dadurch entsteht gewissermaßen ein ›Netz von Orientierungspunkten‹.[168] Hat dieses Netz eine gewisse Größe erreicht, so kann im Wege der Abstrahierung von den verschiedenen Einzelfällen die Typisierung – eine Einteilung in Fallgruppen oder ähnliche Oberbegriffe – stattfinden.[169] Diese erfolgt anhand einer Systematisierung der bereits entschiedenen Einzelfälle etwa anhand von Gemeinsamkeiten im Rahmen ihrer Grundstrukturen.[170] Aus diesen Grundstrukturen ergibt sich dann wiederum eine vom Einzelfall abstrahierte, generelle Regel, die die betreffende Norm für zukünftige Entscheidungen konkretisiert.[171]

Indes wird diese zweiteilige Betrachtungsweise der Normkonkretisierung von *Anne Röthel* dafür kritisiert, dass sie lediglich eine Regelbildung »von unten nach oben« vorsieht, also ausschließlich aus den bereits entschiedenen Einzelfällen.[172] Dem tritt sie mit dem Argument entgegen, dass auch »von oben«, d.h. von der zu konkretisierenden Norm und dem sie umgebenden System sowie insbesondere von den Vorgaben und Erwägungen des Gesetzgebers her auf die

denlehre der Rechtswissenschaft, 291; *Göldner*, Verfassungsprinzip und Privatrechtsnorm, 113.

165 *Ipsen*, Richterrecht und Verfassung, 72; *Wank*, Grenzen richterlicher Rechtsfortbildung, 146f.; *Ohly*, Richterrecht und Generalklausel, 249.

166 *Röthel*, Normkonkretisierung im Privatrecht, 168.

167 Vgl. *Ipsen*, Richterrecht und Verfassung, 73f.; *Wank*, Grenzen richterlicher Rechtsfortbildung, 147.

168 Vgl. *Ipsen*, Richterrecht und Verfassung, 74 unter Verweis auf *Göldner*, Verfassungsprinzip und Privatrechtsnorm, 143.

169 Vgl. *Ipsen*, Richterrecht und Verfassung, 75; *Wank*, Grenzen richterlicher Rechtsfortbildung, 147.

170 Vgl. ebd.; *Larenz*, Methodenlehre der Rechtswissenschaft, 292f.

171 Vgl. *Ohly*, Richterrecht und Generalklausel, 323.

172 Vgl. *Röthel*, Normkonkretisierung im Privatrecht, 168f.

Regelbildung eingewirkt wird.[173] Nach diesem – für die Praxis sehr plausiblen – Einwand ist also davon auszugehen, dass die Regelbildung aus dem Einzelfall im Wege der Spezifizierung und Typisierung einen wichtigen – oder sogar entscheidenden[174] – Teil der Konkretisierung ausmacht, aber durch andere Einflüsse und Erwägungen ergänzt wird. Hiernach ist der Prozess der Normkonkretisierung komplexer und vielschichtiger, als es nach der ausschließlichen Betrachtung der Regelbildung durch Fallentscheidungen der Fall wäre.

Der Einwand von *Röthel* erscheint vor allem insofern berechtigt, als gerichtliche Entscheidung von Einzelfällen gerade nicht in einem ›Vakuum‹ ergehen. Es ist vielmehr davon auszugehen, dass eine jede solche Entscheidung von vielerlei Faktoren abhängt, nicht zuletzt von den von *Röthel* erwähnten Vorgaben seitens des Gesetzgebers. Das abstrakte Modell von Spezifizierung und Typisierung ist für die hiesige Untersuchung dennoch hilfreich, da es zwei der in jedem Fall notwendigen Schritte im Prozess der Normkonkretisierung näher erläutert und anleitet. Im Rahmen dieser Untersuchung soll dabei insbesondere die Figur der Typisierung aufgegriffen werde. Eine solche wird in den folgenden beiden Kapiteln für die beiden entscheidenden Elemente der Legaldefinition – Üblichkeit und Redlichkeit – aus der bisherigen Rechtsprechungspraxis herauszufiltern versucht werden.

B. Die Typologie der Normkonkretisierung nach Röthel

Hierzu sind indes einige Überlegungen dazu notwendig, mit welchem Ziel die Typisierung betrieben werden soll. In diesem Zusammenhang ist vorweg zu erörtern, welche Formen von Normkonkretisierungen aus methodischer Sicht bekannt sind. Daran anschließend ist im folgenden Abschnitt zu bestimmen, welche jener Formen der Typisierung von Üblichkeit und Redlichkeit zugrunde gelegt werden kann. Zuerst ist also zu erwägen, welche Formen der Normkonkretisierung aus rechtsmethodischer Sicht bei der Regelbildung zur Verfügung stehen. Hierzu hilfreich erscheint in erster Linie die von *Röthel* erstmalig entwickelte – und soweit ersichtlich bisher einmalige – Typologie von Normkonkretisierungen.[175] Die Betrachtung der Legaldefinition des § 32 Abs. 2 S. 2 UrhG anhand dieser Typologie soll es dann im nächsten Schritt erlauben, das Ziel seiner Konkretisierung genauer zu definieren.

Röthel differenziert innerhalb ihrer Typologie zwischen verschiedenen Formen von Normkonkretisierungen, die sich insbesondere durch ihr Konkreti-

173 Vgl. ebd.
174 So *Ohly*, AcP 201 (2001), 1, 17.
175 Vgl. *Röthel*, Normkonkretisierung im Privatrecht, 167ff.

sierungsniveau unterscheiden.[176] Die verschiedenen Typen von Normkonkretisierungen unterteilt sie wiederum in Stufen von Konkretisierungen, die sich durch ihre Ableitungsrationalität – ihre Nähe zur zu konkretisierenden Norm – sowie ihre Anleitungsrationalität – die Detailliertheit ihrer Vorgaben und damit die Nähe zu einem konkreten Ergebnis – voneinander unterscheiden.[177] Die erste Stufe enthält dabei Konkretisierungsformen mit hoher Ableitungs-, aber geringerer Anleitungsrationalität, während die zweite Stufe eine geringere Ableitungs- aber eine höhere Anleitungsrationalität aufweist.[178] Die Konkretisierungsformen mit dem höchsten Konkretisierungsniveau sind also solche der zweiten Stufe.

I. Scheinkonkretisierungen

Auf einer Vorstufe zu den beiden eigentlichen Konkretisierungsstufen stehen allerdings zuvor noch *Scheinkonkretisierungen.* Ihre Besonderheit ist es, dass sie den zu konkretisierenden Begriff lediglich durch eine andere, wiederum zu konkretisierende Formulierung ersetzen.[179] Dies geschieht nach *Röthel* entweder durch die Verwendung gleichbedeutender normativer Begriffe oder durch den schlichten Verzicht auf jegliche abstrakt-generelle Entscheidungsregel durch einen Verweis etwa auf die »Umstände des Einzelfalls«.[180] Eine Scheinkonkretisierung ist dementsprechend lediglich vorbereitend und als Zwischenschritt des Konkretisierungsprozesses praktisch nutzbar zu machen.[181]

Tatsächlich finden sich im Rahmen der gesetzgeberischen Konzeption von § 32 Abs. 2 S. 2 UrhG beide Formen der Scheinkonkretisierung. So wird zum einen das Merkmal der Angemessenheit über die ebenfalls konkretisierungsbedürftigen Begriffe der Üblichkeit und Redlichkeit legaldefiniert. Zum anderen wird in den Gesetzgebungsmaterialien wie auch im Normtext auf die nicht näher definierten relevanten Umstände des Einzelfalls verwiesen.[182]

176 Vgl. ebd., 169ff.
177 Vgl. ebd., 162, 171.
178 Vgl. ebd., 171.
179 Ebd., 180ff.
180 Vgl. ebd.
181 Ebd., 180.
182 Vgl. Beschlussempfehlung und Bericht des Rechtsausschusses, BTDrucks 14/8058, 18; hierzu schon ausführlich oben unter § 2 B. II.

II. Beurteilungsmaßstäbe

Auf der ersten Stufe ordnet *Röthel* sodann Konkretisierungen in Form von *Beurteilungsmaßstäben* ein.[183] Solche Beurteilungsmaßstäbe vermitteln in erster Linie einen bestimmten Blickwinkel, aus dem der zu konkretisierende Begriff zu beurteilen ist.[184] Sie geben dem Rechtsanwender also insbesondere vor, auf welche Art und Weise er den zugrunde liegenden Sachverhalt anhand des zu konkretisierenden Begriffes zu betrachten hat. Als Beispiele nennt *Röthel* unter anderem die Vorgaben einer »wirtschaftlichen« oder auch einer »objektiven Betrachtungsweise« sowie einer »verständigen Beurteilung« eines unter die Norm fallenden Sachverhalts.[185] Entsprechend der Einteilung in die erste Stufe zeichnen sich Beurteilungsmaßstäbe durch eine hohe Ableitungsrationalität aus, besitzen aber eine geringere Anleitungsrationalität. Letzteres liegt insbesondere daran, dass sie zwar eine bestimmte Perspektive auf den Sachverhalt vorgeben, aber noch nicht bestimmen, welchen Umständen des Sachverhalts entscheidendes Gewicht zukommen soll. Im Rahmen des § 32 Abs. 2 S. 2 UrhG spielen Beurteilungsmaßstäbe bis dato keine Rolle. Insbesondere ist für die Beurteilung der Angemessenheit keine besondere Betrachtungsweise vorgegeben.

III. Qualifizierungen und Quantifizierungen

Auf der zweiten Stufe stehen schließlich die sogenannten *Qualifizierungen* und *Quantifizierungen.* Beiden gemein sind damit vor allem eine hohe Anleitungsrationalität und ein dementsprechend hohes Konkretisierungsniveau.

Unter Qualifizierungen versteht *Röthel* solche Konkretisierungen, die anhand von bestimmten Eigenschaften des Sachverhalts entweder Bewertungsgrenzen oder aber in eine Abwägung einzubringende Bewertungsfaktoren bestimmen.[186] Bewertungsgrenzen bezeichnen dabei solche Formulierungen, die angeben, welche materielle Grenze innerhalb des Sachverhalts überschritten werden muss, um das Erfordernis der Norm zu erfüllen.[187] *Röthel* nennt unter anderem das Beispiel des § 321 BGB a.F., bei dem eine wesentliche Verschlechterung der Vermögensverhältnisse danach bestimmt werden sollte, ob die Verschlechterung zu einer »Gefährdung des Gegenleistungsanspruches« geführt hat.[188] Hierdurch wird also innerhalb der Norm eine eigens definierte Grenze be-

183 Vgl. *Röthel*, Normkonkretisierung im Privatrecht, 171.
184 Vgl. ebd., 188.
185 Vgl. ebd. 188ff.
186 Vgl. ebd., 205ff.
187 Ebd., 205f.
188 Vgl. ebd., 206.

stimmt. Bewertungsfaktoren bezeichnen dagegen vor allem konkrete Umstände des Einzelfalls, die nach einer Konkretisierung in Form der Qualifizierung in eine Abwägungsentscheidung eingebracht werden müssen.[189] Durch diese Art der Qualifizierung werden also bestimmte Umstände des Sachverhalts als entscheidend bzw. beachtlich eingeordnet, mithin qualifiziert.

Quantifizierungen dagegen besitzen ein noch höheres Konkretisierungsniveau, da sie feste Zahlenwerte für die zu konkretisierende Norm angeben.[190] Als Beispiel nennt *Röthel* etwa die 30 %-Grenze im Fall von § 251 Abs. 2 BGB im Rahmen von Kfz-Schäden.[191] Hiermit wird also ein fester und allgemeingültiger Zahlenwert auf die zu konkretisierende Norm bzw. den zu konkretisierenden Begriff angewandt. Aufgrund ihres hohen Konkretisierungsniveaus wären Quantifizierungen auch im Rahmen des § 32 Abs. 2 S. 2 UrhG im Sinne der Rechtssicherheit wünschenswert. So hätten wohl auch die sogenannten »Karlsruher Übersetzertarife«[192] – die bereits erwähnten, vom BGH festgesetzten Beteiligungssätze für die Vergütung von Übersetzern – jedenfalls dann als Quantifizierungen eingeordnet werden können, wenn sich die generalisierende Betrachtungsweise des OLG München durchgesetzt hätte. In diesem Fall wäre eine Bestimmung einer angemessenen Vergütung anhand der Umstände der jeweiligen Branche, mithin eine branchenabhängige Quantifizierung vorgenommen worden. Unter der nunmehr anzunehmenden individualisierenden Betrachtungsweise dagegen ist die branchenbezogene Quantifizierung nur ein vorläufiger Schritt, da ihr noch die gerichtliche Wertung anhand der Umstände des konkreten Einzelfalls nachgelagert ist. Unabhängig von dieser Klassifizierung ist aber jedenfalls eine allgemeingültige, auf alle Branchen anzuwendende Quantifizierung der Angemessenheit wegen der großen Differenzen zwischen den Branchen für § 32 Abs. 2 S. 2 UrhG nicht geboten.

C. Die auf Üblichkeit und Redlichkeit anzuwendende Konkretisierungsform

Diese Typologie kann nunmehr dazu genutzt werden, das eigentliche Ziel der Konkretisierung der Legaldefinition zu benennen. Es ist zu fragen, welche Form der Konkretisierung für die Merkmale der Üblichkeit und Redlichkeit jeweils geeignet ist. Dabei wird zunächst die Redlichkeit in den Blick genommen. Hiernach wird das Ziel der Konkretisierung der Üblichkeit anhand der Typologie bestimmt.

189 Ebd., 209ff.
190 Ebd., 240.
191 Vgl. ebd., 241.
192 Vgl. etwa *Jacobs*, GRUR 2011, 306.

I. Die Konkretisierung der Redlichkeit in Form der Qualifizierung

Für die Konkretisierung des Begriffs der Redlichkeit sollte die Form der Qualifizierung angestrebt werden. Dafür sind methodische wie auch praktische Erwägungen ausschlaggebend.

1. *Konkretisierung von Tatbestand und Rechtsfolgenanordnung*

Nach der oben ausgeführten und in dieser Untersuchung vertretenen Systematik der Legaldefinition ist das Merkmal der Redlichkeit sowohl Teil des Tatbestands als auch der Rechtsfolge des § 32 Abs. 2 S. 2 UrhG. Im Falle des Tatbestands folgt dies daraus, dass mittels der Merkmale der Üblichkeit und der Redlichkeit eine für den konkreten Fall angemessene Vergütung zum Vergleich mit der vereinbarten Vergütung ermittelt wird. Darüber hinaus sind Üblichkeit und Redlichkeit aber auch Teil der Rechtsfolgenanordnung, nämlich sofern eine vereinbarte Vergütung die Untergrenze der Angemessenheit unterschreitet oder aber von vornherein fehlt. Dann wird nämlich die geschuldete Vergütung anhand dieser Merkmale festgelegt.

Methodisch ist dies nach der Typologie von *Röthel* insoweit beachtlich, als die Zugehörigkeit des zu konkretisierenden Begriffs zum Tatbestand und/oder zur Rechtsfolgenanordnung relevant für die Frage ist, welche Form der Normkonkretisierung für ihn geeignet ist.[193] Das ist dadurch bedingt, dass zu konkretisierende Begriffe auf Ebene des Tatbestands grundsätzlich eine »Ja/Nein-Entscheidung« voraussetzen, also eine Entscheidung für oder wider die Erfüllung des Tatbestands.[194] Für diese Art der Konkretisierung sollen vor allem die Formen der Qualifizierung und Quantifizierung geeignet sein, da sie auf solche Ja/Nein-Entscheidung hinauslaufen und damit Formen der »geschlossenen Konkretisierungen« sind.[195] Dagegen ist es für zu konkretisierende Begriffe im Rahmen der Rechtsfolgenanordnung typisch, dass sie die Bestimmung eines bestimmten Anspruchs der Höhe nach voraussetzen, auf die eine solche Ja/Nein-Entscheidung gerade nicht ausgerichtet ist.[196] Dieser Art der Konkretisierung entsprechen die Beurteilungsmaßstäbe i. e. S., die nur eine bestimmte Betrachtungsweise vorgeben, und damit als »offene Konkretisierungen« auf eine solche Bestimmung der Höhe nach hinwirken.[197]

Schließlich existiert aber auch noch ein dritter Fall, dem die Situation des § 32 Abs. 2 S. 2 UrhG entspricht. Für solche Normen, in denen ein und derselbe zu konkretisierende Begriff sowohl Teil des Tatbestands als auch der Rechtsfol-

193 Vgl. *Röthel*, Normkonkretisierung im Privatrecht, 171ff.
194 Ebd., 172.
195 Vgl. ebd., 176.
196 Ebd., 172f.
197 Vgl. ebd., 176f.

genanordnung ist, sieht *Röthel* ebenfalls die Formen der geschlossenen Konkretisierungen vor.[198] Dies begründet sie damit, dass in solchen Fällen typischerweise die Rechtsfolgenanordnung vorsieht, dass ein Zustand hergestellt wird, in dem der Tatbestand ›gerade noch‹ erfüllt gewesen wäre, mithin ein Anspruch auf eine Leistung besteht, die der tatbestandlichen Grenze der Ja/Nein-Entscheidung entspricht.[199] Hiernach ginge also mit der Konkretisierung des Begriffs im Tatbestand auch eine Konkretisierung der Rechtsfolgenanordnung einher, weil beide auf die Grenze der Ja/Nein-Entscheidung Bezug nehmen. Die Bestimmung der Grenze für die Ja/Nein-Entscheidung enthält also gleichzeitig auch die Festsetzung der Rechtsfolge.

Anlässlich dieser Ausführungen von *Röthel* lässt sich wiederum feststellen, dass der Gedanke eines ›Rahmens‹ von angemessenen Vergütungen nach § 32 Abs. 2 S. 2 UrhG eine außergewöhnliche Rechtsfolgenanordnung darstellt. Gleichwohl vermag diese Besonderheit an der Folge – Bestimmung einer Grenze für die Ja/Nein-Entscheidung – nichts zu ändern, da – wie bereits ausgeführt – ein solcher Rahmen eben auch eine Untergrenze impliziert, anhand derer vereinbarte Vergütungen zu messen sind. Einzig die nachträgliche Korrektur zum Mittel des Rahmens ist dann wiederum eine methodische Besonderheit, die aber gleichwohl die Ermittlung einer Untergrenze und damit eine Ja/Nein-Entscheidung voraussetzt. Im Ergebnis ist mithin aufgrund der zugrunde liegenden Fragestellung für § 32 Abs. 2 S. 2 UrhG die Form der geschlossenen Konkretisierung zu wählen. Eine Quantifizierung, die branchenübergreifende Geltung beanspruchen könnte, ist indes ausgeschlossen. Eine an generell und damit branchenübergreifend anwendbaren Kriterien orientierte Konkretisierung muss aus methodischer Sicht also in Form der Qualifizierung erfolgen.

2. *Die relevanten Umstände des Einzelfalls als Abwägungsfaktoren*

Zu diesen methodischen Erwägungen kommen indes auch praktische Notwendigkeiten. Wie im letzten Kapitel bereits dargelegt, ist dieser Untersuchung die Annahme zugrunde gelegt, dass die umfassende gerichtliche Wertung der durch die relevanten Einzelfallumstände begründeten Interessen der beiden Parteien im Merkmal der Redlichkeit zu verorten ist. Bei der in diesem Rahmen vorzunehmenden Wertung fließen mithin die relevanten Umstände des Einzelfalls ein, woraus sich die Notwendigkeit der Konkretisierung eben jener Umstände ergibt. Dies entspricht einer typischen Konkretisierungssituation, in der bestimmte Kriterien einer Norm zu konkretisieren sind. Selbige wird nach

198 Vgl. ebd., 177f.

199 Vgl. ebd.; *Röthel* verweist dabei u.a. auf die ähnliche Situation des angemessenen Maklerlohns gem. § 655 S. 1 BGB, in der der »gerade noch angemessene« Maklerlohn geschuldet sei.

Röthel durch eine Qualifizierung in Form der Abwägungsfaktoren aufgelöst.[200] Eine Konkretisierung soll schließlich in diesem Fall bestimmte Faktoren bzw. Umstände als relevant für die Abwägungsentscheidung qualifizieren.[201]

II. Die Konkretisierung der Üblichkeit in Form der Qualifizierung

In Bezug auf die Üblichkeit erscheint die Einordnung dagegen weniger offenkundig, weil der Begriff der Üblichkeit auf den ersten Blick wenige Gemeinsamkeiten mit typischerweise zu konkretisierenden Normbegriffen aufweist. Das Merkmal verweist ausweislich der Gesetzgebungsmaterialien immerhin auf anhand der *tatsächlichen* Umstände des Sachverhalts festzustellende Branchenübungen bzw. Branchenpraxen. Dabei ist einerseits zu konstatieren, dass diese Begriffe Scheinkonkretisierungen darstellen, da sie in einem ähnlichen Maße wie das Merkmal der Üblichkeit einer weiteren Konkretisierung bedürfen. Wichtiger für die vorliegende Frage ist andererseits aber die Feststellung, dass mit dem Merkmal keine Abwägung oder Wertung verbunden ist. Es handelt sich bei der Üblichkeit nämlich von vornherein nicht um einen ›wertenden‹ Begriff, sondern vielmehr um ein Merkmal, das auf Tatsachen des Sachverhalts gerichtet ist. Im Sprachgebrauch der Rechtstheorie wäre die Üblichkeit daher als ›deskriptiver‹ Begriff – abzugrenzen von den wertenden, ›normativen‹ Begriffen – zu bezeichnen.[202]

Nun könnte sich die Frage stellen, ob sich ein solcher auf tatsächliche Umstände abstellender Begriff überhaupt in die dargestellte, vielfach mit wertenden Begriffen befasste Typologie einordnen lässt. Indes ist offensichtlich, dass der Verweis auf die im Geschäftsverkehr übliche Vergütung oder die Branchenübung diverse Folgefragen mit sich bringt. Es bleibt allein auf der Grundlage dieser Begriffe unklar, wie eine solche Übung festzustellen ist, anhand welcher tatsächlichen Umstände die Gerichte also die übliche Vergütung determinieren sollen. Damit stellt sich aber ein ähnliches Problem, wie es bereits im Rahmen der Anwendung der Redlichkeit zu konstatieren war. Es bedarf auch hier einer Bestimmung von Umständen und Kriterien des zu entscheidenden Falls, aus denen eine Branchenpraxis abgeleitet werden kann. Der Unterschied zwischen beiden Begriffen besteht lediglich auf einer Folgeebene darin, dass diese Umstände im Rahmen der Üblichkeit als solche in die Feststellung einer Branchenübung einfließen und nicht noch einer Wertung unterliegen.[203]

---

200 Vgl. ebd., 209ff.

201 Vgl. ebd., 211.

202 Vgl. zu der Definition von deskriptiven und normativen Begriffen *Engisch*, Einführung in das juristische Denken, 194ff.; *Rüthers/Fischer/Birk*, Rechtstheorie, Rn. 177ff.; *Röthel*, Normkonkretisierung im Privatrecht, 27ff.

203 Vgl. zu der Unterscheidung zwischen normativen und deskriptiven Begriffen anhand der

Zwar könnte *Röthel* so grundsätzlich zu verstehen sein, dass deskriptive Begriffe wie der der Üblichkeit von ihrer Typisierung der Normkonkretisierung nicht erfasst sind, wenn sie davon spricht, dass die »Angewiesenheit auf eine ergänzende Wertung des Rechtsanwenders [...] der zentrale Ausgangspunkt für die [...] richterliche Konkretisierungsbefugnis [ist]«[204]. Dagegen ist aber zu beachten, dass der Terminus des deskriptiven Begriffs in der Rechtstheorie einem anderen Begriffspaar angehört als der der Unbestimmtheit, da beide Begriffspaare andere Unterscheidungen treffen. Wie bereits ausgeführt, ist die Unterscheidung von deskriptiven und normativen Begriffen auf das Erfordernis einer – wie auch immer gearteten – Wertung gerichtet. Die Unterscheidung zwischen bestimmtem und unbestimmtem Begriff zielt dagegen auf die Gewissheit ab, mit der der Inhalt des Begriffs unmittelbar aus selbigem hervorgeht.[205] Damit ist aber nicht ausgeschlossen, dass deskriptive Begriffe im Sinne der Rechtstheorie auch unbestimmt sind.[206] Insofern müssen auch sie einer Normkonkretisierung zugänglich sein.

Aufgrund des vorstehend Gesagten ist somit klar, dass im Rahmen der Üblichkeit eine der Qualifizierung entsprechende Aufgabe besteht, nämlich die Konkretisierung der der Beurteilung zugrunde zu legenden Sachverhaltsumstände. Vor diesem Hintergrund ist also auch die Konkretisierung der Üblichkeit als Qualifizierung zu klassifizieren.

D. Methodische Vorgaben an die Normkonkretisierung

Somit ist klar, dass die Konkretisierung der Üblichkeit und der Redlichkeit nach der von *Röthel* entwickelten Theorie der Normkonkretisierung in Form der Qualifizierung erfolgen muss. Für die Regelbildung hinsichtlich beider Begriffe sind darüber hinaus aber auch drei methodische Begrenzungen des Konkretisierungsprozesses zu achten, die im Folgenden knapp dargestellt werden sollen.

I. Bindung an den Konkretisierungsauftrag des Gesetzgebers

Die Rechtsprechung ist bei der Konkretisierung einer Norm an den ihr vom Gesetzgeber gestellten Auftrag gebunden und muss dessen Grenzen einhalten.[207]

Notwendigkeit einer Wertung *Engisch*, Einführung in das juristische Denken, 196f.; *Rüthers/Fischer/Birk*, Rechtstheorie, Rn. 182ff.; *Röthel*, Normkonkretisierung im Privatrecht, 28 m.w.N.

204 *Röthel*, Normkonkretisierung im Privatrecht, 29.

205 Vgl. *Engisch*, Einführung in das juristische Denken, 193.

206 Vgl. ebd., 195.

207 *Röthel*, Normkonkretisierung im Privatrecht, 79f.; *Looschelders/Roth*, Juristische Methodik, 288.

Diese Bindung ist notwendige Folge des Prinzips der Gewaltenteilung, da die Befugnis zur Rechtsbildung zuvorderst der Legislative zukommt.[208] In diesem Zusammenhang wird bei der Ermächtigung der Rechtsprechung zur Konkretisierung von einer Abtretung oder Delegation der Rechtssetzungsbefugnis gesprochen.[209] Mit dem zu konkretisierenden Gesetz gibt der Gesetzgeber also der Rechtsprechung einen Rahmen vor, innerhalb dessen diese zu der eigenen Regelsetzung berechtigt ist.[210] Entscheidend ist es demnach, die Grenzen des Rahmens zu bestimmen und die angestrebte Konkretisierung innerhalb dieser Grenzen zu vollführen. Damit rücken die oben ausgewerteten Gesetzgebungsmaterialien der Reformbemühungen um das Urhebervertragsrechts in den Blickpunkt, da sie Aufschluss über eben diese Grenzen geben können.

II. Berücksichtigung folgenorientierter Erkenntnisse und Feststellungen

Aus dem Gedanken der Delegation der Rechtssetzungsbefugnis folgt eine weitere methodische Anforderung an die Normkonkretisierung, nämlich die der umfassenden Ermittlung und Berücksichtigung der *Konkretisierungstatsachen*, also solcher Tatsachen und Erkenntnisse, die für die Folgen der Konkretisierung von Bedeutung sind.[211] Um eine sachrichtige Regelbildung sicherzustellen, soll die Rechtsprechung in ähnlicher Weise wie die Legislative beim Erlass von Gesetzen mögliche Folgen der Regelsetzung beachten.[212] Die Theorie der richterlichen Rechtsfortbildung bezieht in diese Pflicht insbesondere auch Erkenntnisse aus anderen, von der Regelbildung betroffenen Disziplinen ein, die Aufschluss über jene Folgen geben können, so etwa ökonomische oder sozialwissenschaftliche Feststellungen.[213] Hierdurch soll gewährleistet werden, dass die richterliche Regelbildung und damit auch die Normkonkretisierung wissenschaftlichen Erkenntnissen entspricht, damit die Regelbildung imstande ist, dem öffentlichen Interesse in angemessener Art und Weise zu dienen.

---

208 Vgl. *Röthel*, Normkonkretisierung im Privatrecht, 79f.

209 Vgl. *Engisch*, Die Idee der Konkretisierung, 183; *Rüthers/Fischer/Birk*, Rechtstheorie, Rn. 836; *Ipsen*, Richterrecht und Verfassung, 63ff.; *Röthel*, Normkonkretisierung im Privatrecht, 49ff. jeweils m.w.N.

210 Vgl. *Röthel*, Normkonkretisierung im Privatrecht, 58.

211 Vgl. ebd., 86 m.w.N.

212 Vgl. ebd., 88; ausführlich zu den divergierenden Voraussetzungen der Regelbildung durch den Gesetzgeber und die verschiedenen Instanzen der Rechtsprechung *Wank*, Grenzen richterlicher Rechtsfortbildung, 165ff.

213 Vgl. *Röthel*, Normkonkretisierung im Privatrecht, 88; *Wank*, Grenzen richterlicher Rechtsfortbildung, 148; *Stark*, JZ 1972, 609, 613f.; allgemein zur richterlichen Rechtsfortbildung *Larenz*, Methodenlehre der Rechtswissenschaft, 436.

III. Rationale Begründbarkeit

Zuletzt ist auf die Begründbarkeit der Regelbildung zu achten. Da die Rechtsprechung bei der Normkonkretisierung keinen strengen legislativen Vorgaben unterliegt, sondern rechtsschöpfend tätig ist, werden hohe Maßstäbe an die Begründung der Regelbildung gelegt.[214] Diese muss insbesondere auf rationalen Erwägungen beruhen, um dadurch nachvollziehbar und transparent zu bleiben und dem Rechtsstaatsgebot Genüge zu tun.[215] Es geht also darum, anhand rationaler Erwägungen eine Regel herauszubilden, die nachvollziehbar und dadurch auch diskutierbar ist. Folglich muss sich auch eine Konkretisierung der Üblichkeit und der Redlichkeit der urheberrechtlichen Vergütung an ihrer rationalen Begründbarkeit messen lassen.

E. Berücksichtigung von Branchenunterschieden durch die Lehre des beweglichen Systems?

Mit der Konkretisierung der Üblichkeit und der Redlichkeit im Wege der Qualifizierung geht überdies die Frage einher, inwieweit diese den Unterschieden zwischen den einzelnen, vom Urhebervertragsrecht erfassten Branchen gerecht werden kann. Während eine Branchenpraxis in den meisten Branchen wohl anhand von ähnlichen Kriterien festgestellt werden kann, ist insbesondere mit Bezug auf die gerichtliche Wertung im Rahmen der Redlichkeit offensichtlich, dass hier aufgrund von grundsätzlich divergierenden Gegebenheiten in unterschiedlichen Branchen unterschiedliche Gesichtspunkte relevant sein können. Diese unterschiedlichen Gesichtspunkte nun in den im Wege der Qualifizierung zu erarbeitenden Katalog von Kriterien einzubeziehen, erscheint zunächst problematisch. Wenn ein solcher Katalog nämlich feststehend sein und gleichzeitig den gesamten Anwendungsbereich des Urhebervertragsrechts abdecken soll, wirken entgegengesetzte Anforderungen auf die Konkretisierung ein. Der Gedanke der Qualifizierung erfordert einerseits die Fixierung der Kriterien, der Gedanke der Berücksichtigung unterschiedlicher Gegebenheiten dagegen eine gewisse Flexibilisierung. Insofern fragt es sich, inwieweit diese Flexibilisierung des Katalogs mit der Konkretisierung im Wege der Qualifizierung vereinbar ist. In diesem Zusammenhang wurde bereits kurz nach der Urhebervertragsrechtsreform das Stichwort des »beweglichen Systems« genannt.[216] Der Verweis auf jene Lehre der Rechtsmethodik zielt dabei gerade auf

214 Vgl. *Röthel*, Normkonkretisierung im Privatrecht, 139f.; *Langenbucher*, Die Entwicklung und Auslegung von Richterrecht, 41f.

215 Vgl. *Röthel*, Normkonkretisierung im Privatrecht, 139f.

216 Vgl. *Andernach*, Die vertragliche Beteiligung nach dem neuen Urhebervertragsrecht, 138f.;

eine flexible Berücksichtigung von gesetzlichen Wertungen und Einzelfallumständen ab.[217]

I. Die Lehre des beweglichen Systems

Die Lehre des beweglichen Systems im Sinne der Rechtsmethodik geht zurück auf die Arbeit von *Walter Wilburg*[218], wurde aber ebenfalls durch eine Vielzahl von Autoren wie *Franz Bydlinski*[219] oder auch *Claus-Wilhelm Canaris*[220] aufgenommen. Dabei beschreibt jene Lehre vom beweglichen System eine Abkehr vom Ideal von starren und absolut formulierten Tatbeständen. Letztere sollen durch das bewegliche System flexibilisiert werden, um einer Vielzahl von möglichen tatsächlichen Umständen gerecht werden zu können.[221] In diesem Sinne wird eine Anzahl von Kriterien in die Auslegung von Tatbestandsmerkmalen inkorporiert, die auf flexible Art und Weise berücksichtigt werden sollen.[222] Die Kriterien werden in ihrem Zusammen- und Gegenspiel gewichtet und für den zu beurteilenden Einzelfall bewertet, wobei letztlich anhand einer Gesamtschau all dieser Kriterien die Rechtsfolge bestimmt wird.[223] Dabei ist neben der Zahl der verwirklichten Kriterien auch deren Stärke beachtlich, ein ›Mehr‹ des einen Elements kann also ein ›Weniger‹ des anderen Elements aufwiegen.[224] Hiermit wird insbesondere eine Orientierung an den verschiedenen, dem Gesetz zugrunde liegenden Interessensbewertungen und deren Reflektion im Tatbestandsmerkmal durch die entsprechende Bewertung einer Mehrzahl von Sachverhaltsumständen bezweckt.[225] Statt der ausschließlichen Berücksichtigung eines einzelnen, überwiegenden Interesses sollen also alle wichtigen Interessen berücksichtigt werden, die dem jeweiligen Gesetz zugrunde liegen. Aus diesen ›tragenden‹ Interessen gehen folgerecht die zu berücksichtigenden Sachverhaltsumstände hervor.[226]

---

im Rahmen der Darstellung der BGH-Rechtsprechung und bezogen auf verschiedene Vergütungselemente auch *Schaub*, in: Riesenhuber, Die »Angemessenheit« im Urheberrecht, 97, 109.

217 Vgl. *Andernach*, Die vertragliche Beteiligung nach dem neuen Urhebervertragsrecht, 138.

218 Vgl. *Wilburg*, Entwicklung eines beweglichen Systems im bürgerlichen Recht, 22f. et passim; vgl. zur Entwicklung des beweglichen Systems durch Wilburg auch *Steininger*, in: Bydlinski u. a., Das bewegliche System im geltenden und künftigen Recht, 4ff.

219 Vgl. *Bydlinski*, Juristische Methodenlehre und Rechtsbegriff, 529ff.

220 Vgl. *Canaris*, Systemdenken und Systembegriff, 74ff.

221 Vgl. *Bydlinski*, Juristische Methodenlehre und Rechtsbegriff, 529.

222 Vgl. ebd.

223 Vgl. ebd.

224 Vgl. *Canaris*, Systemdenken und Systembegriff, 74f.

225 Vgl. *Bydlinski*, in: Bydlinski u. a., Das Bewegliche System im geltenden und künftigen Recht, 34.

226 Vgl. *Canaris*, Systemdenken und Systembegriff, 76.

Aus diesem letzten Aspekt folgt aber, dass die Lehre des beweglichen Systems mit einer Konkretisierung im Wege der Qualifizierung im Einklang steht, da selbiges gerade die Benennung der anwendbaren Kriterien voraussetzt. Dies geht auch daraus hervor, dass *Bydlinski* von der »Abstraktion von diesem auffindbaren Einzelmaterial auf die allgemeinsten voneinander unabhängigen Wertungen [...], die im jeweils untersuchten Sachbereich wirksam sind und für die in Frage stehende Rechtsfolge sprechen« als Ursprung der im beweglichen System angewandten Kriterien schreibt.[227] Hiermit ist aber ebenso die Figur der Typisierung umschrieben. Das bewegliche System speist sich also gerade aus einer Konkretisierung von Kriterien. Ein Spannungsverhältnis zwischen der Flexibilität des beweglichen Systems und einer Konkretisierung in Form der Qualifizierung besteht also tatsächlich nicht.[228]

II. Die Legaldefinition als bewegliches System

Weiterhin ist aus dieser Beschreibung des beweglichen Systems zu entnehmen, dass die Regelung der Angemessenheit der Vergütung im Sinne des § 32 UrhG selbst von vornherein ein bewegliches System ist.[229] Es sollen in dessen Rahmen schließlich alle relevanten Umstände des Einzelfalls berücksichtigt und gewertet werden. Dabei kann sich insbesondere die Unangemessenheit schon aus dem Vorliegen oder Nicht-Vorliegen eines einzelnen Elements ergeben, so etwa aus der pauschalen Bezahlung des Urhebers und einer damit einhergehenden Missachtung des urheberrechtlichen Beteiligungsgebots. Gleichzeitig können aber auch mehrere Elemente zusammen die Unangemessenheit ausmachen. Die Idee der gerichtlichen Wertung im Sinne der Angemessenheit des § 32 Abs. 2 S. 2 UrhG basiert mithin auf dem Konzept eines beweglichen Systems.

Diese Art von ›Beweglichkeit‹ adressiert indes eine andere Problematik als sie die Branchenunterschiede verursachen. Von der unterschiedlichen Gewichtung feststehender Kriterien sind nämlich alle jene Konstellationen zu unterscheiden, in denen der Katalog von Kriterien selbst angepasst werden muss. Dies kann schon notwendig sein, um Unterschiede innerhalb einer einzelnen Branche zu reflektieren. Ginge man etwa davon aus, dass die schöpferische Höhe eines

227 Vgl. *Bydlinski*, Juristische Methodenlehre und Rechtsbegriff, 532; *ders.*, in: Bydlinski u. a., Das Bewegliche System im geltenden und künftigen Recht, 32.

228 Vgl. auch die Ausführungen von *Canaris*, Systemdenken und Systembegriff, 74f., der auf den Unterschied zwischen einem ›beweglichen‹ und einem ›offenen System‹ hinweist. Letzteres beschreibt ein System, das offen für Änderungen der zugrunde liegenden Wertungen und Kriterien ist. Ein Spannungsverhältnis würde hiernach zwischen einer Qualifizierung und einem offenen System bestehen.

229 In diesem Sinne sind wohl letztlich auch die Ausführungen in *Andernach*, Die vertragliche Beteiligung nach dem neuen Urhebervertragsrecht, 138f. zu verstehen.

Artikels in Zeitungen und zeitungsähnlichen Publikationen bei der gerichtlichen Wertung im Rahmen der Redlichkeit grundsätzlich eine Rolle spielen kann, so wäre dies dennoch zweifellos nicht für alle Publikationen anzunehmen. Im Falle von ›Boulevardzeitungen‹, deren Artikel durch Einfachheit und Kürze geprägt sind, wäre die Schöpfungshöhe kaum ein geeignetes Kriterium. Gleiches könnte etwa auch vom Kriterium der Schwierigkeit der urheberischen Leistung gesagt werden. Schon innerhalb derselben Branche können also Unterschiede bestehen, die unterschiedliche Kriterienkataloge bedingen.

Gleiches gilt aber umso mehr für Unterschiede zwischen verschiedenen Branchen. Der ›Beitrag zum kommerziellen Erfolg der Werksammlung‹ könnte wiederum in manchen Sachverhalten der Zeitungsbranche ein beachtliches Kriterium sein, dagegen aber im Falle der Übersetzung eines Buches nur eine untergeordnete Rolle spielen, weil der kommerzielle Erfolge – wie der BGH betont[230] – regelmäßig gerade nicht durch die Übersetzung bedingt ist, auch wenn diese Teil des Gesamtwerks ist. Demgegenüber wären in der Buchbranche wohl die Reputation und der Name des Autors beachtenswerte Kriterien, während dies in der Zeitungsbranche in einer Vielzahl von Konstellationen nicht anzunehmen ist. Auch in solchen Konstellationen sind also zwei verschiedene Kataloge von Kriterien anzuwenden, weil die tatsächlichen Gegebenheiten der Branchen erheblich voneinander abweichen.

Das bewegliche System im Sinne der Lehre *Wilburgs* setzt indes einen fixen Katalog von Kriterien voraus, die nur in verschiedenen Einzelfällen unterschiedlich stark ausgeprägt sein können.[231] Es ist keine Bewegung in der Ausgestaltung des eigentlichen Systems angelegt, sondern nur in dessen Anwendung. Insofern wäre es naheliegend, verschiedene bewegliche Systeme für verschiedene Branchen bzw. Branchenteile zu ermitteln. Die Kombination der Theorie der Normkonkretisierung mit der Lehre des beweglichen Systems bietet aber auch eine andere Sichtweise an. Im Rahmen der Typisierung der Redlichkeit sind immerhin aus den verschiedenen Einzelfällen im Wege der Abstrahierung einende Gesichtspunkte zu ermitteln und so Fallgruppen zu bilden. In dieser Abstrahierung liegt nun auch eine Möglichkeit zur Erfassung von verschiedenen Branchen. Bei einem ausreichenden Grad der Abstrahierung treten nämlich auch Gesichtspunkte hervor, die allen Branchen gemein sind. Eine Fallgruppe könnten etwa Kriterien bilden, die in der Person des Urhebers angelegt sind. Gleichermaßen wäre eine Fallgruppe denkbar, die die Person des Verwerters in den Blick nimmt.[232] Die Oberbegriffe der Person des Urhebers und

230 Vgl. BGH I ZR 38/07, 07.10.2009, BGHZ 182, 337, Rn. 41 – *Talking to Addison.*

231 Vgl. *Wilburg*, Entwicklung eines beweglichen Systems im bürgerlichen Recht, 12f.

232 Den personenbezogenen Fallgruppen zuzuordnen wären beispielsweise Kriterien wie die ›Größe des Verwerters‹ oder die ›Bekanntheit des Urhebers‹. § 6 unternimmt den Versuch einer solchen Systematisierung; vgl. daher auch die dort entwickelten Fallgruppen.

der Person des Verwerters weisen dabei offensichtlich einen hohen Abstraktionsgrad auf, sind aber gerade auf alle Branchen anwendbar. Auf diese Weise ließen sich also Wertungen ermitteln, die der Rechtsprechung zu diversen Branchen gemein ist. Hieraus lässt sich dann wiederum ein einzelnes bewegliches System bilden, in dem jene abstrakten Wertungen die Grundlage eben jenes Systems bilden. Hiermit wäre also zumindest in abstrakter Gestalt ein einheitliches bewegliches System geschaffen. Im Anschluss müsste aus diesem abstrakten System für bestimmte Branchen wiederum auf einzelne Kriterien in Form von konkreten Sachverhaltsumständen geschlossen werden, die in die gerichtliche Wertung eingehen können.

III. Folgerungen für die Konkretisierung von Üblichkeit und Redlichkeit

Es ist somit zu konstatieren, dass die Lehre des beweglichen Systems das Problem der Branchenunterschiede nicht unmittelbar zu lösen vermag. Dies liegt in erster Linie daran, dass ein bewegliches System einen feststehenden Kriterienkatalog voraussetzt. Es handelt sich bei der Legaldefinition des § 32 Abs. 2 S. 2 UrhG im Übrigen schon um ein eben solches bewegliches System. Die Idee der Flexibilisierung des Kriterienkatalogs zur Erfassung von Branchenunterschieden führt aber auf einem anderen Wege weiter – sie verdeutlicht die Bedeutung eines ausreichenden Grades der Abstrahierung bei der Typisierung der Üblichkeit und Redlichkeit. Übergeordnete Fallgruppen des Kriterienkatalogs sollten ausreichend abstrakt formuliert werden, um für alle dem Urhebervertragsrecht unterfallenden Branchen anleitende Wirkung haben zu können. Ein solcher Versuch ist soweit ersichtlich – zumindest umfassend – bisher nicht vorgenommen worden.

Die nachfolgende Analyse der Rechtsprechungspraxis berücksichtigt daher gleichzeitig das Konzept der Typisierung, des beweglichen Systems wie auch die Notwendigkeit der ausreichenden Abstrahierung. Die Darstellung orientiert sich am der Typisierung entnommenen Konzept der Fallgruppen, die gleichzeitig mehrere Abstrahierungsstufen aufweisen, um Branchenunterschieden gerecht zu werden. Insbesondere der Versuch einer Typisierung der Redlichkeit in § 6 bedient sich daher mehrerer Unterteilungen der Fallgruppen bis hin zu einzelnen Kriterien. Die Darstellung basiert aber zugleich auch insofern auf der dem § 32 Abs. 2 S. 2 UrhG immanenten Idee des beweglichen Systems, als die Kriterien in der Rechtsprechung naturgemäß erst in ihrer Kombination die Angemessenheit oder Unangemessenheit einer Vergütung ausmachen. Diese Idee des ›Mehr‹ oder ›Weniger‹ eines einzelnen Kriteriums ist folglich auch Teil der Typisierungen.

§ 5 Typisierung des Begriffs der Üblichkeit

Diesen methodischen Ausführungen folgend ist nunmehr eine Analyse der Rechtsprechungspraxis in Form einer Typisierung vorzunehmen. Dieses Kapitel befasst sich dabei mit dem Begriff der Üblichkeit, während das nächste Kapitel auf den Begriff der Redlichkeit eingeht. Es soll dabei die gesamte bisher ergangene Rechtsprechung zu § 32 UrhG dargestellt und zu beiden Begriffen übergeordnete, die einzelnen Fälle vereinende Fallgruppen gebildet werden. Wie sich sogleich zeigen wird, sind für den Begriff der Üblichkeit in diesem Zuge weniger Unterteilungen vonnöten als für den Begriff der Redlichkeit, der in der Rechtsprechung verschiedener Gerichte deutlich divergierender ausgelegt wurde.

Vorab sind allerdings einige methodische Erläuterungen nötig, die letztlich beide Kapitel betreffen. Zum einen sind die Typisierungen zwar grundsätzlich auf die Rechtsprechung zu § 32 UrhG beschränkt. Insbesondere im Rahmen von wenig verwendeten, aber aufschlussreichen Kriterien sollen aber stellenweise auch Entscheidungen berücksichtigt werden, die zu verwandten Normen wie § 32a UrhG ergingen, um die Kriterien ausreichend darstellen zu können. Ähnliches gilt auch für Äußerungen in der Literatur, die – insbesondere in Form der gängigsten systematischen Darstellungen – im Rahmen solch selten angewandter Kriterien zur Unterstützung herangezogen werden.

Aus der methodischen Orientierung an der Figur der Typisierung ergibt sich schließlich noch ein weiterer Aspekt, auf den hier hinzuweisen ist. Die Darstellung ist zwar insoweit am Instanzenzug ausgerichtet, als die Darstellung von Entscheidungen der höheren Instanzen innerhalb der einzelnen Kriterien Priorität genießen. Allerdings werden auch Entscheidungen in die Darstellung miteinbezogen, deren rechtliche Würdigung letztlich in einer höheren Instanz keinen Bestand hatte. Dies erklärt sich daraus, dass die Typisierung auf das Herausfiltern der Erfahrungswerte aus der Rechtsprechung gerichtet ist. Solche Erfahrungswerte sind aber auch Entscheidungen zu entnehmen, die im Wege der Berufung oder Revision schlussendlich erfolgreich angefochten wurden. Ein Hinweis auf die Verwerfung einer Entscheidung in einer der nächsten Instanzen erfolgt indes nur bei solchen Entscheidungen, deren Inhalt auch dargestellt wird.

Die Struktur der Darstellung schließlich orientiert sich ebenfalls an der Figur der Typisierung. Zunächst erfolgt die Analyse der Rechtsprechung (*unter A.*). Hieran schließt sich eine Zusammenfassung der Erfahrungswerte in Form der wichtigsten Folgerungen an (*unter B.*).

A. Analyse der Rechtsprechungspraxis

Die Typisierung der Üblichkeit bedient sich auf erster Ebene der übergeordneten Fallgruppen der empirischen Daten (*unter I.*) sowie der Kollektivverträge (*unter II.*). Beide Fallgruppen enthalten auf zweiter Ebene die eigentlichen Umstände des Einzelfalls, an die die Rechtsprechung zu § 32 UrhG bis dato zur Bestimmung einer Branchenpraxis im Sinne der Üblichkeit angeknüpft hat.

I. Empirische Daten

Eine naheliegende Möglichkeit der Gerichte, eine im Geschäftsverkehr übliche Vergütung zu bestimmen, ist die Heranziehung von empirischen Daten. Unter empirische Daten fallen nach hiesiger Einteilung die Auswertung von vergleichbaren Märkten (*dazu 1.*), Studien und Befragungen zu Durchschnittsvergütungen sowie Honorarempfehlungen (*dazu 2.*) sowie die Tarife der Verwertungsgesellschaften (*dazu 3.*).

1. Auswertung von Übungen in vergleichbaren Märkten

Eine übliche Vergütung kann zunächst auf ohne Weiteres nachvollziehbare Weise mittels einer gerichtlichen Auswertung der im betreffenden oder in vergleichbaren Märkten tatsächlich gezahlten Vergütungen erfolgen. Diese Möglichkeit wurde insbesondere kurz nach der Urhebervertragsrechtsreform in diversen Entscheidungen erwogen.

Abstrakt-generell betonte der BGH in zwei Entscheidungen, dass nach der Gesetzesbegründung die in derselben oder einer vergleichbaren Branche gezahlten Vergütungen als Vergleichsmaßstab herangezogen werden können.[233] Ebenfalls erwogen wurde diese Möglichkeit der Auswertung von Praktiken hinsichtlich vergleichbarer Werke in diversen Entscheidungen des LG Münchens, blieb aber auch dort letztlich ohne Anwendung seitens des Gerichts.[234] Die soweit ersichtlich einzigen Entscheidungen, die praktische Versuche thematisieren, eine Branchenübung anhand von praktischen Beispielen zu ermitteln, betreffen Klagen von literarischen Übersetzern. Diese beriefen sich in einigen erstinstanzlichen Verfahren früh nach der Urhebervertragsrechtsreform auf die für Gerichtsübersetzer gezahlten, im Justizvergütungs- und -entschädigungs-

---

233 Vgl. BGH I ZR 39/07, 07.10.2009, ZUM-RD 2010, 8, Rn. 33 – *Angemessene Vergütung für Übersetzer belletristischer Werke II*; BGH I ZR 41/07, 07.10.2009, ZUM 2010, 255, Rn. 32 – *Angemessene Vergütung für Übersetzer belletristischer Werke IV.*

234 Vgl. LG München 21 O 25003/05, 27.09.2006, ZUM 2007, 228, 230; LG München 7 O 25199/04, 15.12.2005, ZUM 2006, 154, 158; LG München 21 O 25459/04, 30.11.2005, ZUM 2006, 164, 169; LG München 21 O 24780/04, 30.11.2005, ZUM 2006, 159, 163; LG München 7 O 24552/04, 10.11.2005, ZUM 2006, 73, 78.

gesetz geregelten Tarife.[235] Dies wurde von den entscheidenden Gerichten aufgrund sachlicher Unterschiede zwischen beiden Tätigkeiten abgelehnt, wobei die Gerichte vor allem auf den höheren Aufwand der gerichtlichen Übersetzer bei kürzeren Texten und die höhere Sorgfaltspflicht verwiesen.[236]

Festzuhalten bleibt damit, dass die eigenhändige Auswertung von Vergleichsmärkten durch Gerichte zur Feststellung einer Branchenübung fast gänzlich ohne praktische Anwendung geblieben ist. Eine naheliegende Vermutung ist, dass dies vor allem dem Aufwand eines solchen Vorhabens geschuldet ist. Demgegenüber wird in der Literatur das Vergleichsmarktprinzip als Leitlinie der Orientierung durchaus betont.[237] Dabei wird auch ein Vergleich mit ausländischen Märkten – bei vergleichbaren Verhältnissen – für möglich erachtet.[238] Im Ergebnis scheinen der Auswertung von entsprechenden oder vergleichbaren Märkten keine grundsätzlichen Erwägungen, sondern in erster Linie praktische Umstände entgegenzustehen.

2. *Studien zu Durchschnittsvergütungen und Vergütungsempfehlungen*

Eine weitere Quelle von empirischen Daten – die zudem für die Gerichte wesentlich einfacher zu ermitteln sind – existiert in Form von Vergütungsempfehlungen und Studien zu Durchschnittsvergütungen. Indes ist die Rechtsprechung zur Möglichkeit der Heranziehung jener Studien und Empfehlungen bisher uneinheitlich. Obendrein beschäftigen sich nur einige wenige Entscheidungen mit der Relevanz entsprechender Studien bei der Ermittlung einer Branchenübung.

Das LG Düsseldorf erwog im Falle eines Fotojournalisten im Jahr 2016 die Heranziehung der Honorarempfehlung der Mittelstandsgemeinschaft Foto-Marketing[239] als Schätzungsgrundlage der üblichen Vergütung, bevorzugte im konkreten Fall aber die Heranziehung von sachnäheren gemeinsamen Vergü-

---

235 Durch die gesetzliche Normierung scheint dieser Fall zwar von einer Marktübung zu unterscheiden zu sein. Entscheidend für die hiesige Einordnung unter die Auswertung von vergleichbaren Märkten ist aber, dass die gesetzlich geregelten Tarife dennoch Grundlage einer Marktübung sind. In gewisser Weise wirken sie wie die Branchenübung in einem monopolistischen Markt, in dem der Preis einer Leistung ebenfalls – weitestgehend – einseitig bestimmt werden kann.

236 Vgl. LG Hamburg 308 O 793/04, 10.02.2006, ZUM 2006, 683, 686; LG München 7 O 25199/04, 15.12.2005, ZUM 2006, 154, 158; LG München 21 O 25459/04, 30.11.2005, ZUM 2006, 164, 168; LG München 21 O 24780/04, 30.11.2005, ZUM 2006, 159, 163; LG München 7 O 24552/04, 10.11.2005, ZUM 2006, 73, 78; LG Berlin 16 O 804/04, 25.10.2005, ZUM 2005, 901, 903.

237 Vgl. *Czychowski*, in: Fromm/Nordemann, § 32 UrhG Rn. 46; *Schricker/Haedicke*, in: Schricker/Loewenheim, § 32 UrhG Rn. 30.

238 Vgl. ebd.

239 Diese Honorarempfehlungen setzen sich aus Durchschnittswerten von in der Vergangenheit gezahlten Honoraren zusammen.

tungsregeln. Gleichzeitig verwarf das Gericht auch die Eigenrecherche der beklagten Anzeigenzeitung, weil deren Ergebnisse eine zu große Spannbreite aufwiesen.[240] Ohne sachnähere Quellen wäre die Heranziehung der Honorarempfehlungen nach der Sichtweise des Gerichts indes in Frage gekommen. Ebenfalls im Rahmen einer Klage eines Fotojournalisten auf Vertragsanpassung lehnte es das LG Stuttgart im Jahr 2008 demgegenüber grundsätzlich ab, eine übliche Vergütung anhand von Vergütungssätzen der Mittelstandsgemeinschaft Foto-Marketing zu ermitteln. Dies begründete das Gericht unter anderem damit, dass es sich dabei nicht um frei ausgehandelte Sätze handele.[241]

Darüber hinaus ist aus der Rechtsprechung zu § 32a UrhG eine Entscheidung beachtlich, die wiederum Vergütungsempfehlungen für grundsätzlich beachtlich hielt. Im Falle eines Synchronsprechers ermittelte das Kammergericht im Jahr 2011 nämlich eine Branchenpraxis unter anderem durch Bezugnahme auf Vergütungsempfehlungen, die durch einen Zusammenschluss von Synchronschauspielern, Autoren und Regisseuren herausgegeben werden, durch Bezugnahme auf Gagenempfehlungen eines Verbandes von Synchronproduzenten sowie durch Bezugnahme auf eine im Rahmen eines Privatgutachtens vorgenommene Umfrage unter Mitgliedern jenes Verbands.[242]

Es zeigt sich im Ergebnis in der Rechtsprechung also – noch – keine einheitliche Linie dahingehend, ob Vergütungsempfehlungen und -studien zur Bestimmung der Üblichkeit grundsätzlich eine taugliche Grundlage sind. Letztlich ist diesbezüglich aber – ausweislich der ersichtlich geringen Menge an Entscheidungen, die auf solche Vergütungsempfehlungen abstellen – eine gewisse Zurückhaltung seitens der Gerichte festzustellen. Dies erscheint auf Grundlage der Ausführungen des LG Stuttgart vor allem darin begründet, dass Vergütungsempfehlungen die Gefahr der Einseitigkeit in sich tragen. Eine solch zurückhaltende Tendenz ist insoweit umso beachtlicher, als eine Heranziehung von Vergütungsempfehlungen und ähnlichen Vergütungssammlungen in der Literatur überwiegend befürwortet wird.[243]

3. *Tarife von Verwertungsgesellschaften*

Schließlich wurde in der Rechtsprechung der Münchener Gerichte in den Jahren 2005 bis 2007 in diversen Fällen zu Übersetzervergütungen auf die Tarife der Verwertungsgesellschaften als Ermittlungsgrundlage verwiesen. Das OLG München erachtete die Tarife der Verwertungsgesellschaften als grund-

240 Vgl. LG Düsseldorf 12 O 463/14, 05.08.2016, juris Rn. 60 sowie 64.
241 Vgl. LG Stuttgart 17 O 10/06, 28.10.2008, ZUM 2009, 77, 82.
242 Vgl. Kammergericht 24 U 2/10, 29.06.2011, ZUM 2011, 741, 745.
243 Vgl. *Schricker/Haedicke*, in: Schricker/Loewenheim, § 32 UrhG Rn. 30; *Wandtke/Grunert*, in: Wandtke/Bullinger, § 32 UrhG Rn. 28; *Berger*, in: Berger/Wündisch, Urhebervertragsrecht, § 1 Rn. 90; *Schulze*, in: Dreier/Schulze, § 32 UrhG Rn. 49.

sätzlich geeignete Orientierungsgrundlage, differenzierte allerdings anhand verschiedener Aspekte der Vergütungen. Das Gericht entnahm diversen Tarife die am Umfang der Verbreitung des Werkes orientierte Vergütungsstruktur, sah aber hinsichtlich der Höhe des Absatzhonorars keine Vergleichbarkeit gegeben, weil hierdurch die speziellen wirtschaftlichen Interessen der Verwerter nicht ausreichend berücksichtigt würden.[244] Ähnlich hatte sich das LG München in einigen entsprechend gelagerten Fällen grundsätzlich zugunsten einer Orientierung an der von der VG Wort vorgegebenen Vergütungsstruktur ausgesprochen, aber anhand der Vergleichbarkeit der Interessenlagen zwischen verschiedenen Aspekten der Tarife differenziert. So betonte das Gericht einerseits, dass eine Betrachtung der Grundsätze, die der Gesetzgeber als Berechnungsgrundlage für Tarife der Verwertungsgesellschaften vorsieht, grundsätzlich geboten sei. In den konkreten Fällen wurde die Vergütungsstruktur dann nur im Hinblick auf die Nebenrechte übernommen, da nur insoweit die Berücksichtigung der spezifischen wirtschaftlichen Interessen der Verwerter dies gerechtfertigt habe.[245] Demgegenüber lehnte das Kammergericht in einer Entscheidung die Orientierung am Verteilungsplan der VG Wort mit auffallend knapper Begründung grundsätzlich ab.[246]

Trotz dieser überwiegend positiven Beurteilung der Münchener Gerichte hat sich die Orientierung an den Tarifen der Verwertungsgesellschaften angesichts der mangelnden Übernahme durch andere Gerichte offensichtlich – zumindest bis dato – nicht durchgesetzt. In Teilen der Literatur wird den Tarifen der Verwertungsgesellschaften dagegen weiterhin eine Orientierungswirkung zugesprochen.[247] Die Möglichkeit der Heranziehung der Tarife ist jedenfalls für – andere Branchen betreffende – Fälle in der Zukunft nicht ausgeschlossen.

II. Kollektivvereinbarungen und vergleichbare Dokumente

Neben der Möglichkeit, eine Branchenübung anhand von empirischen Daten zu ermitteln, existiert für die Gerichte auch die Alternative der Ermittlung der Üblichkeit anhand von Kollektivverträgen. Hierzu zählen nach hiesiger Einteilung nicht unmittelbar anwendbare gemeinsame Vergütungsregeln (*dazu 1.*),

244 Vgl. OLG München 6 U 5649/05, 08.02.2007, ZUM-RD 2007, 166 177f.; OLG München 6 U 5748/05, 08.02.2007, ZUM 2007, 308, 314.

245 Vgl. zu all dem LG München 21 O 25003/05, 27.09.2006, ZUM 2007, 228, 230f.; LG München 7 O 25199/04, 15.12.2005, ZUM 2006, 154, 158f.; LG München 21 O 25459/04, 30.11.2005, ZUM 2006, 164, 169f.; LG München 21 O 24780/04, 30.11.2005, ZUM 2006, 159, 163f.; LG München 7 O 24552/04, 10.11.2005, ZUM 2006, 73, 78.

246 Vgl. Kammergericht 5 U 113/05, 06.03.2009, ZUM 2009, 407, 410.

247 Vgl. *Schricker/Haedicke*, in: Schricker/Loewenheim, § 32 UrhG Rn. 30; *Czychowski*, in: Fromm/Nordemann, § 32 UrhG Rn. 47 stellt dagegen auf die Verteilungspläne der Verwertungsgesellschaften ab.

nicht unmittelbar anwendbare Tarifverträge (*dazu 2.*), Normverträge zwischen Urheber- und Verwerterverbänden (*dazu 3.*) sowie nicht angenommene Einigungsvorschläge von Schlichtungsstellen (*dazu 4.*).

1. Nicht unmittelbar anwendbare gemeinsame Vergütungsregeln

Eine große Anzahl von Entscheidungen seit der ursprünglichen Urhebervertragsrechtsreform von 2002 hat sich mit der Indizwirkung von gemeinsamen Vergütungsregeln in Fällen beschäftigt, in denen diese sachlich, räumlich oder zeitlich nicht unmittelbar anwendbar waren. Der Begriff der Indizwirkung beschreibt dabei die Heranziehung solcher Vergütungsregeln im Rahmen von § 32 Abs. 2 S. 2 UrhG, mithin dort wo sie nicht unmittelbar die angemessene Vergütung bestimmen.

In diesem Kontext ist vor allem die jüngste Rechtsprechung des BGH erheblich, der sich wiederholt mit Klagen von freien Journalisten auf Vertragsanpassung beschäftigte. Hierbei stand unter anderem in Frage, inwieweit die *Gemeinsamen Vergütungsregeln für freie hauptberufliche Journalistinnen und Journalisten an Tageszeitungen*[248] außerhalb ihres räumlichen Anwendungsbereichs oder für die Zeit vor ihrem Inkrafttreten jene Indizwirkung entfalten können. Der BGH entschied in diesem Zusammenhang, dass gemeinsame Vergütungsregeln zur Feststellung einer Branchenübung allgemein auch dann heranzuziehen seien, wenn ihr Anwendungsbereich nicht vollständig eröffnet ist, solange zwischen dem fraglichen Fall und den in den Vergütungsregeln geregelten Fällen eine vergleichbare Interessenlage besteht. Etwaigen Unterschieden sei durch eine modifizierte Anwendung Rechnung zu tragen.[249] In einem Parallelverfahren erklärte der BGH selbiges zu gemeinsamen Vergütungsregeln, deren Anwendungsbereich zeitlich nicht eröffnet ist, etwa weil die in Frage stehende Nutzungsrechtseinräumung vor deren Inkrafttreten vorgenommen wurde.[250] Letzteres ist im Übrigen seit Einführung des § 32 Abs. 2a UrhG im Zuge der Reform von 2017 explizit im Gesetz vorgesehen.

Bereits zuvor hatte der BGH in seinen Übersetzerentscheidungen die Anwendung von sachlich nicht unmittelbar anwendbaren gemeinsamen Vergütungsregeln durch die Berufungsgerichte[251] gebilligt. In diesen Fällen waren

248 Diese wurden vom Bundesverband Deutscher Zeitungsverleger kurz vor Inkrafttreten der Reform von 2017 gekündigt, vgl. die Pressemitteilung unter http://www.bdzv.de/nachrichten-und-service/presse/pressemitteilungen/artikel/detail/bdzv_kuendigung_der_gemeinsamen_verguetungsregeln_zwingend_geboten/.

249 Vgl. zu all dem BGH I ZR 20/15, 15.09.2016, GRUR 2016, 1296, Rn. 32 – *GVR Tageszeitungen III*; BGH I ZR 62/14, 21.05.2015, GRUR 2016, 62, Rn. 16ff. – *GVR Tageszeitungen I.*

250 Vgl. BGH I ZR 39/14, 21.05.2015, GRUR 2016, 67, Rn. 9 – *GVR Tageszeitungen II.*

251 Vgl. OLG München 6 U 5649/05, 08.02.2007, ZUM-RD 2007, 166, 178; OLG München 6 U 5748/05, 08.02.2007, ZUM 2007, 308, 314f.; OLG München 6 U 5747/05, 08.02.2007,

gemeinsame Vergütungsregeln für Autoren modifiziert auf literarischen Übersetzer angewandt worden.[252] Schon hiermit hatte der BGH die Heranziehung von – in diesem Fall sachlich – nicht unmittelbar anwendbaren gemeinsamen Vergütungsregeln befürwortet. Das Bundesverfassungsgericht billigte diese Rechtsprechung ausdrücklich.[253]

Dieser weiten Auslegung der Indizwirkung durch den BGH entspricht auch eine Vielzahl von instanzgerichtlichen Entscheidungen.[254] Nur in einem Fall wurde die Indizwirkung nicht unmittelbar anwendbarer gemeinsamer Vergütungsregeln restriktiv beurteilt. So nahm das OLG Celle die Rechtsprechung des BGH zwar auf, lehnte aber im konkreten Fall die Indizwirkung der gemeinsamen Vergütungsregeln für freie Journalisten als Vergleichsmaßstab für Publikationen in einem Online-Magazin wegen mangelnder Vergleichbarkeit der Interessenlagen ab. Dies begründete das Gericht insbesondere damit, dass beide Formate unterschiedliche Einnahmequellen hätten – einerseits der Verkauf von Zeitungen, andererseits Einnahmen durch Banner-Werbung. Im Übrigen verwies es darauf, dass durch die ausschließliche Abhängigkeit der Einnahmen von der Einblendung und/oder dem Anklicken des Werbebanners einzelne Artikel in der Online-Publikation keine vergleichbaren Einnahmen generieren würden.[255] Insofern ging es hierbei vor allem um *sachliche* Unterschiede des zu beurteilenden

---

ZUM-RD 2007 182, 190f.; OLG München 6 U 5785/05, 08.02.2007, ZUM 2007, 317, 326f.; OLG München 29 U 1728/06, 14.12.2006, ZUM 2007, 142, 148.

252 Vgl. insbesondere BGH I ZR 38/07, 07.10.2009, BGHZ 182, 337, Rn. 34 – *Talking to Addison*; BGH I ZR 40/07, 07.10.2009, ZUM-RD 2010, 8, Rn. 32 – *Angemessene Vergütung für Übersetzer belletristischer Werke II*; BGH I ZR 40/07, 07.10.2009, ZUM-RD 2010, 62, Rn. 32 – *Angemessene Vergütung für Übersetzer belletristischer Werke III*; BGH I ZR 41/07, 07.10.2009, ZUM 2010, 255, Rn. 31 – *Angemessene Vergütung für Übersetzer belletristischer Werke IV*; BGH I ZR 230/06, 07.10.2009, ZUM-RD 2010, 16, Rn. 31 – *Angemessene Vergütung für Übersetzer von Sachbüchern.*

253 Vgl. BVerfG 1 BvR 1842/11, 1 BvR 1843/11, 23.10.2013, BVerfGE 134, 204, Rn. 104 – *Übersetzerhonorare.*

254 Vgl. *in der Berufungsinstanz:* OLG Hamm 4 U 98/15, 01.03.2018, juris Rn. 68f.; OLG München 29 U 2619/16, 21.12.2017, ZUM-RD 2018, 208, 218; OLG Düsseldorf 20 U 105/16, 06.07.2017, juris Rn. 23; OLG Hamm 4 U 40/15, 11.02.2016, AfP 2016, 351, 354; OLG Hamm 4 U 128/14, 15.09.2015, juris Rn. 115f.; OLG Karlsruhe 6 U 115/13, 11.02.2015, ZUM 2015, 504, 508; OLG Köln 6 U 146/13, 14.02.2014, ZUM-RD 2014, 492, 493; OLG Köln 6 U 145/13, 17.01.2014, ZUM-RD 2014, 373, 374. *In der Ausgangsinstanz:* LG Köln 33 O 836/11, 16.05.2018, juris Rn. 83ff.; LG Düsseldorf 12 O 463/14, 05.08.2016, juris Rn. 61, 66.; LG Düsseldorf 12 O 531/13, 20.07.2016, juris Rn. 72f.; LG Bochum 8 O 491/13, 12.01.2015, juris Rn. 89; LG Mannheim 7 O 308/12, 02.08.2013, ZUM 2014, 155, 158; LG Köln 28 O 695/11, 17.07.2013, juris Rn. 31; LG Köln 28 O 1129/11, 17.07.2013, ZUM-RD 2013, 655, 657; LG Hamburg 308 O 450/07, 18.04.2008, ZUM 2008, 608, 611; LG München 21 O 25003/05, 27.09.2006, ZUM 2007, 228, 230f.; LG München 21 O 25459/04, 30.11.2005, ZUM 2006, 164, 169; LG München 21 O 24780/04, 30.11.2005, ZUM 2006, 159, 163; LG München 7 O 24552/04, 10.11.2005, ZUM 2006, 73, 78.

255 Vgl. OLG Celle 13 W 27/16, 27.04.2016, ZUM-RD 2016, 520, Rn. 11 sowie 17f.

Falls zu den mit der gemeinsamen Vergütungsregel normierten Konstellationen, die einer Indizwirkung nach Ansicht des OLC Celle entgegenstanden.

Beachtlich waren zuvor auch jene Entscheidungen der Instanzgerichte, die letztlich unter dem Namen *GVR Tageszeitungen III* vom BGH überprüft wurden. So sprach das OLG Brandenburg den *Gemeinsamen Vergütungsregeln für freie hauptberufliche Journalistinnen und Journalisten an Tageszeitungen* wegen regionaler Unterschiede die Indizwirkung ab. Im zugrundeliegenden Fall waren die Verbände in denjenigen Bundesländern, aus denen die klagenden Journalisten stammten, nicht an den Verhandlungen beteiligt oder vertreten gewesen.[256] Hiermit wurde den gemeinsamen Vergütungsregeln also wegen mangelnder *räumlicher* Anwendbarkeit die Möglichkeit abgesprochen, über eine Branchenpraxis Aufschluss geben zu können. Ähnlich entschied sich zuvor das LG Potsdam in der ersten Instanz wegen des räumlich nicht eröffneten Anwendungsbereichs sowohl gegen eine direkte wie auch indizielle Heranziehung der in Frage stehenden gemeinsamen Vergütungsregeln.[257] All dem widersprach der BGH aber in der Revision mit Verweis auf die mangelnden Ausführungen hinsichtlich bestehender regionaler Unterschiede.[258] Auch bei mangelnder Eröffnung des räumlichen Anwendungsbereichs können gemeinsame Vergütungsregeln nach dieser Rechtsprechung indiziell herangezogen werden, sofern nicht explizit relevante Unterschiede zwischen den in Frage stehenden Geltungsbereichen vorgebracht werden.

Der Typisierung lässt sich an dieser Stelle also eine deutliche Tendenz der Gerichte zur indiziellen Heranziehung von gemeinsamen Vergütungsregeln entnehmen. Dies gilt unabhängig davon, in welcher Hinsicht der unmittelbare Anwendungsbereich nicht eröffnet ist, und sollte durch die Entscheidungen *GVR Tageszeitungen I–III* als gefestigte Linie des BGH gelten. Im Hinblick auf die Anwendung von gemeinsamen Vergütungsregeln außerhalb ihres zeitlichen Anwendungsbereichs ist die Rechtslage durch § 32 Abs. 2a UrhG ohnehin geklärt.

2. *Nicht unmittelbar anwendbare Tarifverträge*

Ähnlich den gemeinsamen Vergütungsregeln hat die Rechtsprechung in diversen Entscheidungen auch nicht unmittelbar anwendbaren Tarifverträgen eine starke Indizwirkung zugesprochen.

Allen voran ist hier wiederum der BGH zu nennen, der in seiner Entscheidung *GVR Tageszeitungen I* eine Indizwirkung auch für nicht unmittelbar anwendbare Tarifverträge unter den vorgenannten Voraussetzungen – insbesondere

256 Vgl. OLG Brandenburg 6 U 30/13, 22.12.2014, ZUM 2015, 253, 255ff.
257 Vgl. LG Potsdam 2 O 181/12, 13.02.2013, ZUM-RD 2013, 418, 419f.
258 Vgl. BGH I ZR 20/15, 15.09.2016, GRUR 2016, 1296, Rn. 31ff. – *GVR Tageszeitungen III.*

eine vergleichbare Interessenlage und modifizierte Anwendung bei relevanten Besonderheiten des Einzelfalls – für legitim erachtete. Konkret billigte der BGH die indizielle Heranziehung des *Tarifvertrags für arbeitnehmerähnliche freie Journalistinnen und Journalisten* zur Bestimmung einer angemessenen Vergütung für die Einräumung von Nutzungsrechten an Fotografien durch einen Urheber, der selbst nicht arbeitnehmerähnlicher Journalist war.[259]

In ähnlichen Konstellationen – Klagen von freien Journalisten gegen ein Online-Magazin bzw. eine Tageszeitung – wandten in der Folge das OLG Celle und das OLG Hamm Vergütungsstrukturen aus Tarifverträgen für freie Journalisten trotz mangelnder Eröffnung des sachlichen bzw. persönlichen Anwendungsbereichs an.[260] Ebenso entschied bereits vor *GVR Tageszeitungen I* das OLG Köln in einem ebenfalls einen freien Journalisten betreffenden Fall.[261] Schließlich wandte das OLG Düsseldorf in einem einen Fotografen von Automobilen betreffenden Fall den von einem Sachverständigen rezipierten *Vergütungstarifvertrag Design* als Ermittlungsgrundlage an.[262]

Weitere, mit nicht unmittelbar anwendbaren Tarifverträgen befasste oberlandesgerichtliche[263], landgerichtliche[264] und amtsgerichtliche[265] Entscheidungen sprechen diesen eine starke Indizwirkung außerhalb ihres unmittelbaren Anwendungsbereichs zu. Herauszuheben ist in diesem Zusammenhang indes eine Entscheidung: Die bereits zuvor angesprochene Entscheidung des LG Düsseldorf im Falle der Klage eines Fotojournalisten gegen eine kostenlose Anzeigenzeitung enthielt gleichermaßen einen Verweis auf die Indizwirkung eines nicht unmittelbar anwendbaren Tarifvertrag. Die Entscheidung erörterte in diesem Zusammenhang aber erstmals eine zuvor nicht adressierte Problematik, nämlich die der Konkurrenz von nicht unmittelbar anwendbaren gemeinsamen Vergütungsregeln zu nicht unmittelbar anwendbaren Tarifverträgen bei der Indizwirkung. Das Gericht bevorzugte hier die Heranziehung der *Gemeinsamen Vergütungsregeln für Bildhonorare* gegenüber der Anwendung des *Tarifvertrags für arbeitnehmerähnliche Journalistinnen und Journalisten*, weil Erstere auf den Personenkreis der Bildurheber in Tageszeitungen und damit erst recht auf solche in Anzeigenzeitungen abgestimmt seien.[266] Hiernach wäre also zwischen nicht unmittelbar anwendbaren gemeinsamen Vergütungsregeln und

---

259 Vgl. BGH I ZR 62/14, 21.05.2015, GRUR 2016, 62, Rn. 27 – *GVR Tageszeitungen I.*

260 Vgl. OLG Celle 13 W 27/16, 27.04.2016, GRUR-RR 2016, 267, Rn. 20; OLG Hamm 4 U 40/15, 11.02.2016, AfP 2016, 351, 355.

261 Vgl. OLG Köln 6 U 146/13, 14.02.2014, ZUM-RD 2014, 492, 494f.

262 Vgl. OLG Düsseldorf 5 U 132/08, 04.08.2011, juris Rn. 26.

263 Vgl. OLG München 29 U 2619/16, 21.12.2017, ZUM-RD 2018, 208, 218, 228.

264 Vgl. LG Bochum 8 O 491/13, 12.01.2015, juris Rn. 89; LG Köln 28 O 1129/11, 17.07.2013, GRUR-RR 2013, 454, 456; LG Stuttgart 17 O 710/06, 18.10.2008, ZUM 2009, 77, 82.

265 Vgl. AG München 142 C 29950/08, 08.05.2009, ZUM 2010, 545, 546.

266 Vgl. LG Düsseldorf 12 O 463/14, 05.08.2016, juris Rn. 63.

Tarifverträgen als Ermittlungsgrundlage einer Branchenübung jeweils anhand der Sachnähe zu entscheiden.

Im Ergebnis ergibt sich hinsichtlich der nicht unmittelbar anwendbaren Tarifverträge somit ein ähnliches Bild wie im Hinblick auf die nicht unmittelbar anwendbaren gemeinsamen Vergütungsregeln. Einzig die Anzahl der Entscheidungen zugunsten einer Indizwirkung von gemeinsamen Vergütungsregeln lässt auf deren im Vergleich zu Tarifverträgen noch höhere Bedeutung bei der Ermittlung einer Branchenübung schließen. Letztlich ist aber beiden Kollektivvereinbarungen eine erhebliche Relevanz für die Ermittlung einer Branchenpraxis zuzuschreiben.

3. *Normverträge*

Schließlich wurden teilweise auch Normverträge zwischen Urheber- und Verwerterverbänden als taugliche Ermittlungsgrundlagen einer Branchenübung herangezogen. So orientierte sich das OLG München in einigen Entscheidungen aus dem Jahr 2007 – betreffend Klagen von Übersetzern auf Vertragsanpassung – am *Normvertrag für den Abschluss von Übersetzerverträgen*, der zwischen dem Verband deutscher Schriftsteller und dem Verleger-Ausschuss des Börsenvereins des Deutschen Buchhandels ausgehandelt worden waren.[267] Dieser Rechtsprechung schloss sich das LG Hamburg für dort anhängige Klagen von Übersetzern im Jahr 2008 explizit an.[268]

Die Heranziehung von Normverträgen ist indes bisher nur eine punktuelle Entwicklung geblieben, ein Umstand, der wohl auch mit der Anzahl solcher Normverträge zu tun hat. Dennoch stellen die Normverträge – wie die gemeinsamen Vergütungsregeln und Tarifverträge – das Ergebnis freier Verhandlungen zwischen beide Seiten vertretenden Verbänden dar. Der Logik der Rechtsprechung zur Indizwirkung von gemeinsamen Vergütungsregeln und Tarifverträgen folgend müsste damit aber auch Normverträgen eine solche Indizwirkung zugesprochen werden.

4. *Einigungsvorschläge von Schlichtungsstellen*

Eine letzte – den Kollektivverträgen zeitlich vorgelagerte und diesen zumindest in ihrer Objektivität ähnliche – Ermittlungsgrundlage besteht für Gerichte in den von § 36 Abs. 4 S. 1 UrhG vorgesehenen Einigungsvorschlägen von Schlichtungsstellen.

Diese – bereits im Rahmen des Gesetzgebungsverfahrens von 2002 explizit

267 Vgl. OLG München 6 U 5748/05, 08.02.2007, ZUM 2007, 308, 314; OLG München 6 U 5649/05, 08.02.2007, ZUM-RD 2007, 166, 178; OLG München 6 U 5747/05, 08.02.2007, ZUM-RD 2007, 182, 190f.; OLG München 6 U 5785/05, 08.02.2007, ZUM 2007, 317, 327.

268 Vgl. LG Hamburg 308 O 450/07, 18.04.2008, ZUM 2008, 608, 611; LG Hamburg 308 O 452/07, 18.04.2008, ZUM 2008, 603, 606.

erwogene[269] – Möglichkeit nahm namentlich das LG Mannheim wahr. Die entscheidende Kammer orientierte sich in einer Entscheidung bei ihrer Bemessung von angemessenen Vergütungen für Bildbeiträge in einer Zeitung an dem zu diesem Zeitpunkt noch nicht beiderseitig angenommenem *Einigungsvorschlag der Schiedsstelle Fotohonorar für gemeinsame Vergütungsregeln zwischen dem Deutschen Journalisten-Verband sowie ver.di und dem Bundesverband Deutscher Zeitungsverleger* aus dem Februar 2013.[270] Dieses Vorgehen wurde im Rahmen der Berufung zudem vom OLG Karlsruhe ausdrücklich gebilligt.[271]

Diese – bis dato sehr begrenzte – Rechtsprechung spricht somit für eine Indizwirkung von abgelehnten Schlichtungsvorschlägen, zumal auch in der Literatur den gescheiterten Einigungsvorschlägen zumindest zum Teil eine Indizwirkung zugesprochen wird.[272] Dass diese Möglichkeit in der Rechtsprechungspraxis bisher wenig wahrgenommen wurde, ist mit überwiegender Wahrscheinlichkeit auch dem Umstand geschuldet, dass bisher nur wenige gescheiterte Einigungsvorschläge in konkreten Fällen einschlägig waren.

B. Folgerungen

I. Die vorrangige Orientierung an Vergütungen aus Kollektivverträgen

Die Typisierung der Rechtsprechung zeigt zuvorderst eine deutliche Tendenz der Gerichte hin zur Orientierung an Kollektivverträgen und deren Indizwirkung. Diese Tendenz besteht insbesondere im Falle der nicht unmittelbar anwendbaren gemeinsamen Vergütungsregeln, aber auch der nicht unmittelbar anwendbaren Tarifverträge. Die Rechtsprechung des BGH – insbesondere in den Entscheidungen *GVR Tageszeitungen I–III* – dürfte diese Tendenz hin zur Heranziehung von Kollektivverträgen noch festigen, da hierin die Heranziehung vor allem der gemeinsamen Vergütungsregeln als Grundlage der Ermittlung einer angemessenen Vergütung auch außerhalb deren sachlichen, zeitlichen, persönlichen oder räumlichen Anwendungsbereichs als möglich und sogar geboten erachtet wurde. Darüber hinaus ergibt sich aus § 32 Abs. 2a UrhG nunmehr, dass auch der Gesetzgeber ein weites Verständnis der Indizwirkung von Kollektivverträgen befürwortet. Im Ergebnis spricht also einiges dafür, dass Kollektiv-

269 Vgl. Beschlussempfehlung und Bericht des Rechtsausschusses, BTDrucks 14/8058, 20.

270 Vgl. LG Mannheim 7 O 308/12, 02.08.2013, ZUM 2014, 155, 159.

271 Vgl. OLG Karlsruhe 6 U 115/13, 11.02.2015, ZUM 2015, 504, 508.

272 Vgl. *Schricker/Haedicke*, in: Schricker/Loewenheim, § 32 UrhG Rn. 25, 30; *Erdmann*, GRUR 2002, 923, 926; kritisch *Kotthoff*, in Hk-UrhR, § 32 UrhG Rn. 25, der aber zumindest den Erklärungen der Parteien im gescheiterten Schlichtungsverfahren eine Indizwirkung zugesteht; grundsätzlich kritisch auch *Tolkmitt*, in: Büscher u. a., FS Bornkamm, 991, 1004f.

verträge weiterhin auch außerhalb ihres unmittelbaren Anwendungsbereichs im Rahmen der Legaldefinition des § 32 Abs. 2 S. 2 UrhG eine bedeutende Rolle spielen werden. Der vorstehenden Typisierung ist folglich zu entnehmen, dass es dem Erfahrungsschatz der gerichtlichen Praxis entspricht, das Merkmal der Üblichkeit vor allem mit dem Bezug auf Kollektivverträge auszufüllen.

II. Die subsidiäre Bedeutung empirischer Daten

Die Tendenz der Gerichte, bei der Ermittlung der üblichen Vergütung in erster Linie auf Kollektivvereinbarungen Bezug zu nehmen, erscheint vor allem durch zwei Umstände beeinflusst zu sein: zum einen im leichten Zugriff der Gerichte auf Kollektivverträge und zum anderen in einer Vermutung der Objektivität solcher Kollektivvereinbarungen. Der leichte Zugriff der Gerichte auf Kollektivverträge ist dabei insbesondere im Vergleich zur Schwierigkeit der eigenen Ermittlung von empirischen Daten zu sehen. Zwar stehen viele Gerichte den empirischen Daten offenbar grundsätzlich offen gegenüber, wenden diese in den konkret zu entscheidenden Fällen aber selten an. Im Gegensatz zu einer aufwendigen Beweisaufnahme zu den konkreten Übungen in einer Branche, die wohl auch schwierige Beweisfragen aufwerfen könnte, scheint der vergleichsweise einfache Rückgriff auf Kollektivverträge in ganz praktischer Hinsicht bevorzugt zu werden. All dies dürfte zumindest insoweit relevant sein, als einzelne Branchenübungen den Gerichten nicht in Form von Studien oder Vergütungsempfehlungen vorgelegt werden können.

Insbesondere in Bezug auf solche Studien bzw. Vergütungsempfehlungen ist dann aber offenbar relevant, dass die Gerichte eine mangelnde Ausgewogenheit solcher Studien und Vergütungsempfehlungen befürchten. Mit dem Rückgriff auf Kollektivverträge verbinden sie wohl die Erwartung, darin eine objektivere und vergleichsweise ausgeglichene Ermittlungsgrundlage vorzufinden. Insoweit sind etwa die Ausführungen des LG Stuttgart zu den Vergütungssätzen der *Mittelstandsgemeinschaft Foto-Marketing*[273] anschaulich, in denen das Gericht die Heranziehung der Vergütungssätze mit dem Verweis auf die Parteilichkeit der Mittelstandsgemeinschaft ablehnte. Den Kollektivverträgen scheint insoweit eher zugetraut zu werden, dass sie einen objektiven und damit angemessenen Ansatz verfolgen. Insofern kommt den empirischen Daten bei der Ausfüllung des Begriffs der Üblichkeit und damit der Ermittlung einer Branchenpraxis vor allem eine subsidiäre Rolle zu.

273 Vgl. oben unter A. I. 2.

III. Die nötige Differenzierung zwischen üblicher und angemessener Vergütung

Es ist im Hinblick auf die Indizwirkung von Kollektivverträgen allerdings eine wichtige Unterscheidung vorzunehmen. Hierbei muss zwischen der Indizwirkung hinsichtlich einer Branchenpraxis und der Indizwirkung hinsichtlich der Angemessenheit einer bestimmten Vergütung differenziert werden.

Sofern die Gerichte auf Kollektivverträge und die darin enthaltenen Vergütungssätze zurückgreifen, so geschieht dies offensichtlich auch häufig in der Erwartung, darin bereits für gewisse Sachverhalte angemessene Vergütungen aufzufinden. Indes muss sich an die indizielle Heranziehung von nicht unmittelbar anwendbaren Kollektivverträgen nach der Systematik des § 32 Abs. 2 S. 2 UrhG noch eine gerichtliche Wertung anschließen, um dem konkret zu entscheidenden Einzelfall Rechnung zu tragen. Dem entspricht die modifizierte Anwendung von gemeinsamen Vergütungsregeln, die der BGH in seinen Entscheidungen *GVR Tageszeitungen I–III* vorgesehen hat, wenn der zu entscheidende Fall ähnlich, nicht aber gleich gelagert ist. Der Ermittlung einer Branchenübung – entweder in derselben oder einer vergleichbaren Branche – folgt also in jedem Fall noch eine zusätzliche Wertung und Anpassung im Rahmen der gerichtlichen Wertung anhand des Merkmals der Redlichkeit. Erst eine Vergütung, die einer solchen Wertung unterzogen wurde, kann angemessen im Sinne von § 32 Abs. 2 S. 2 UrhG sein. Insoweit ist also die Heranziehung von nicht unmittelbar anwendbaren Kollektivverträgen – wie auch von empirischen Daten – nur ein erster Schritt, dem eine gerichtliche Wertung folgen muss.

Als Beispiel für ein entsprechendes Vorgehen soll in diesem Zusammenhang erneut eine Entscheidung des LG Düsseldorf aus dem Jahr 2016 dienen. Das Gericht orientierte sich hier an den *Gemeinsamen Vergütungsregeln für Bildhonorare* und entnahm diesen gewisse Vergütungssätze. Um aber dem Umstand Rechnung zu tragen, dass der klagende Urheber nicht für eine kostenpflichtige Tageszeitung, sondern für eine kostenlose Anzeigenzeitung tätig geworden war, nahm das Gericht einen pauschalen Abschlag von 15 % von den Vergütungssätzen vor.[274] Dieses Vorgehen verdeutlicht die Orientierung an einem Kollektivvertrag im Rahmen der Üblichkeit sowie die folgende Wertung im Rahmen der Redlichkeit. In Bezug auf die Indizwirkung von – insbesondere – Kollektivverträgen ist also streng zwischen der Üblichkeit und der Angemessenheit als solcher zu trennen. Der Umstand, dass diese Vorgehensweise indes nicht durchweg eingehalten wird bzw. werden kann und eine unmittelbare Über-

274 Vgl. LG Düsseldorf 12 O 463/14, 05.08.2016, juris Rn. 74.

nahme insbesondere von Vergütungssätzen aus nicht unmittelbar anwendbaren Kollektivverträgen durchaus erfolgt, wird an späterer Stelle dargestellt.[275]

§ 6 Typisierung des Begriffs der Redlichkeit

Der Typisierung des Üblichkeitsbegriffs schließt sich nun eine Typisierung des Begriffs der Redlichkeit an. Sie erfolgt im Wesentlichen nach derselben Methodik und weist nur einige wenige Besonderheiten auf.

So macht es die Vielzahl unterschiedlicher Kriterien, die der Rechtsprechungspraxis zum Begriff der Redlichkeit zu entnehmen sind, notwendig, dass sich die Darstellung weiterer Ebenen bedient. Dies gilt insbesondere im Rahmen der nutzungsbezogenen Kriterien, die auf bis zu vier Ebenen dargestellt werden. Andere der – insgesamt fünf übergeordneten Fallgruppen – sind dagegen weniger fein untergliedert, insbesondere weil die Rechtsprechungspraxis in diesen Bereichen weniger stark ausgeprägt ist. Es sei in diesem Zusammenhang aber erneut darauf hingewiesen, dass eine schrittweise Abstrahierung vom einzelnen Kriterium in Form verschiedener Ebenen dazu dienen kann, die Gegebenheiten verschiedenster Branchen in das bewegliche System des § 32 Abs. 2 S. 2 UrhG zu integrieren.[276]

Ein weiterer Unterschied zur Typisierung der Üblichkeit ist es, dass neben der Rechtsprechung nicht nur die Literatur unterstützend herangezogen wird, sondern auch gemeinsame Vergütungsregeln. Das bedeutet, dass auch einzelne darin verwendeten Kriterien einer angemessenen Vergütung an diversen Stellen der Darstellung verwendet werden. Jenen gemeinsamen Vergütungsregeln liegen schließlich besondere Erfahrungsschätze für bestimmte Branche zugrunde, die für die Konkretisierung der Redlichkeit nutzbar gemacht werden sollten.[277]

Die Anzahl der auf diesem Wege gewonnenen, unterschiedlichen Kriterien zwingt allerdings auch dazu, solche Kriterien nicht in die Darstellung aufzunehmen, die erkennbar nur Einzelerscheinungen geblieben sind. Beispiele hierfür sind etwa das Kriterium der *Nutzung eines Werkes im Rahmen eines Pilotprojekts* oder das des *Renommees eines Verwerters*. Diese und ähnliche Kriterien haben bis dato keine über Einzelentscheidungen hinausgehende Rolle gespielt, so dass sie aus der nachfolgenden Darstellung herausgelassen werden, um den Blick auf die wesentlichen Kriterien zu fokussieren.

275 Vgl. unten unter § 7 C. II. sowie III.
276 Vgl. dazu oben unter § 4 E. III.
277 Im Übrigen reflektiert diese Vorgehensweise den Umstand, dass die Normkonkretisierung gerade nicht nur durch die Entscheidung von Fällen und damit »von unten nach oben« erfolgt, sondern auch die diese Entscheidung umgebenden Umstände und Einflüsse eine Rolle spielen; vgl. dazu oben unter § 4 A.

Im Übrigen folgt dieses Kapitel der Struktur des vorangegangenen insofern, als zunächst eine ausführliche Darstellung der einzelnen Kriterien vorgenommen wird (*unter A.*) und daran anschließend die wesentlichen Folgerungen erläutert werden (*unter B.*). Es folgt hiernach allerdings noch eine Zusammenfassung der zentralen offenen Fragen, die zur Qualifizierung der Redlichkeit einer Antwort bedürfen (*unter C.*).

A. Analyse der Rechtsprechungspraxis

Die Typisierung der Redlichkeit bedient sich insgesamt fünf übergeordneter Fallgruppen. Es handelt sich dabei um die Fallgruppen der nutzungsbezogenen Kriterien (*unter I.*), der personenbezogenen Kriterien (*unter II.*), der schaffensbezogenen Kriterien (*unter III.*), der werkbezogenen Kriterien (*unter IV.*) sowie der sozialpolitischen Kriterien (*unter V.*).

I. Nutzungsbezogene Kriterien

Die Analyse der Rechtsprechungspraxis zeigt, dass ein Schwerpunkt der gerichtlichen Wertung im Bereich der *nutzungsbezogenen Kriterien* zu verorten ist.

1. Der Umfang und das Ausmaß der Nutzung

Eine erste Gruppe von nutzungsbezogenen Kriterien bezieht sich auf den *Umfang der Nutzungsmöglichkeit* und damit auf einen Aspekt, dessen Berücksichtigung auch schon im Normtext des § 32 Abs. 2 S. 2 UrhG vorgesehen ist. Ebenso im – durch die Urhebervertragsrechtsreform 2017 geänderten – Normtext ist nunmehr das Merkmal des *Ausmaßes der Nutzung* vorgesehen. Dieses ist nach dem Wortlaut der Legaldefinition zwar dem Umfang der Nutzung untergeordnet. Inwieweit durch die Einfügung des Merkmals des Ausmaßes der Nutzung – der nach den Gesetzgebungsmaterialien etwa den räumlichen Geltungsbereich oder die Ausschließlichkeit einer Nutzungsmöglichkeit erfassen soll[278] – gegenüber dem Merkmal des Umfangs der Nutzung aber tatsächlich ein Mehrwert geschaffen wurde, erscheint zu diesem Zeitpunkt noch unklar zu sein.[279] Die dazu notwendige Unterscheidung beider Begriffe ist ohne Weiteres jedenfalls nicht augenscheinlich.

Weil die Abgrenzung zwischen den Merkmalen des Umfangs und des Aus-

278 Vgl. Beschlussempfehlung und Bericht des Ausschusses für Recht und Verbraucherschutz, BTDrucks 18/10637, 21.

279 Diesbezüglich zweifelnd auch *Ory*, NJW 2017, 753, 754.

maßes der Nutzung bzw. der Nutzungsmöglichkeit zumindest im Rahmen der Rechtsprechungspraxis noch nicht erfolgen konnte, vereint die nachfolgende Systematik beide Begriffe zu einer einheitlichen Fallgruppe von Kriterien.

a) Die Häufigkeit der Nutzung

Ein weiterer, dem Begriff des Umfangs der Nutzung bzw. Nutzungsmöglichkeit nach dem Normtext der Legaldefinition untergeordnetes Merkmal ist das der *Häufigkeit der Nutzung.* Auch dieses wurde im Rahmen der neuerlichen Reform 2017 in den Normtext des § 32 Abs. 2 S. 2 UrhG eingefügt. Den hierin vereinten Kriterien ist gemeinsam, dass sie die Wiederholung einer gleichförmigen Nutzung bemessen sollen.[280]

aa) Die Zahl der hergestellten Werkstücke

Eine Art der Bemessung der Häufigkeit der Nutzung setzt an der *Zahl der hergestellten Werkstücke*[281] an. Die Herstellung von Werkstücken ist als Vervielfältigung gem. § 16 UrhG eine der ersten Nutzungshandlungen seitens des Verwerters. Insofern ist die Anknüpfung an der Häufigkeit eben dieser Nutzung einleuchtend. Der BGH betonte – entsprechend der beispielhaften Aufzählung in den Gesetzgebungsmaterialien[282] – bereits in seiner ersten Leitentscheidung beispielhaft, dass die Zahl der hergestellten Werkstücke ein Kriterium der gerichtlichen Wertung sein kann, knüpfte aber mit Bezug auf die in Frage stehende Buchbranche dennoch an der Zahl der abgesetzten Werkstücke an.[283]

In den Entscheidungen *GVR Tageszeitungen I* und *GVR Tageszeitungen II* billigte der BGH dann aber die den *Gemeinsamen Vergütungsregeln für freie hauptberufliche Journalistinnen und Journalisten an Tageszeitungen* entnommene Bindung des Honorars der freien Journalisten an die Auflage der betreffenden Zeitung, die sich durch eine Erhöhung des gezahlten Zeilenhonorar bei Erreichen bestimmter Auflagenhöhen verwirklichte.[284] Maßgeblich für die Bemessung der Häufigkeit der Nutzung war hier folglich die Zahl der hergestellten

280 Vgl. Bericht und Beschlussempfehlung Ausschusses für Recht und Verbraucherschutz, BTDrucks 18/10637, 22.

281 Es sollte beachtet werden, dass es aus der ex-ante-Perspektive des § 32 UrhG eigentlich »Zahl der herzustellenden Werkstücke« heißen müsste. Indes hat sich auf Grundlage der Gesetzgebungsmaterialien in der Rechtsprechung der Terminus »Zahl der hergestellten Werkstücke« eingebürgert. Daher wird daran auch hier festgehalten.

282 Vgl. Beschlussempfehlung und Bericht des Rechtsausschusses, BTDrucks 14/8058, 18; Regierungsentwurf, BTDrucks 16/6433, 14.

283 Vgl. BGH I ZR 38/07, 07.10.2009, BGHZ 182, 337, Rn. 54 – *Talking to Addison.*

284 Vgl. BGH I ZR 62/14, 21.05.2015, GRUR 2016, 62, Rn. 40ff. – *GVR Tageszeitungen I*; BGH I ZR 39/14, 21.05.2015, GRUR 2016, 67, Rn. 11ff. – *GVR Tageszeitungen II.*

Werkstücke. Jene wurde auch in einigen unterinstanzlichen Entscheidungen als relevantes Kriterium der Häufigkeit der Nutzung anerkannt.[285]

Darüber hinaus gibt es auch im Bereich der gemeinsamen Vergütungsregeln Beispiele für die Anknüpfung an die Zahl der hergestellten Werkstücke zur Bemessung der Häufigkeit der Nutzung. Neben § 3 der bereits mehrfach erwähnten *Gemeinsamen Vergütungsregeln für freie hauptberufliche Journalistinnen und Journalisten an Tageszeitungen* ist hierbei auch § 1 der *Gemeinsamen Vergütungsregeln Bild* anzuführen, der eine Bindung der Honorare von Fotojournalisten – unter anderem – an die Auflage der abdruckenden Tageszeitung vorsieht. Auch im Bereich der gemeinsamen Vergütungsregeln und insbesondere im Bereich der Zeitungsbranche ist die Zahl der hergestellten Werkstücke mithin zur Bemessung der Häufigkeit der Nutzung relevant geworden. Dieser Anknüpfung ist im Übrigen auch wenig entgegenzuhalten.

bb) Die Zahl der abgesetzten Werkstücke

Demgegenüber lässt sich die Häufigkeit der Nutzung eines Werkes aber auch anhand der *abgesetzten Werkstücke* bemessen, einer urheberrechtlich relevanten Nutzung nach § 17 UrhG. Mehr noch als die Betrachtung der Zahl der hergestellten Werkstücke knüpft das Kriterium der Zahl der abgesetzten Werkstücke[286] an eine vor allem betriebswirtschaftlich relevante Seite der Nutzung an.

Dieser Art der Bemessung der Nutzung bediente sich der BGH insbesondere in seinen Urteilen zu Übersetzervergütungen, in denen er durchweg betonte, dass eine Bindung der Vergütung an Zahl und Preis der abgesetzten Werkstücke durch eine prozentuale Beteiligung des Übersetzers am Erlös des Verwerters aus dem Absatz der Bücher am ehesten dem urheberrechtlichen Beteiligungsgrundsatz entspreche.[287] Mit der Beteiligung der Übersetzer am Nettoladen-

---

285 Vgl. *in der zweiten Instanz:* OLG München 29 U 1728/06, 28.10.2010, GRUR 2011, 517, 517; Kammergericht 5 U 113/05, 06.03.2009, ZUM 2009, 407, 409. *In der ersten Instanz:* LG Mannheim 7 O 308/12, 02.08.2013, ZUM 2014, 155, 158f.; LG München 7 O 24634/07, 15.04.2010, ZUM 2010, 725, 730f.; LG Stuttgart 17 O 710/06, 28.10.2008, ZUM 2009, 77, 81f.

286 Auch hier gilt, dass es genaugenommen »Zahl der abzusetzenden Werkstücke« heißen müsste.

287 Vgl. BGH I ZR 19/09, 20.01.2011, GRUR 2011, 328, Rn. 17 – *Destructive Emotions*; BGH I ZR 78/08, 20.01.2011, ZUM-RD 2011, 208, Rn. 16 – *Angemessene Übersetzervergütung II*; BGH I ZR 49/09, 20.01.2011, ZUM-RD 2011, 212, Rn. 22 – *Angemessene Übersetzervergütung III*; BGH I ZR 20/09, 20.01.2011, ZUM 2011, 403, Rn. 18 – *Angemessene Übersetzervergütung IV*; BGH I ZR 133/08, 20.01.2011, ZUM 2011, 408, Rn. 21 – *Angemessene Übersetzervergütung V*; BGH I ZR 38/07, 07.10.2009, BGHZ 182, 337, Rn. 23 sowie 54 – *Talking to Addison*; BGH I ZR 39/07, 07.10.2009, ZUM-RD 2010, 8, Rn. 23 – *Angemessene Vergütung für Übersetzer belletristischer Werke II*; BGH I ZR 40/07, 07.10.2009, ZUM-RD 2010, 62, Rn. 22 – *Angemessene Vergütung für Übersetzer belletristischer Werke III*;

verkaufspreis machte der Gerichtshof Gebrauch von Usancen der Buchbranche mit Bezug auf Autoren, wie sich aus § 3 Abs. 1 der *Gemeinsamen Vergütungsregeln für Autoren belletristischer Werke in deutscher Sprache* ergibt, die der BGH zur Orientierung herangezogen hatte. Dieser Art der Bemessung der Häufigkeit der Nutzung haben sich schließlich auch fast alle mit ähnlichen Fällen befassten Instanzgerichte beholfen.[288] Es handelt sich bei der Zahl der abgesetzten Werkstücke damit um das bis dato in der Rechtsprechung relevanteste Kriterium bei der Bemessung der Häufigkeit der Nutzung. Indes ist in diesem Zusammenhang einer Entscheidung des OLG Münchens zu entnehmen, dass für die Zeitungsbranche eine Bemessung der Häufigkeit der Nutzung anhand der Zahl der abgesetzten Werkstücke unpassend sei, da die Zeitungsbranche von einem wesentlich kürzeren Auswertungszeitraum geprägt ist.[289]

Letztlich ist die bisherige Rechtsprechungspraxis folglich wohl am ehesten so zu beschreiben, dass die Kriterien der Zahl der hergestellten und der abgesetzten Werkstücke bei der Bemessung der Häufigkeit der Nutzung eines Werkes in einem Alternativverhältnis gesehen werden müssen. Je nach den Gegebenheiten der jeweiligen Branche sollte das besser geeignete Kriterium herangezogen werden.

cc) Die Zahl der öffentlichen Wiedergaben

Ähnliches muss dann auch für die *Zahl der öffentlichen Wiedergaben* gelten. Mit jenem Kriterium haben der BGH[290] und einige unterinstanzliche Gerichte[291] ein

---

BGH I ZR 41/07, 07.10.2009, ZUM 2010, 255, Rn. 24 – *Angemessene Vergütung für Übersetzer belletristischer Werke IV*; BGH I ZR 230/06, 07.10.2009, ZUM-RD 2010, 16, Rn. 24 – *Angemessene Vergütung für Übersetzer von Sachbüchern.*

288 Vgl. *in der Berufungsinstanz:* OLG Düsseldorf 5 U 132/08, 04.08.2011, juris Rn. 24; OLG München 6 U 4037/07, 17.03.2011, ZUM 2011, 866, 867f.; Kammergericht 5 U 113/05, 06.03.2009, ZUM 2009, 407, 409; OLG München 29 U 5320/07, 27.11.2008, ZUM-RD 2008, 268, 273f.; OLG München 25 U 5319/07, 27.11.2008, ZUM 2009, 300, 305; OLG München 6 U 5649/05, 08.02.2007, ZUM-RD 2007, 166, 177f.; OLG München 6 U 5748/05, 08.02.2007, ZUM 2007, 308, 314; OLG München 6 U 5747/05, 08.02.2007, ZUM-RD 2007, 182, 190; OLG München 6 U 5785/05, 08.02.2007, ZUM 2007, 317, 326; OLG München 29 U 1728/06, 14.12.2006, ZUM 2007, 142, 147. *In der Ausgangsinstanz:* LG München 7 O 24634/07, 15.04.2010, ZUM 2010, 725, 729f.; LG Hamburg 308 O 452/07, 18.04.2008, ZUM 2008, 603, 606; LG München 7 O 25258/05, 12.07.2007, ZUM-RD 2007, 550, 554; LG Berlin 16 O 795/04, 27.09.2005, ZUM 2005, 904, 906.

289 Vgl. OLG München 6 U 4127/10, 21.04.2011, ZUM 2011, 576, 581.

290 Vgl. BGH I ZR 62/14, 21.05.2015, GRUR 2016, 62, Rn. 40 – *GVR Tageszeitungen I*; BGH I ZR 39/14, 21.05.2015, GRUR 2016, 67, Rn. 16 – *GVR Tageszeitungen II*; BGH I ZR 38/07, 07.10.2009, BGHZ 182, 337, Rn. 54 – *Talking to Addison*; BGH I ZR 39/07, 07.10.2009, ZUM-RD 2010, 8, Rn. 54 – *Angemessene Vergütung für Übersetzer belletristischer Werke II*; BGH I ZR 40/07, 07.10.2009, ZUM-RD 2010, 62, Rn. 51 – *Angemessene Vergütung für Übersetzer belletristischer Werke III*; BGH I ZR 41/07, 07.10.2009, ZUM 2010, 255, Rn. 52 – *Angemessene Vergütung für Übersetzer belletristischer Werke IV*;

weiteres Kriterium der Gesetzgebungsmaterialien in diversen Entscheidungen rein abstrakt als relevant für die gerichtliche Wertung aufgezählt.

Indes ergab sich offensichtlich bisher keine Fallkonstellation, in der die Zahl der öffentlichen Wiedergaben im Sinne von § 15 Abs. 2 UrhG entscheidend für die Bemessung der Häufigkeit der Nutzung gewesen wäre. Denkbar ist dies aber zweifellos für bestimmte Branchen, in denen die unkörperliche Verwertung eines Werkes die Regel ist. Dementsprechend verwendet etwa ProSiebenSat.1 in seinen gemeinsamen Vergütungsregeln ausnahmslos ein »Reichweiten-Beteiligungsmodell«, das die Vergütung unter anderem an die – unter Verwendung bestimmter Berechnungsmodelle ermittelten – Zuschauerzahlen knüpft.[292] Entsprechend wäre die Zahl der öffentlichen Wiedergaben in Fällen von unkörperlicher Verwertung die tauglichste Art und Weise der Bemessung der Häufigkeit der Nutzung.

Somit reiht sich das Kriterium der öffentlichen Wiedergaben bei der Bemessung der Häufigkeit der Nutzung eines Werkes je nach Branche und Werkart neben die Zahl der hergestellten und die Zahl der abgesetzten Werkstücke in das Alternativverhältnis ein.[293]

b) Eingeräumte Unterlizenzen

Eine weitere Art der Nutzung eines Werkes durch den Verwerter liegt in der Einräumung von Nutzungsrechten an Dritte zur wirtschaftlichen Nutzung des Werkes in weiteren Formen. Auch auf diese Art der – fremden – Nutzung hat der BGH in der Vergangenheit wiederholt Bezug genommen.

Dies war wiederum insbesondere in den Entscheidungen zur angemessenen Übersetzervergütung der Fall, in denen die Verlage Unterlizenzen zur Verwertung der Texte etwa in Form von Taschenbuchausgaben oder auch als Verfilmung an andere Verwerter einräumten. Hier urteilte der BGH, dass den Übersetzern auch ein prozentualer Anteil an den Erlösen aus der Einräumung solcher Unterlizenzen zustehe und ergänzte seine Bemessung des Umfangs der Nutzung

---

BGH I ZR 230/06, 07.10.2009, ZUM-RD 2010, 16, Rn. 53 – *Angemessene Vergütung für Übersetzer von Sachbüchern.*

291 Vgl. *in der zweiten Instanz:* OLG München 29 U 1728/06, 28.10.2010, GRUR 2011, 517, 517. *In der ersten Instanz:* LG Mannheim 7 O 308/12, 02.08.2013, ZUM 2014, 155, 158f.; LG München 7 O 24634/07, 15.04.2010, ZUM 2010, 725, 730f.

292 Vgl. jeweils C. der *Gemeinsamen Vergütungsregelung zwischen BVK – Berufsverband Kinematografie e.V. und ProSiebenSat.1 TV Deutschland GmbH*, der *Gemeinsamen Vergütungsregelung zwischen Verband Deutscher Drehbuchautoren e.V. und ProSiebenSat.1 TV Deutschland GmbH*, der *Gemeinsamen Vergütungsregelung zwischen BVR – Bundesverband der Film- und Fernsehregisseure in Deutschland e.V. und ProSiebenSat.1 TV Deutschland GmbH* sowie der *Gemeinsamen Vergütungsregelung zwischen Bundesverband der Film- und Fernsehschauspieler e.V. (BFFS) und ProSiebenSat.1 TV Deutschland GmbH.*

293 So im Übrigen auch *Peifer/Nohr*, in: Obergfell, Zehn Jahre reformiertes Urhebervertragsrecht, 25, 33.

damit um die weitergehende Verwertung eines Werkes durch die Einräumung von Unterlizenzen.[294] Das Kriterium der eingeräumten Unterlizenzen steht hiernach also neben den anderen Arten der Bemessung des Umfangs der Nutzungen durch den Verwerter, insbesondere der Häufigkeit der Nutzung durch eigene Verwertungshandlungen.

Entsprechend dieser Methode bezogen auch diverse Instanzgerichte die Unterlizenzierung durch den Verwerter als ein für die Bemessung der Nutzung relevantes Kriterium in die gerichtliche Wertung mit ein.[295] Ebenfalls relevant wurden einzuräumende Unterlizenzen in einigen anderen Entscheidungen, in denen Gerichte Klauseln in allgemeinen Geschäftsbedingungen für unwirksam beurteilten, weil diese die Vergütung der Einräumung unbegrenzter Unterlizenzen durch eine Pauschalvergütung vorsahen, die zum Teil daneben auch als Gegenleistung für die durch den Verwerter selbst ausgeübten Nutzungsrechte fungierte.[296] Auch hierin verdeutlicht sich die Bemessung des Umfangs der Nutzung unter anderem an eingeräumten bzw. einzuräumenden Unterlizenzen.

Das OLG München schränkte diese Bewertung in einer ebenfalls allgemeine Geschäftsbedingungen betreffenden Entscheidung wiederum für die Zeitungsbranche insofern ein, als dort die Vergabe von Unterlizenzen an Beiträgen für

---

294 Vgl. BGH I ZR 19/09, 20.01.2011, GRUR 2011, 328, Rn. 17 – *Destructive Emotions*; BGH I ZR 78/08, 20.01.2011, ZUM-RD 2011, 208, Rn. 16 sowie 18 – *Angemessene Übersetzervergütung II*; BGH I ZR 49/09, 20.01.2011, ZUM-RD 2011, 212, Rn. 22 – *Angemessene Übersetzervergütung III*; BGH I ZR 20/09, 20.01.2011, ZUM 2011, 403, Rn. 18 – *Angemessene Übersetzervergütung IV*; BGH I ZR 133/08, 20.01.2011, ZUM 2011, 408, Rn. 21 – *Angemessene Übersetzervergütung V*; BGH I ZR 38/07, 07.10.2009, BGHZ 182, 337, Rn. 45 sowie 54 – *Talking to Addison*; BGH I ZR 39/07, 07.10.2009, ZUM-RD 2010, 8, Rn. 45 – *Angemessene Vergütung für Übersetzer belletristischer Werke II*; BGH I ZR 40/07, 07.10.2009, ZUM-RD 2010, 62, Rn. 42 – *Angemessene Vergütung für Übersetzer belletristischer Werke III*; BGH I ZR 41/07, 07.10.2009, ZUM 2010, 255, Rn. 43 – *Angemessene Vergütung für Übersetzer belletristischer Werke IV*; BGH I ZR 230/06, 07.10.2009, ZUM-RD 2010, 16, Rn. 44 – *Angemessene Vergütung für Übersetzer von Sachbüchern.*

295 Vgl. *in der zweiten Instanz:* OLG München 6 U 4037/07, 17.03.2011, ZUM 2011, 866, 868; Kammergericht 5 U 113/05, 06.03.2009, ZUM 2009, 407, 411; OLG München 6 U 5649/05, 08.02.2007, ZUM-RD 2007, 166, 180f.; OLG München 6 U 5748/05, 08.02.2007, ZUM 2007, 308, 316; OLG München 6 U 5747/05, 08.02.2007, ZUM-RD 2007, 182, 192f.; OLG München 6 U 5785/05, 08.02.2007, ZUM 2007, 317, 329; OLG München 29 U 1728/06, 14.12.2006, ZUM 2007, 142, 150f. *In der ersten Instanz:* LG München 7 O 24634/07, 15.04.2010, ZUM 2010, 725, 730f. sowie 732f.; LG Hamburg 308 O 452/07, 18.04.2008, ZUM 2008, 603, 607; LG München 7 O 25258/05, 12.07.2007, ZUM-RD 2007, 550, 554; LG München 21 O 25003/05, 27.09.2006, ZUM 2007, 228, 231; LG Berlin 16 O 806/04, 27.04.2006, ZUM 2006, 942, 946; LG München 7 O 25199/04, 15.12.2005, ZUM 2006, 154, 158; LG München 21 O 25459/04, 30.11.2005, ZUM 2006, 164, 170; LG München 21 O 24780/04, 30.11.2005, ZUM 2006, 159, 163f.; LG München 7 O 24552/04, 10.11.2005, ZUM 2006, 73, 78; LG Berlin 16 O 795/04, 27.09.2005, ZUM 2005, 904, 906.

296 Vgl. Thüringer OLG 2 U 61/12, 19.05.2012, ZUM-RD 2012, 393, 394f.; Hanseatisches OLG 5 U 113/09, 01.06.2011, ZUM 2011, 846, 856; Kammergericht 5 U 66/09, 26.03.2010, ZUM 2010, 799, 802f.

Tageszeitungen in Frage stand und das Gericht befand, dass die Möglichkeit der Vergabe von Unterlizenzen wegen der Tagesaktualität der Artikel für die Redlichkeit der gezahlten Vergütung eine weniger große Rolle spielen müsse.[297] Hiernach wäre auch im Bereich der Unterlizenzen Branchenunterschieden Rechnung zu tragen. Gleichwohl kann die grundsätzliche Bedeutung von Unterlizenzen für die Redlichkeit einer Vergütung kaum abgestritten werden.

c) Die Dauer der Nutzung

Ein erneut unmittelbar § 32 Abs. 2 S. 2 UrhG zu entnehmendes Merkmal ist das der Dauer der Nutzung. Jene – aus ex-ante Sicht voraussichtliche – Dauer der Nutzung hat in der Rechtsprechung des BGH insbesondere im Hinblick auf die Zulässigkeit von Pauschalvergütungen eine Rolle gespielt.

In der ersten Runde von Übersetzerentscheidungen ging der Gerichtshof explizit auf die Angemessenheit von solchen pauschalen Vergütungen ein und führte aus, dass diese nur zulässig seien, sofern sie voraussichtlich eine angemessene Beteiligung des Urhebers über die gesamte Dauer der Nutzung gewährleisteten.[298] Mindestens in diesem Kontext ist die voraussichtliche Dauer der Nutzung demnach bei der gerichtlichen Wertung als Kriterium miteinzubeziehen. Verworfen hat der BGH dagegen den Verweis eines Verlages auf die beschränkte Dauer der Rechte am Originaltext, der sich nach dessen Dafürhalten zeitlich beschränkend – und damit vergütungsmindernd – auf die Nutzung der Übersetzung auswirken sollte. Insofern sei nur die sich aus der Einräumung selbst ergebende potenzielle, nicht aber die tatsächliche Nutzung entscheidend.[299]

Die Dauer der Nutzung ist auch in vielen unterinstanzlichen Entscheidungen als relevantes Kriterium angeführt worden.[300] Indes wurde dabei durch das

---

297 Vgl. OLG München 6 U 4127/10, 21.04.2011, ZUM 2011, 576, 581; LG München 7 O 14108/11, 26.04.2012, ZUM 2012, 904, 908.

298 Vgl. BGH I ZR 38/07, 07.10.2009, BGHZ 182, 337, Rn. 25ff. – *Talking to Addison*; BGH I ZR 39/07, 07.10.2009, ZUM-RD 2010, 8, Rn. 24ff. – *Angemessene Vergütung für Übersetzer belletristischer Werke II*; BGH I ZR 40/07, 07.10.2009, ZUM-RD 2010, 62, Rn. 24ff. – *Angemessene Vergütung für Übersetzer belletristischer Werke III*; BGH I ZR 41/07, 07.10.2009, ZUM 2010, 255, Rn. 25ff. – *Angemessene Vergütung für Übersetzer belletristischer Werke IV*; BGH I ZR 230/06, 07.10.2009, ZUM-RD 2010, 16, Rn. 25ff. – *Angemessene Vergütung für Übersetzer von Sachbüchern.*

299 Vgl. BGH I ZR 49/09, 20.01.2011, ZUM-RD 2011, 212, Rn. 29f. – *Angemessene Übersetzervergütung III.*

300 Vgl. *in der zweiten Instanz:* OLG München 6 U 4127/10, 21.04.2011, ZUM 2011, 576, 581; OLG München 29 U 1728/06, 28.10.2010, GRUR 2011, 517, 517; Kammergericht 5 U 113/05, 06.03.2009, ZUM 2009, 407, 409f.; OLG München 25 U 5319/07, 27.11.2008, ZUM 2009, 300, 306; OLG München 6 U 5649/05, 08.02.2007, ZUM-RD 2007, 166, 175; OLG München 6 U 5748/05, 08.02.2007, ZUM 2007, 308, 312f.; OLG München 6 U 5747/05, 08.02.2007, ZUM-RD 2007, 182, 188; OLG München 6 U 5785/05, 08.02.2007,

LG München wiederum für die Branche der Tageszeitungen betont, dass die Dauer der Nutzung wegen der Tagesaktualität des Werkes eine weniger große Rolle spiele.[301]

Anders als die vorigen, hier der Fallgruppe des Umfangs der Nutzung zugeordneten Kriterien ist die Dauer der Nutzung allerdings nicht unmittelbar geeignet, um die Nutzungshandlungen als solche zu bemessen. Vielmehr scheint es durchweg darum zu gehen, aufgrund der Zeitspanne des eingeräumten Nutzungsrechts zu prognostizieren, wie umfangreich jene Nutzungshandlungen sein werden, wobei diese dann wiederum anhand der bereits genannten Kriterien individuell bemessen werden müssen. Relevant erscheint die Dauer der Nutzung vor allem dann zu sein, wenn in Frage steht, ob eine Pauschalvergütung voraussichtlich geeignet sein wird, den prognostizierten Umfang der Nutzungshandlungen ausreichend zu vergüten. Insofern kommt der Betrachtung der – voraussichtlichen – Dauer der Nutzung bei der Beurteilung des Umfangs der Nutzung lediglich eine Sonderrolle zu. Diese ist am ehesten dadurch beschrieben, dass hierbei nicht die Vergütungshöhe als solche, sondern vielmehr die *Vergütungsmodalität* – pauschale Vergütung oder prozentuale Beteiligung am Ertrag – in Frage steht.

2. *Die Art der Nutzung*

§ 32 Abs. 2 S. 2 UrhG enthält in seinem Normtext auch den Bezug auf die *Art der eingeräumten Nutzungsmöglichkeit*, die auf gleicher Ebene wie deren Umfang zu berücksichtigten ist. Einige – wenige – Kriterien der Rechtsprechung lassen sich diesem Merkmal zuordnen.

a) Der Zeitpunkt der Nutzung

Neben der Dauer der Nutzung nennt das Gesetz in § 32 Abs. 2 S. 2 UrhG auch den *Zeitpunkt der Nutzung* exemplarisch als bei der gerichtlichen Wertung zu berücksichtigendes Kriterium. Entsprechend hat eine Vielzahl von Entscheidungen den Zeitpunkt der Nutzung als relevantes Kriterium abstrakt benannt.[302]

ZUM 2007, 317, 325; OLG München 29 U 1728/06, 14.12.2006, ZUM 2007, 142, 147. *In der ersten Instanz:* LG Mannheim 7 O 308/12, 02.08.2013, ZUM 2014, 155, 158f.; LG München 7 O 24634/07, 15.04.2010, ZUM 2010, 725, 730; LG Hamburg 308 O 452/07, 18.04.2008, ZUM 2008, 603, 606; LG München 7 O 25258/05, 12.07.2007, ZUM-RD 2007, 550, 554; LG Berlin 16 O 806/04, 27.04.2006, ZUM 2006, 942, 945.

301 Vgl. LG München 7 O 14108/11, 26.04.2012, ZUM 2012, 904, 908.

302 Vgl. *in der Revisionsinstanz:* BGH I ZR 38/07, 07.10.2009, BGHZ 182, 337, Rn. 54 – *Talking to Addison*; BGH I ZR 39/07, 07.10.2009, ZUM-RD 2010, 8, Rn. 18 – *Angemessene Vergütung für Übersetzer belletristischer Werke II*; BGH I ZR 40/07, 07.10.2009, ZUM-RD 2010, 62, Rn. 17 – *Angemessene Vergütung für Übersetzer belletristischer Werke III*; BGH I ZR 41/07, 07.10.2009, ZUM 2010, 255, Rn. 19 – *Angemessene Vergütung für Übersetzer belletristischer Werke IV*; BGH I ZR 230/06, 07.10.2009, ZUM-RD 2010, 16, Rn. 19 – *Angemessene Vergütung für Übersetzer von Sachbüchern. In der Berufungsinstanz:* OLG München

Indes bleibt hierbei ausnahmslos unklar, inwieweit sich der Zeitpunkt der Nutzung auf die Vergütung auswirken sollte, da die Gerichte das Kriterium durchweg lediglich innerhalb des referierenden Teils der Entscheidungen nennen, aber nicht konkret anwenden. Letztlich ist die mögliche Wirkung des Zeitpunkts der Nutzung auf die Angemessenheit einer Vergütung anhand der Rechtsprechung bis dato völlig unklar.

In diesem Zusammenhang könnten aber die Gegebenheiten der Film- und Fernsehbranche Aufschluss geben, da dort die Vergütung in manchen Vergütungsmodellen vom Zeitpunkt der Ausstrahlung des Werkes abhängt, wie sich etwa aus Ziff. 1 der – mittlerweile gekündigten – *Vergütungsmodelle für Drehbuchautoren bei ZDF-Produktionen* vom 19.07.2012 ergibt. Hiernach war für Wiederholungen im Hauptprogramm ein höheres Honorar zu zahlen, als für solche im Vormittags- oder Nachtprogramm.[303] Allerdings erscheint diese Anknüpfung in erster Linie vor dem Hintergrund erfolgt zu sein, dass durch die Bindung der Vergütung an den Zeitpunkt der Ausstrahlung mittelbar der Umfang der Nutzung erfasst werden sollte, da zu den unterschiedlichen Zeiten naturgemäß unterschiedliche Zuschauerzahlen zu erwarten sind. Dafür spricht auch das von ProSiebenSat.1 verwendete »Reichweiten-Beteiligungsmodell«, bei dessen Anwendung die Zuschauerzahlen entscheidend für die zu zahlende Vergütung sind.[304] Auch hierdurch wird die Vergütung zuvorderst an den Umfang der Nutzung geknüpft. Insofern muss es auch unter Einbeziehung der genannten Regelungen der Film- und Fernsehbranche zweifelhaft bleiben, ob dem Zeitpunkt eine besondere eigene Rolle bei der Redlichkeit einer Vergütung zukommen kann.

Schließlich ist auch der Literatur keine eigenständige Bedeutung des Zeitpunkts der Nutzung zu entnehmen. Nur *v. Becker* hält eine Deutung vor und bezieht die Bedeutung des Kriteriums des Zeitpunkts der Nutzung auf solche Zeiten, in denen eine besondere Nachfrage nach dem Werk besteht.[305] Damit ist aber letztlich wiederum nur auf eine Prognose hinsichtlich des Absatzes und damit des Umfangs und der Häufigkeit der Nutzung Bezug genommen. Insofern kommt auch hiernach dem Zeitpunkt der Nutzung keine eigenständige Bedeutung zu. Zweifelnd bezüglich der Relevanz des Zeitpunkts der Nutzung äußert sich im Übrigen auch *Czychowski*.[306]

---

29 U 1728/06, 28.10.2010, GRUR 2011, 517, 517; OLG München 25 U 5319/07, 27.11.2008, ZUM 2009, 300, 305; OLG München 29 U 1728/06, 14.12.2006, ZUM 2007, 142, 147. *In der Ausgangsinstanz:* LG Mannheim 7 O 308/12, 02.08.2013, ZUM 2014, 155, 157; LG München 7 O 24634/07, 15.04.2010, ZUM 2010, 725, 730f.; LG Hamburg 308 O 452/07, 18.04.2008, ZUM 2008, 603, 605; LG Berlin 16 O 806/04, 27.04.2006, ZUM 2006, 942, 946.

303 Vgl. auch *Boeser*, ZUM 2013, 737, 739.

304 Vgl. oben unter 1. a) cc).

305 Vgl. *v. Becker*, in: Loewenheim, Handbuch des Urheberrechts, § 29 Rn. 37.

306 Vgl. *Czychowski*, in: Fromm/Nordemann, § 32 UrhG Rn. 55.

b) *Marktverhältnisse*

Ähnlich dem Zeitpunkt der Nutzung haben der BGH[307] und unterinstanzliche Gerichte[308] wiederholt festgestellt, dass die *Marktverhältnisse* der betreffenden Branche grundsätzlich ein Kriterium der gerichtlichen Wertung sein können. Auch hier gilt aber, dass die Frage danach, wie sich bestimmte Verhältnisse im Markt bzw. der Branche auf die Wertung auswirken können, bisher nicht geklärt worden ist.

Das LG Nürnberg-Fürth ging in einer Entscheidung zur angemessenen Vergütung einer Übersetzerin von Jugendbüchern zwar explizit auf das Argument des beklagten Verlags ein, dass die schwierigen Marktverhältnisse für Jugendbücher eine von den »Karlsruher Übersetzertarifen« abweichende Beurteilung erforderten, lehnte dies aber mit Verweis auf die Anwendung eben jener »Tarife« auf Jugendbücher durch den BGH selbst einerseits und die automatische Berücksichtigung von unterschiedlichen Nettoladenverkaufspreisen durch eine prozentuale Beteiligung andererseits ab.[309]

Ähnlich einer – wenig konkreten – Generalklausel kommen die »genrespezifischen Entstehungs- und Marktbedingungen« in § 3 Abs. 2 Nr. 8 der *Gemeinsamen Vergütungsregeln für Autoren belletristischer Werke in deutscher Sprache* vor. Sie können in diesem Zusammenhang zur Rechtfertigung einer geringeren Absatzbeteiligung der Autoren dienen. Wie hierbei allerdings im Detail anzuknüpfen ist, bleibt auch an dieser Stelle unklar.

Auch der Literatur ist soweit ersichtlich keine eigenständige Lösung zu entnehmen. *Schulze* bezieht den Begriff der Marktverhältnisse auf die »Akzeptanz des Werkes am Markt«, stellt zur Bestimmung dieser Akzeptanz dann aber auf

---

307 Vgl. BGH I ZR 62/14, 21.05.2015, GRUR 2016, 62, Rn. 40 – *GVR Tageszeitungen I*; BGH I ZR 39/14, 21.05.2015, GRUR 2016, 67, Rn. 16 – *GVR Tageszeitungen II*; BGH I ZR 38/07, 07.10.2009, BGHZ 182, 337, Rn. 54 – *Talking to Addison*; BGH I ZR 39/07, 07.10.2009, ZUM-RD 2010, 8, Rn. 54 – *Angemessene Vergütung für Übersetzer belletristischer Werke II*; BGH I ZR 40/07, 07.10.2009, ZUM-RD 2010, 62, Rn. 51 – *Angemessene Vergütung für Übersetzer belletristischer Werke III*; BGH I ZR 41/07, 07.10.2009, ZUM 2010, 255, Rn. 52 – *Angemessene Vergütung für Übersetzer belletristischer Werke IV*; BGH I ZR 230/06, 07.10.2009, ZUM-RD 2010, 16, Rn. 53 – *Angemessene Vergütung für Übersetzer von Sachbüchern*.

308 Vgl. *in der zweiten Instanz:* OLG München 29 U 1728/06, 28.10.2010, GRUR 2011, 517, 517; Kammergericht 5 U 113/05, 06.03.2009, ZUM 2009, 407, 409. *In der ersten Instanz:* LG Mannheim 7 O 308/12, 02.08.2013, ZUM 2014, 155, 158f.; LG München 7 O 24634/07, 15.04.2010, ZUM 2010, 725, 730f.; LG Stuttgart 17 O 710/06, 28.10.2008, ZUM 2009, 77, 81f.; LG Hamburg 308 O 452/07, 18.04.2008, ZUM 2008, 603, 607; LG München 21 O 25003/05, 27.09.2006, ZUM 2007, 228, 230; LG Berlin 16 O 806/04, 27.04.2006, ZUM 2006, 942, 946; LG München 7 O 25199/04, 15.12.2005, ZUM 2006, 154, 158; LG München 21 O 25459/04, 30.11.2005, ZUM 2006, 164, 169; LG München 21 O 24780/04, 30.11.2005, ZUM 2006, 159, 163; LG München 7 O 24552/04, 10.11.2005, ZUM 2006, 73, 78.

309 Vgl. LG Nürnberg-Fürth 3 O 3696/13, 28.05.2014, ZUM 2014, 907, 910.

die Qualität und den Preis des Werkes ab.[310] *Haupt/Flisak* dagegen verstehen unter dem Begriff der Marktverhältnisse die erzielbaren Preise und Absatzchancen.[311] Nach all dem scheint der Begriff der Marktverhältnisse häufig eine Wertung zu umschreiben, die anhand von Angebot und Nachfrage im Markt die zu erzielenden Einnahmen prognostizieren soll. *Schricker/Haedicke* betonen dazu passend, dass eine prozentuale Beteiligung des Urhebers automatisch die Marktverhältnisse berücksichtigt.[312] Insofern ist eine von der Absatzprognose unabhängige und damit eigenständige Bedeutung der Marktverhältnisse als Kriterium der Redlichkeit höchst zweifelhaft.

c) Die Ausstattung des (Gesamt-)Werks

Eine dritte mögliche Anknüpfung, die der dem Oberbegriff der Art der Nutzung zuzuordnen ist, betrifft die *Ausstattung des (Gesamt-)Werks.* Soweit ersichtlich ist jenes Kriterium bisher vor allem in Fällen aus der Buchbranche relevant geworden, in denen sich die Frage stellte, ob bei der Vergütung die Nutzung des Werkes im Rahmen besonders wertiger Ausgaben zu berücksichtigen ist. Die Berücksichtigung der Ausstattung des Gesamtwerks wurde allerdings – zumindest unabhängig von damit einhergehenden Begleitumständen – in der Rechtsprechung zu einem großen Teil abgelehnt.[313]

Dennoch sind einige Entscheidungen zu nennen, in denen die Ausstattung des Werks – zumindest auf den ersten Blick – bei der gerichtlichen Wertung eine Rolle gespielt hat. Das LG München passte in einer Entscheidung zwar die »Karlsruher Übersetzertarife« für eine exklusive Ausgabe eines Werkes an, die in Leinen- bzw. Leder-Ausstattung veröffentlicht wurde.[314] Allerdings begründete das Gericht diese Anpassung vor allem mit dem geringeren zu erwartenden Absatz der besonderen Ausgaben im Vergleich zu anderen Werken, so dass die üblichen Schwellenwerte, ab denen eine prozentuale Beteiligung an abgesetzten Werkstücken erfolgt, dem Gericht untauglich erschienen. Insofern ginge es auch hierbei nicht um das Kriterium der Ausstattung als solchem, sondern um eine Prognose hinsichtlich des Absatzes. Selbiges gilt allerdings nicht für eine andere Entscheidung desselben Gerichts. Dort unterschied eine andere Kammer des LG München zwischen Hardcover- und Taschenbuchausgaben, weil die bessere

310 Vgl. *Schulze*, in: Dreier/Schulze, § 32 UrhG Rn. 67.
311 Vgl. *Haupt/Flisak*, KUR 2003, 41, 48.
312 Vgl. *Schricker/Haedicke*, in: Schricker/Loewenheim, § 32 UrhG Rn. 35.
313 Vgl. *zweitinstanzlich:* Kammergericht 5 U 113/05, 06.03.2009, ZUM 2009, 407, 410f.; OLG München 6 U 5649/05, 08.02.2007, ZUM-RD 2007, 166, 179; OLG München 6 U 5748/05, 08.02.2007, ZUM 2007, 308, 315; OLG München 6 U 5747/05, 08.02.2007, ZUM-RD 2007, 182, 191f.; OLG München 6 U 5785/05, 08.02.2007, ZUM 2007, 317, 327f. *Erstinstanzlich:* LG Berlin 16 O 806/04, 27.04.2006, ZUM 2006, 942, 946.
314 Vgl. LG München 7 O 24634/07, 15.04.2010, ZUM 2010, 725, 732.

Beständigkeit einer Hardcoverausgabe zu einer höheren Lebensdauer und damit einer intensiveren Nutzung etwa durch den Verleih des Buches führe.[315] Jene Begründung für die Unterscheidung zwischen beiden Ausgaben ist aber – im Gegensatz zum Verweis auf unterschiedliche Gewinnspannen des Verwerters[316] – in der Rechtsprechung einmalig geblieben.

Im Rahmen der Entscheidung zu einer Klage eines Fotojournalisten gegen den Herausgeber einer Tageszeitung erwog das LG Stuttgart das Argument eines Sachverständigen, der ausgeführt hatte, dass in Zeiten von Digitalfotografie keine Unterscheidung zwischen Farb- und Schwarzweißfotos gemacht werden müsse, weil ein vom Urheber erstelltes Farbfoto in beiden Varianten genutzt werden könne und bei der Nutzung als Farbfoto keine Mehrkosten des Verwerters entstünden.[317] Damit wurde das Kriterium der Nutzung als Farb- oder Schwarzweißfotografie und folglich der Ausstattung des Gesamtwerks aber auch hier nicht unmittelbar relevant, sondern vielmehr als Umstand gewürdigt, der sich mittelbar auf andere Kriterien wie die Kosten des Verwerters auswirken kann. Es zeigt sich auch hier, dass der Verweis auf die Ausstattung des Werkes zumeist eine Umschreibung für Begleitumstände – wie insbesondere die Kosten des Verwerters – ist.

Soweit die Literatur sich zum Kriterium der Ausstattung des Werkes äußert, ist diesbezüglich nichts anderes zu konstatieren. *Schulze* etwa geht davon aus, dass die Ausstattung des Werkes eine Rolle bei der gerichtlichen Wertung spielen muss, so etwa in Form einer Verringerung der Beteiligung des Urhebers bei Luxusausgaben. Dies begründet er allerdings unter anderem mit den hohen Materialkosten und knüpft insofern ebenfalls nur vordergründig an die Ausstattung des Gesamtwerks an.[318]

3. *Das Ergebnis der Nutzung*

Im Normtext des § 32 Abs. 2 S. 2 UrhG nicht unmittelbar enthalten ist die Berücksichtigung des *Ergebnisses der Nutzung.* Gleichwohl spielen einige Kriterien, die eben jenes Ergebnis der Nutzung bemessen, in der bisherigen Rechtsprechung eine ganz erhebliche Rolle.

---

315 Vgl. LG München 21 O 25459/04, 30.11.2005, ZUM 2006, 164, 169.

316 Dieser Umstand veranlasste allen voran den BGH in den Übersetzerentscheidungen dazu, zwischen Taschenbuch- und Hardcoverausgaben zu unterscheiden. Diese Wertung ist hier aber dem Kriterium der *Kosten des Verwerters* zugeordnet, weil die Unterscheidung tatsächlich hieran und nicht an der Ausstattung des Werkes anknüpft; vgl. dazu unten unter III. 4.

317 Vgl. LG Stuttgart 17 O 710/06, 28.10.2008, ZUM 2009, 77, 82.

318 Vgl. *Schulze*, in: Dreier/Schulze, § 32 UrhG Rn. 69.

a) *Die zu erzielenden Einnahmen*

Das Kriterium der *zu erzielenden Einnahmen* stellt ein weiteres in den Gesetzgebungsmaterialien vorgesehenes Kriterium dar, auf das der BGH[319] und eine Vielzahl von Gerichten der Tatsacheninstanzen[320] bei ihrer Wertung explizit – und teilweise auch implizit unter Verweis auf die Umschreibungen wie die der »geringen Verkaufserwartung« und des »niedrigen Endverkaufspreises«[321] – Bezug genommen haben. Es zeigt sich damit eine im Rahmen anderer Kriterien nicht vorzufindende Geschlossenheit der Rechtsprechungspraxis.

Indes ist wiederum für die Zeitungsbranche eine vermeintlich grundsätzliche Einschränkung der Bedeutung der zu erzielenden Einnahmen durch das LG München auszumachen. Für »tagesaktuelle« Werke wie Beiträge in Tageszeitungen nahm dieses eine geringere Bedeutung der Absatzbeteiligung des Urhebers an.[322] Diese Feststellung erschließt sich indes vor dem Hintergrund, dass in jenem Fall wiederum die Rechtfertigung von Pauschalvergütungen in Frage stand. Diese sind bei kurzer Auswertungsdauer eher geeignet, eine – voraussichtlich – ausreichende Beteiligung des Urhebers an den zu erwartenden Einnahmen herbeizuführen, da die Schätzung dann weniger Unsicherheiten unterliegt. Daraus ergibt sich aber, dass das Kriterium der zu erzielenden Ein-

319 Vgl. BGH I ZR 62/14, 21.05.2015, GRUR 2016, 62, Rn. 40 – *GVR Tageszeitungen I*; BGH I ZR 39/14, 21.05.2015, GRUR 2016, 67, Rn. 16 – *GVR Tageszeitungen II*; BGH I ZR 19/09, 20.01.2011, GRUR 2011, 328, Rn. 17 – *Destructive Emotions*; BGH I ZR 38/07, 07.10.2009, BGHZ 182, 337, Rn. 54 – *Talking to Addison*; BGH I ZR 39/07, 07.10.2009, ZUM-RD 2010, 8, Rn. 54 – *Angemessene Vergütung für Übersetzer belletristischer Werke II*; BGH I ZR 40/07, 07.10.2009, ZUM-RD 2010, 62, Rn. 51 – *Angemessene Vergütung für Übersetzer belletristischer Werke III*; BGH I ZR 41/07, 07.10.2009, ZUM 2010, 255, Rn. 52 – *Angemessene Vergütung für Übersetzer belletristischer Werke IV*; BGH I ZR 230/06, 07.10.2009, ZUM-RD 2010, 16, Rn. 53 – *Angemessene Vergütung für Übersetzer von Sachbüchern*.

320 Vgl. *in zweiter Instanz:* OLG München 29 U 1728/06, 28.10.2010, GRUR 2011, 517, 517; Kammergericht 5 U 113/05, 06.03.2009, ZUM 2009, 407, 409; OLG München 29 U 5320/07, 27.11.2008, ZUM-RD 2008, 268, 273f.; OLG München 25 U 5319/07, 27.11.2008, ZUM 2009, 300, 305; OLG München 6 U 5649/05, 08.02.2007, ZUM-RD 2007, 166, 177; OLG München 6 U 5748/05, 08.02.2007, ZUM 2007, 308, 313f.; OLG München 6 U 5747/05, 08.02.2007, ZUM-RD 2007, 182, 189f.; OLG München 6 U 5785/05, 08.02.2007, ZUM 2007, 317, 326. *In erster Instanz:* LG Düsseldorf 12 O 463/14, 05.08.2016, juris Rn. 74; LG Mannheim 7 O 308/12, 02.08.2013, ZUM 2014, 155, 158f.; LG München 7 O 24634/07, 15.04.2010, ZUM 2010, 725, 729ff.; LG Stuttgart 17 O 710/06, 28.10.2008, ZUM 2009, 77, 81f.; LG Hamburg 308 O 452/07, 18.04.2008, ZUM 2008, 603, 607; LG München 21 O 25003/05, 27.09.2006, ZUM 2007, 228, 230; LG Berlin 16 O 806/04, 27.04.2006, ZUM 2006, 942, 945; LG Hamburg 308 O 793/04, 10.02.2006, ZUM 2006, 683, 686f.; LG München 7 O 25199/04, ZUM 2006, 154, 157; LG München 21 O 25459/04, 30.11.2005, ZUM 2006, 164, 169; LG München 21 O 24780/04, 30.11.2005, ZUM 2006, 159, 163; LG München 7 O 24552/04, 10.11.2005, ZUM 2006, 73, 78.

321 Vgl. zu diesen Formulierungen auch § 3 Abs. 2 Nr. 2, 7 der *Gemeinsamen Vergütungsregeln für Autoren belletristischer Werke in deutscher Sprache.*

322 Vgl. LG München 7 O 14108/11, 26.04.2012, ZUM 2012, 904, 908.

nahmen dennoch auch in diesem Rahmen eine gewichtige Rolle spielt und nur die Modalität der Beteiligung einer abweichenden Beurteilung zugänglich ist.

Das Kriterium der Einnahmen bzw. Erlöse kann gleichzeitig mehrere Arten der Nutzung erfassen, zwischen denen unter dem Oberbegriff des Umfangs der Nutzung noch differenziert werden musste. So können mit der Anknüpfung an die Erlöse des Verwerters sowohl Einnahmen aus dem Vertrieb von Werkstücken wie auch der Einräumung von Unterlizenzen erfasst werden. Vor diesem Hintergrund ist die erhebliche Bedeutung des Kriteriums der zu erzielenden Einnahmen in der Rechtsprechung durchaus nachvollziehbar.

Eine weitere Unterteilung in die Herkunft der Einnahmen erscheint demgegenüber vor allem insoweit notwendig, als auf diesem Weg unterschiedliche Beteiligungen des Urhebers für unterschiedliche Arten der Verwertung des Werkes festgelegt werden können. Dies ist wiederum anhand der Übersetzerfälle anschaulich zu machen, in denen den Urhebern eine grundsätzliche Beteiligung von 2 % (Hardcover) und 1 % (Taschenbuch) ohne Zahlung eines Seitenhonorars bzw. von 0,8 % und 0,4 % bei Zahlung eines solchen Seitenhonorars für jedes abgesetzte Werkstück zugesprochen wurde. Bei der Vergabe von Nebenrechten an andere Verwerter setzte der BGH dagegen fest, dass eine hälftige Teilung der von den sonstigen Kosten bereinigten Nettoerlöse zwischen Verlag und Übersetzer gerechtfertigt sei, sofern von der Übersetzung nicht nur untergeordnet Gebrauch gemacht wird.[323] Insofern bietet die Anknüpfung an einzelnen Kriterien des Umfangs der Nutzung eine präzisere Art der gerichtlichen Wertung. Demgegenüber bietet die Anknüpfung an der Gesamtheit aller Einnahmen des Verwerters eine einfacher zu handhabende Bemessung der erzielten bzw. zu erzielenden Vorteile und damit einer Bezugsgröße, an der der Urheber beteiligt werden kann. Diese Herangehensweise ähnelt im Übrigen der Ermittlung der *Erträge und Vorteile des Verwerters aus der Nutzung eines Werkes* gemäß § 32a Abs. 1 S. 1 UrhG, mit denen ebenfalls die Bezugsgröße umschrieben ist, aus der die Vergütung des Urhebers bezogen wird.

In diesem Zusammenhang bleibt noch ein weiterer allgemeiner Aspekt zu bemerken. So ist mit der Bezugsgröße wiederum ein anderer Vergütungsparameter beschrieben als im Rahmen der bisherigen Kriterien. Während etwa das Kriterium der Dauer der Nutzung vor allem für den Parameter der *Vergütungsmodalität* relevant ist[324], sind die im Rahmen der Ergebnisse der Nutzung beschriebenen Kriterien vor allem für den Parameter der *Bezugsgröße* relevant, der die Quelle beschreibt, aus der sich die Vergütung letztlich berechnen lässt. Sowohl die pauschale Vergütung als auch die prozentuale Beteiligung eines Urhebers beziehen sich nämlich letztlich auf die Vorteile des Verwerters aus der

323 Vgl. zu all dem BGH I ZR 38/07, 07.10.2009, BGHZ 182, 337, Rn. 42 ff. – *Talking to Addison.*
324 Vgl. oben unter 1. c).

Nutzung des Werkes in Form der erzielten bzw. zu erzielenden Einnahmen. Neben die beiden genannten Parameter einer Vergütung tritt in diesem Zusammenhang noch die *Vergütungshöhe* – der Pauschalvergütung oder Beteiligung – als dritter grundlegender Parameter einer jeden Vergütung. Auf diese beziehen sich dann wiederum andere Kriterien der hiesigen Typisierung. Eine stärkere Differenzierung zwischen jenen drei Vergütungsparametern ist für eine Qualifizierung der Redlichkeit ebenfalls angebracht.

b) Der Beitrag des Urhebers zum Erfolg des (Gesamt-)Werks

Der BGH berücksichtigte in seinen Übersetzerentscheidungen darüber hinaus durchgehend den *Beitrag des Urhebers am kommerziellen Erfolg des Gesamtwerks* als zentrales Kriterium seiner Wertung. Die Beteiligung des Übersetzers an den Erlösen aus Nebenrechten etwa soll hiernach nämlich nur dann und insoweit bestehen, als die Übersetzung im Rahmen der Verwertung auch tatsächlich genutzt wird, was nach dem BGH in Bezug auf die Übersetzung etwa bei Merchandise-Artikeln oder einer Verfilmung typischerweise nur in geringerem Maße der Fall ist.[325] Eine Beteiligung am Erfolg von Nutzungen, die von der Leistung des Urhebers keinen Gebrauch machen, ist nach dieser Wertung also nicht gerechtfertigt.

Darüber hinaus nutzte der BGH bei der Festlegung einer angemessenen Beteiligung der Übersetzer am Nettoladenverkaufspreis der Bücher an zentraler Stelle das ähnliche Kriterium der *schöpferischen Bedeutung der Leistung des Urhebers* für den Absatz, indem er die Bedeutung der Leistung des Übersetzers für den Absatzes eines Buches mit der des Autors des Originaltextes verglich.[326] Auch hiermit setzte der BGH die Leistung des Urhebers mit dem Ergebnis der Nutzung in Bezug und versuchte so einen bestimmten Anteil des Urhebers am Erfolg des Werkes zu bestimmen. Beide Kriterien weisen somit wesentliche Gemeinsamkeiten auf, obwohl ihre Formulierung die Perspektive einerseits auf das Ergebnis der Nutzung, andererseits aber auf das Werk als solches richtet. Letztlich geht es bei all dem also um die Bemessung der Vergütungshöhe – als drittem Vergütungsparameter – in Form eines Anteils an der durch die Erlöse des Verwerters bezifferten Bezugsgröße.

325 Vgl. BGH I ZR 19/09, 20.01.2011, GRUR 2011, 328, Rn. 35ff. – *Destructive Emotions*; BGH I ZR 38/07, 07.10.2009, BGHZ 182, 337, Rn. 47 – *Talking to Addison*; BGH I ZR 39/07, 07.10.2009, ZUM-RD 2010, 8, Rn. 47 – *Angemessene Vergütung für Übersetzer belletristischer Werke II*; BGH I ZR 40/07, 07.10.2009, ZUM-RD 2010, 62, Rn. 44 – *Angemessene Vergütung für Übersetzer belletristischer Werke III*; BGH I ZR 41/07, 07.10.2009, ZUM 2010, 255, Rn. 45 – *Angemessene Vergütung für Übersetzer belletristischer Werke IV*; BGH I ZR 230/06, 07.10.2009, ZUM-RD 2010, 16, Rn. 46 – *Angemessene Vergütung für Übersetzer von Sachbüchern.*

326 Vgl. dazu sogleich unter IV. 1.

Dem Kriterium des Beitrags des Urhebers am Erfolg des Gesamtwerks entsprechen abermals viele Entscheidungen von Gerichten der Tatsacheninstanzen.[327] Nach einer Entscheidung des LG Berlin ist der Blick des Gerichts dabei aber auf den Beitrag des Urhebers am kommerziellen Erfolg des Werks beschränkt und darf keinen Vergleich der sich aus den einzelnen Beiträgen mehrerer Urheber ergebenden unterschiedlichen Vergütungen beinhalten.[328] Anderer Ansicht war in dieser Hinsicht das LG Hamburg, das es als Notwendigkeit ansah, die Relation der verschiedenen Vergütungen zu wahren.[329]

Im Ergebnis stellt sich die Bemessung des Beitrages eines Urhebers am Erfolg des (Gesamt-)Werks als eines der wenigen Kriterien dar, denen in der Rechtsprechung praktisch durchweg Bedeutung zugemessen wurde. Dies erfolgte insbesondere dort, wo die Höhe der Beteiligung – etwa in Form eines bestimmten Prozentsatzes – eines Urhebers am kommerziellen Erfolg in Frage steht. Es geht damit letztlich um die Bemessung der Vergütungshöhe, die der Bemessung einer Bezugsgröße im Rahmen der erzielten Einnahmen nachfolgt und diese ergänzt. Dieses Vorgehen und die damit verbundene Bemessung des Anteils des Urhebers am Erfolg des Gesamtwerks als entscheidender Schritt der gerichtlichen Wertung findet im Übrigen auch in der Literatur Fürsprecher[330] und in den Gesetzgebungsmaterialien Rückhalt[331].

c) Die wirtschaftliche Bedeutung und der wirtschaftliche Wert der Nutzung

Der BGH bezog sich in der Vergangenheit ebenfalls wiederholt auf das Kriterium der *wirtschaftlichen Bedeutung eines Werkes*, so insbesondere im Hinblick auf die regelmäßig geringere Bedeutung von Übersetzungen für die Kaufentscheidung der Leser eines Werkes.[332] Dem Kriterium schloss sich im Übrigen auch das

327 Vgl. *in der Berufungsinstanz:* Kammergericht 5 U 113/05, 06.03.2009, ZUM 2009, 407, 411; OLG München 6 U 5649/05, 08.02.2007, ZUM-RD 2007, 166, 176 sowie 181; OLG München 6 U 5748/05, 08.02.2007, ZUM 2007, 308, 316f.; OLG München 6 U 5747/05, 08.02.2007, ZUM-RD 2007, 182, 193; OLG München 6 U 5785/05, 08.02.2007, ZUM 2007, 317, 329; OLG München 29 U 1728/06, 14.12.2006, ZUM 2007, 142, 149f. *In der Ausgangsinstanz:* LG München 7 O 24634/07, 15.04.2010, ZUM 2010, 725, 730; LG Hamburg 308 O 452/07, 18.04.2008, ZUM 2008, 603, 606; LG München 7 O 25258/05, 12.07.2007, ZUM-RD 2007, 550, 555; LG München 21 O 25003/05, 27.09.2006, ZUM 2007, 228, 230; LG München 7 O 25199/04, 15.12.2005, ZUM 2006, 154, 157f.; LG München 21 O 25459/04, 30.11.2005, ZUM 2006, 164, 168; LG München 21 O 24780/04, 30.11.2005, ZUM 2006, 159, 162; LG München 7 O 24552/04, 10.11.2005, ZUM 2006, 73, 77.

328 Vgl. LG Berlin 16 O 806/04, 27.04.2006, ZUM 2006, 942, 946.

329 Vgl. LG Hamburg 308 O 793/04, 10.02.2006, ZUM 2006, 683, 686.

330 Vgl. *Tolkmitt*, in: Büscher u.a., Festschrift Bornkamm, 991, 1003f.

331 Vgl. oben unter § 2 B. I.

332 Vgl. BGH I ZR 19/09, 07.04.2011, ZUM 2011, 735, Rn. 8 – *Seitenhonorar*; BGH I ZR 19/09, 20.01.2011, GRUR 2011, 328, Rn. 22 – *Destructive Emotions*; BGH I ZR 38/07, 07.10.2009, BGHZ 182, 337, Rn. 41f. – *Talking to Addison*; BGH I ZR 39/07, 07.10.2009, ZUM-RD 2010, 8, Rn. 41 – *Angemessene Vergütung für Übersetzer belletristischer Werke II*; BGH I ZR 40/

Bundesverfassungsgericht in einem eine Verfassungsbeschwerde betreffenden Nichtannahmebeschluss explizit an, wobei hierbei der Terminus des *wirtschaftlichen Werts der Nutzung* gebraucht wurde.[333]

Das Kriterium erscheint indes in erster Linie eine Umschreibung für andere, konkretere Anknüpfungspunkte zu sein. Letztlich bleibt nämlich unklar, wie der wirtschaftliche Wert oder die wirtschaftliche Bedeutung eines Werkes zu bemessen ist, ohne auf andere Anknüpfungspunkte wie etwa den Beitrag des Urhebers zum Erfolg des Gesamtwerks oder die Zahl der abgesetzten Werkstücke zurückzugreifen. Ausführungen hierzu fehlen jedenfalls in den Entscheidungen des BGH.

Auch an dieser Stelle lassen sich diverse Entscheidungen der unterinstanzlichen Gerichte auffinden, die ebenfalls abstrakt an der wirtschaftlichen Bedeutung des Werkes für die Nutzungshandlungen des Verwerters anknüpften.[334] Auch hierbei bleibt die konkrete Bedeutung des Kriteriums aber unklar.

d) *Mittelbare Vorteile einer Partei aus der Nutzung*

Eine weitere Form der Bemessung von Vorteilen aus der Nutzung eines Werkes besteht in *mittelbaren, nicht-monetären Vorteilen* einer der Vertragsparteien. Allerdings ist dieser Aspekt in der bisherigen Rechtsprechung nur sehr vereinzelt relevant geworden.

So urteilte etwa das OLG Köln, dass die unentgeltliche Rechteeinräumung an Lichtbildern und Werbematerialien in den AGB von Amazon unter anderem deswegen nicht gegen das Leitbild des § 32 UrhG verstoße, weil der betreffende Nutzer des ›Amazon Marketplace‹ gleichzeitig unentgeltlichen Zugriff auf die Materialien anderer Nutzer bekommt.[335] Einige wenige Entscheidungen zu § 32a UrhG und Konstellationen aus der Designbranche befassen sich ebenso mit nicht-monetären Vorteilen aus der Nutzung eines Werkes.[336]

Die Einbeziehung nicht-monetärer Vorteile in die gerichtliche Wertung findet

07, 07.10.2009, ZUM-RD 2010, 62, Rn. 38 – *Angemessene Vergütung für Übersetzer belletristischer Werke III*; BGH I ZR 41/07, 07.10.2009, ZUM 2010, 255, Rn. 39 – *Angemessene Vergütung für Übersetzer belletristischer Werke IV*; BGH I ZR 230/06, 07.10.2009, ZUM-RD 2010, 16, Rn. 40 – *Angemessene Vergütung für Übersetzer von Sachbüchern.*

333 Vgl. BVerfG 1 BvR 1268/09, 27.01.2011, ZUM 2011, 396, Rn. 10.

334 Vgl. *in der zweiten Instanz:* Kammergericht 5 U 113/05, 06.03.2009, ZUM 2009, 407, 410; OLG München 6 U 5649/05, 08.02.2007, ZUM-RD 2007, 166, 179. *In der ersten Instanz:* LG Düsseldorf 12 O 463/14, 05.08.2016, juris Rn. 74; LG Berlin 16 O 806/04, 27.04.2006, ZUM 2006, 942, 947.

335 Vgl. OLG Köln 6 U 51/14, 19.12.2014, GRUR 2015, 880, Rn. 25ff.

336 Vgl. in diesem Zusammenhang die zu § 32a UrhG ergangene und die Wirkung eines Firmenlogos auf den Umsatz einer Firma betreffende Entscheidung OLG Naumburg 10 U 7/04, 07.04.2005, ZUM 2005, 759, 761; grundsätzlich ähnlich, aber eher auf die unmittelbare Beförderung des Absatzes von Sportartikeln durch ein Logo bezogen LG München 37 O 9869/13, 06.11.2013, ZUM-RD 2015, 204, 206.

auch in der Literatur teilweise Zustimmung.[337] *Berger* verweist in diesem Zusammenhang insbesondere auf Newcomer unter den Urhebern, die sich durch die Vereinbarung eines geringeren Entgelts den Marktzutritt und Bekanntheit verschaffen können.[338] Letztlich erscheint die Berücksichtigung solcher Vorteile einer der beiden Parteien vor dem Hintergrund der umfassenden gerichtlichen Wertung nur folgerichtig zu sein.

II. Personenbezogene Kriterien

1. *Das Tragen des wirtschaftlichen Risikos*

Das Kriterium der *Risikotragung*, das sich gleichfalls bereits in den Gesetzgebungsmaterialien fand, ist in der hiesigen Typisierung den personenbezogenen Kriterien zuzuordnen, kann aber, da sowohl der Urheber als auch der Verwerter das ganze oder einen Teil des wirtschaftlichen Risikos der Verwertung übernehmen können, nicht exklusiv einer Person zugeordnet werden.

Das Kriterium wurde vom BGH zum Teil rein abstrakt als Kriterium der gerichtlichen Wertung angeführt.[339] Konkret wirkte es sich aber wiederum in den Übersetzerentscheidungen in Form einer Verringerung der prozentualen Beteiligung der Übersetzer am Absatz der Werke und einer Berechnung erst ab dem 5000. Exemplar aus, wenn sie vorher bereits ein garantiertes Seitenhonorar erhalten hatten. Dies begründete der BGH damit, dass der Verlag dem Übersetzer in dieser Konstellation einen Teil des wirtschaftlichen Risikos abnimmt.[340]

Die Übernahme des wirtschaftlichen Risikos durch eine Partei – etwa im Rahmen der Zahlung von Pauschalvergütungen – wurde auch in einer großen Anzahl erst- und zweitinstanzlicher Entscheidungen als relevant für die gerichtliche Wertung angesehen.[341] Die Übernahme des wirtschaftlichen Risikos

337 Vgl. *Kotthoff*, in: HK-UrhR, § 32 UrhG Rn. 32.

338 Vgl. *Berger*, in: Berger/Wündisch, Urhebervertragsrecht, § 2 Rn. 97.

339 Vgl. BGH I ZR 62/14, 21.05.2015, GRUR 2016, 62, Rn. 40 – *GVR Tageszeitungen I*; BGH I ZR 39/14, 21.05.2015, GRUR 2016, 67, Rn. 16 – *GVR Tageszeitungen II*.

340 Vgl. BGH I ZR 19/09, 20.01.2011, GRUR 2011, 328, Rn. 25 – *Destructive Emotions*; BGH I ZR 38/07, 07.10.2009, BGHZ 182, 337, Rn. 50 sowie 52 – *Talking to Addison*; BGH I ZR 39/07, 07.10.2009, ZUM-RD 2010, 8, Rn. 50 – *Angemessene Vergütung für Übersetzer belletristischer Werke II*; BGH I ZR 40/07, 07.10.2009, ZUM-RD 2010, 62, Rn. 47 – *Angemessene Vergütung für Übersetzer belletristischer Werke III*; BGH I ZR 41/07, 07.10.2009, ZUM 2010, 255, Rn. 48 – *Angemessene Vergütung für Übersetzer belletristischer Werke IV*; BGH I ZR 230/06, 07.10.2009, ZUM-RD 2010, 16, Rn. 49 – *Angemessene Vergütung für Übersetzer von Sachbüchern*.

341 Vgl. *in der Berufungsinstanz:* OLG Karlsruhe 6 U 115/13, 11.02.2015, ZUM 2015, 504, 509; OLG München 29 U 1728/06, 28.10.2010, GRUR 2011, 517, 517; Kammergericht 5 U 113/05, 06.03.2009, ZUM 2009, 407, 409 sowie 411; OLG München 29 U 5320/07, 27.11.2008, ZUM-RD 2008, 268, 276; OLG München 25 U 5319/07, 27.11.2008, ZUM 2009, 300, 305; OLG München 6 U 5649/05, 08.02.2007, ZUM-RD 2007, 166, 176; OLG München 6 U 5748/

führt hiernach dazu, dass der betreffenden Partei ein höherer Anteil am wirtschaftlichen Erfolg eines Werkes zusteht, weil hierzu die Übernahme jenes Risikos unabdingbar ist. Letztlich stellt sich das wirtschaftliche Risiko damit als eines der wenigen praktisch unstrittigen Kriterien der Rechtsprechungspraxis dar.

2. *Die Person des Verwerters betreffende Kriterien*

Im Gegensatz zur Tragung des wirtschaftlichen Risikos bedient sich die Rechtsprechung auch diverser Kriterien, die sich nur auf eine der beiden Parteien des Nutzungsvertrags beziehen lassen. Dies sind zunächst diverse Kriterien, die sich ausschließlich auf die *Person des Verwerters* beziehen.

a) *Die Struktur und die Größe des Verwerters*

Das – an § 36 Abs. 1 S. 2 UrhG angelehnte – Kriterium der *Struktur und Größe des Verwerters* ist ebenfalls bereits in den Gesetzgebungsmaterialien angelegt gewesen[342] und daraufhin Teil der vom BGH[343] und Gerichten der Tatsacheninstanzen[344] oftmals wiedergegebenen Liste von beispielhaften Kriterien geworden. Weitergehend ist das Kriterium allerdings nur vereinzelt behandelt worden.

Konkret wurden die Größe des Verwerters und der damit einhergehende Grad der wirtschaftlichen Leistungsfähigkeit nur in einem Fall vor dem LG Düsseldorf gewürdigt. Die entscheidende Kammer nahm – im Falle eines Fotojournalisten einer Anzeigenzeitung – einen pauschalen 15-prozentigen Abschlag von den

05, 08.02.2007, ZUM 2007, 308, 313; OLG München 6 U 5747/05, 08.02.2007, ZUM-RD 2007, 182, 193; OLG München 6 U 5785/05, 08.02.2007, ZUM 2007, 317, 329; OLG München 29 U 1728/06, 14.12.2006, ZUM 2007, 142, 147. *In der Ausgangsinstanz:* LG Mannheim 7 O 308/12, 02.08.2013, ZUM 2014, 155, 158f.; LG München 7 O 24634/07, 15.04.2010, ZUM 2010, 725, 730f.; LG Stuttgart 17 O 710/06, 28.10.2008, ZUM 2009, 77, 81f.; LG München 21 O 25003/05, 27.09.2006, ZUM 2007, 228, 230; LG Berlin 16 O 806/04, 27.04.2006, ZUM 2006, 942, 945; LG Hamburg 308 O 793/04, 10.02.2006, ZUM 2006, 683, 687; LG München 7 O 25199/04, 15.12.2005, ZUM 2006, 154, 157; LG München 21 O 25459/04, 30.11.2005, ZUM 2006, 164, 168; LG München 21 O 24780/04, 30.11.2005, ZUM 2006, 159, 162; LG München 7 O 24552/04, 10.11.2005, ZUM 2006, 73, 78; LG Berlin 16 O 804/04, 25.10.2005, ZUM 2005, 901, 903; LG Berlin 16 O 795/04, 27.09.2005, ZUM 2005, 904, 906.

342 Vgl. dazu oben unter § 2 B. II.

343 Vgl. BGH I ZR 38/07, 07.10.2009, BGHZ 182, 337, Rn. 54 – *Talking to Addison*; BGH I ZR 39/07, 07.10.2009, ZUM-RD 2010, 8, Rn. 54 – *Angemessene Vergütung für Übersetzer belletristischer Werke II*; BGH I ZR 40/07, 07.10.2009, ZUM-RD 2010, 62, Rn. 51 – *Angemessene Vergütung für Übersetzer belletristischer Werke III*; BGH I ZR 41/07, 07.10.2009, ZUM 2010, 255, Rn. 52 – *Angemessene Vergütung für Übersetzer belletristischer Werke IV*; BGH I ZR 230/06, 07.10.2009, ZUM-RD 2010, 16, Rn. 53 – *Angemessene Vergütung für Übersetzer von Sachbüchern.*

344 Vgl. *in zweiter Instanz:* OLG München 29 U 1728/06, 28.10.2010, GRUR 2011, 517, 517. *In erster Instanz:* LG München 7 O 24634/07, 15.04.2010, ZUM 2010, 725, 730f.

anhand nicht-unmittelbar anwendbarer gemeinsamer Vergütungsregeln ermittelten Vergütungssätzen vor und begründete dies unter anderem mit der im Vergleich zu vielen Tageszeitungen geringeren Größe des Verlagshauses der beklagten Anzeigenzeitung.[345] Zum Tragen kommt das Kriterium der Struktur und Größe des Verwerters ebenfalls in § 3 Abs. 2 Nr. 1 sowie § 6 Abs. 2 der *Gemeinsamen Vergütungsregeln für Autoren belletristischer Werke in deutscher Sprache.* Kleine und mittlere Verlage können hiernach einerseits eine geringere Absatzbeteiligung vereinbaren und von der Pflicht zur Zahlung eines Vorschusses an den Autor befreit werden.

In der Literatur sind dagegen vereinzelt Stimmen gegen die Berücksichtigung der Größe des Verwerters zu vernehmen, weil dieses Kriterium keinen Bezug zu zum Werk und dessen Erschaffung aufweist.[346] Ohnehin wird sich aber insbesondere die Größe des Verwerters schon in anderen Kriterien widerspiegeln, so etwa in der Zahl der hergestellten Werkstücke oder der zu erzielenden Einnahmen. Dann kann die Struktur und Größe des Verwerters letztlich nur zur Erhöhung oder Senkung der Höhe der Beteiligung des Urhebers und damit einer Anpassung des Parameters der Vergütungshöhe führen. In diesem Zusammenhang ist die Bedeutung des Kriteriums aber bis dato als sehr beschränkt einzuschätzen.

b) Die wirtschaftliche Situation des Verwerters

Die Berücksichtigung der allgemeinen *wirtschaftlichen Situation des Verwerters* wurde vom BGH in den Übersetzerentscheidungen weitestgehend skeptisch beurteilt. Zwar betonte der zuständige 1. Zivilsenat, dass die wirtschaftliche Situation der Verlage in Deutschland in die Berechnung der Absatzvergütung als Teil der ›Übersetzertarife‹ implizit eingeflossen sei, in den konkret zu entscheidenden Fällen wurde aber eine weitergehende Berücksichtigung der wirtschaftlichen Situation der Verlage als Kriterium der gerichtlichen Wertung durchweg abgelehnt.[347]

Demgegenüber war etwa das Kammergericht vor den Entscheidungen des BGH dem Argument aufgeschlossen, dass deutsche Verlage allgemein in einer

345 Vgl. LG Düsseldorf 12 O 463/14, 05.08.2016, juris Rn. 74.

346 Vgl. *Berger*, in: Berger/Wündisch, Urhebervertragsrecht, § 2 Rn. 108.

347 Vgl. BGH I ZR 19/09, 20.01.2011, GRUR 2011, 328, Rn. 43, 52f. – *Destructive Emotions*; BGH I ZR 20/09, 20.01.2011, ZUM 2011, 403, Rn. 28f. – *Angemessene Übersetzervergütung IV*; BGH I ZR 38/07, 07.10.2009, BGHZ 182, 337, Rn. 29 – *Talking to Addison*; BGH I ZR 39/07, 07.10.2009, ZUM-RD 2010, 8, Rn. 26 – *Angemessene Vergütung für Übersetzer belletristischer Werke II*; BGH I ZR 40/07, 07.10.2009, ZUM-RD 2010, 62, Rn. 27 – *Angemessene Vergütung für Übersetzer belletristischer Werke III*; BGH I ZR 41/07, 07.10.2009, ZUM 2010, 255, Rn. 28 – *Angemessene Vergütung für Übersetzer belletristischer Werke IV*; BGH I ZR 230/06, 07.10.2009, ZUM-RD 2010, 16, Rn. 28 – *Angemessene Vergütung für Übersetzer von Sachbüchern.*

schwierigen Situation seien und daher einem Übersetzer kein hohes Seitenhonorar zahlen könnten.[348] Ähnliches gilt auch für die Argumentation eines vor dem LG München beklagten Verlages, der sich nach eigenen Angaben in einer schwierigen wirtschaftlichen Situation befand, was vom Gericht zumindest grundsätzlich gewürdigt wurde.[349] Der Berücksichtigung der wirtschaftlichen Situation des Verwerters bei der gerichtlichen Wertung schließen sich zudem auch Teile der Literatur an.[350]

Das LG Hamburg dagegen betonte in zwei Entscheidungen, dass die wirtschaftliche Situation des Verwerters grundsätzlich außer Betracht bleiben müsse, unter anderem weil diese nicht mit der konkreten Werknutzung in Beziehung stehe und außerdem von Gerichten nicht sinnvoll überprüft werden könne.[351] Ähnlich werten andere Teile der Literatur.[352]

Die wirtschaftliche Situation des Verwerters ist damit eines jener Kriterien, bei denen sich in der Rechtsprechungspraxis ein uneinheitliches Bild abzeichnet. Letztlich ist – nicht zuletzt nach den Entscheidungen des BGH – hinsichtlich der Berücksichtigung Zurückhaltung geboten. Es fragt sich in diesem Zusammenhang insbesondere, inwieweit sich das Kriterium der allgemeinen wirtschaftlichen Situation des Verwerters unabhängig von einer werkbezogenen Berechnung anhand Kriterien wie den zu erzielenden Einnahmen oder den abgesetzten Werkstücken in die auf den Einzelfall bezogene gerichtlichen Wertung einfügen kann.

c) Die Möglichkeit des Verwerters zur Quersubventionierung

Die *Möglichkeit des Verwerters zur Quersubventionierung*, d.h. der Finanzierung weniger einträglicher Werke durch die zusätzlichen Einnahmen aus erfolgreichen Werken, wurde ebenfalls bereits in den Gesetzgebungsmaterialien für zulässig gehalten.[353] Der Unterschied zu dem schaffensbezogenen Kriterium der Kosten des Verwerters[354] besteht darin, dass die bei der Quersubventionierung beachteten Kosten aus dem Vertrieb anderer Werke stammen.

Der BGH bezog die Möglichkeit der Quersubventionierung in den Übersetzerfällen insofern mit in seine Wertung ein, als er im Rahmen erfolgreicher Werke eine progressive, mit den Absatzzahlen steigende Vergütung ebenso wie

348 Vgl. Kammergericht 5 U 113/05, 06.03.2009, ZUM 2009, 407, 410.

349 Vgl. LG München 7 O 24634/07, 15.04.2010, ZUM 2010, 725, 732.

350 Vgl. *Kotthoff*, in: HK-UrhR, § 32 UrhG Rn. 31.

351 Vgl. LG Hamburg 308 O 450/07, 18.04.2008, ZUM 2008, 608, 612; LG Hamburg 308 O 452/07, 18.04.2008, ZUM 2008, 603, 606.

352 Vgl. unter dem Gesichtspunkt der allgemeinen Unerheblichkeit rein subjektiver Umstände *Schricker/Haedicke*, in: Schricker/Loewenheim, § 32 UrhG Rn. 31.

353 Vgl. Beschlussempfehlung und Bericht des Rechtsausschusses, BTDrucks 14/8058, 18.

354 Vgl. dazu sogleich unter III. 4.

eine nicht-progressive, aber erhöhte Durchschnittsvergütung der Übersetzer verwarf und darauf verwies, dass die zusätzlichen Einnahmen des Verlages aus höheren Absätzen diesem zur Finanzierung weniger erfolgreicher Werke zur Verfügung stehen sollten.[355]

Unterinstanzliche Gerichte berücksichtigten die Möglichkeit des Verwerters zur Quersubventionierung zum Teil ebenfalls als Kriterium ihrer gerichtlichen Wertung im Rahmen der Redlichkeit.[356] Einzig das LG München und das LG Hamburg gingen vor den Urteilen des BGH von dem Grundsatz aus, dass eine Quersubventionierung nur zwischen Werken desselben Urhebers oder aber gar nicht zulässig sei.[357]

Nach jenen Entscheidungen des BGH und vor allem den Ausführungen in den Gesetzgebungsmaterialien muss der Quersubventionierung aber wohl im Grundsatz eine Rolle bei der gerichtlichen Wertung in der Buchbranche – in der die Quersubventionierung gängig ist – zugesprochen werden. Inwieweit sich daraus aber eine generelle Regel entnehmen lassen kann, bleibt hiernach unklar.

d) Die Verfahrensvereinfachung durch Pauschalhonorare

Bisweilen hat die Rechtsprechung der Instanzgerichte bei der gerichtlichen Wertung auch den Umstand berücksichtigt, dass Pauschalhonorare das Verfahren zwischen den beiden Parteien nach dem Vertragsschluss erheblich vereinfachen.[358] Dieser Umstand spricht in erster Linie für eine Erhöhung des Pauschalhonorars, da insbesondere der Verwerter von gewissen Auskunfts- und Abrechnungspflichten entbunden wird, die bei einer laufenden Beteiligung

---

355 Vgl. BGH I ZR 19/09, 20.01.2011, GRUR 2011, 328, Rn. 24 – *Destructive Emotions*; BGH I ZR 38/07, 07.10.2009, BGHZ 182, 337, Rn. 43 – *Talking to Addison*; BGH I ZR 39/07, 07.10.2009, ZUM-RD 2010, 8, Rn. 43 – *Angemessene Vergütung für Übersetzer belletristischer Werke II*; BGH I ZR 40/07, 07.10.2009, ZUM-RD 2010, 62, Rn. 40 – *Angemessene Vergütung für Übersetzer belletristischer Werke III*; BGH I ZR 41/07, 07.10.2009, ZUM 2010, 255, Rn. 41 – *Angemessene Vergütung für Übersetzer belletristischer Werke IV*; BGH I ZR 230/06, 07.10.2009, ZUM-RD 2010, 16, Rn. 42 – *Angemessene Vergütung für Übersetzer von Sachbüchern.*

356 Vgl. Kammergericht 5 U 113/05, 06.03.2009, ZUM 2009, 407, 410; OLG München 6 U 5649/05, 08.02.2007, ZUM-RD 2007, 166, 180; OLG München 6 U 5748/05, 08.02.2007, ZUM 2007, 308, 316; OLG München 6 U 5747/05, 08.02.2007, ZUM-RD 2007, 182, 192; OLG München 6 U 5785/05, 08.02.2007, ZUM 2007, 317, 328.

357 Vgl. LG München 7 O 17694/08, 07.05.2009, ZUM 2009, 794, 802; für § 32a UrhG LG Hamburg 308 O 450/07, 18.04.2008, ZUM 2008, 608, 612; beachte aber auch die entgegengesetzten Ausführungen vom selben Tag für § 32 UrhG in LG Hamburg 308 O 452/07, 18.04.2008, ZUM 2008, 603, 607.

358 Vgl. OLG Karlsruhe 6 U 115/13, 11.02.2015, ZUM 2015, 504, 509; OLG München 6 U 5649/05, 08.02.2007, ZUM-RD 2007, 166, 176; OLG München 6 U 5748/05, 08.02.2007, ZUM 2007, 308, 313; OLG München 6 U 5747/05, 08.02.2007, ZUM-RD 2007, 182, 189; OLG München 6 U 5785/05, 08.02.2007, ZUM 2007, 317, 325.

entstehen würden. In diesem Zusammenhang wirkt sich die *Verfahrensvereinfachung* also auf den Parameter der Vergütungshöhe aus.

Andererseits kann die Verfahrensvereinfachung bei einer Vielzahl von Urhebern aber auch erst zur Rechtfertigung eines Pauschalhonorars beitragen und so den Parameter der Vergütungsmodalität beeinflussen. Indes wurde der Aufwand des Verwerters bei der Abrechnung ohne eine solche Vielzahl von Urhebern in zwei Entscheidungen Münchener Gerichte nicht als rechtfertigendes Argument für ein Pauschalhonorar anerkannt.[359]

3. *Die Person des Urhebers betreffende Kriterien*

Auf der anderen Seite des Vertragsverhältnisses berücksichtigt die Rechtsprechung entsprechend auch Kriterien mit ausschließlichem Bezug auf die *Person des Urhebers.*

a) *Die Bekanntheit und Erfahrung des Urhebers*

In den Übersetzerentscheidungen führte der BGH – in Anlehnung an § 3 Abs. 2 Nr. 3 der *Gemeinsamen Vergütungsregeln für Autoren belletristischer Werke in deutscher Sprache* – beispielhaft das Kriterium des *Vorliegens eines Erstlingswerkes* an.[360] Unter Berücksichtigung des nutzungs- und erfolgsbezogenen Blickwinkels des BGH ist damit in erster Linie an die Bedeutung des Namens des Autors für die Kaufentscheidung der Leser und damit an die Person des Urhebers angeknüpft.[361] Jenes Kriterium wurde zudem von manchen unterinstanzlichen Gerichten zustimmend aufgenommen.[362] Auch manche Stimmen in der Literatur befürworten die Einbeziehung einer derartigen Anknüpfung – insbesondere an der *Bekanntheit des Urhebers* –, weil sie für den Absatz des Werkes relevant sei.[363] Es zeigen sich hier im Übrigen Parallelen zum Kriterium des Anteils des Urhebers am Erfolg des Werkes.

Ein Bedürfnis der Anpassung einer Vergütung bei Vorliegen eines Erst-

---

359 Vgl. *zweitinstanzlich:* OLG München 29 U 1728/06, 14.12.2006, ZUM 2007, 142, 146. *Erstinstanzlich:* LG München 7 O 24634/07, 15.04.2010, ZUM 2010, 725, 732.

360 Vgl. BGH I ZR 38/07, 07.10.2009, BGHZ 182, 337, Rn. 54 – *Talking to Addison*; BGH I ZR 39/07, 07.10.2009, ZUM-RD 2010, 8, Rn. 54 – *Angemessene Vergütung für Übersetzer belletristischer Werke II*; BGH I ZR 40/07, 07.10.2009, ZUM-RD 2010, 62, Rn. 51 – *Angemessene Vergütung für Übersetzer belletristischer Werke III*; BGH I ZR 41/07, 07.10.2009, ZUM 2010, 255, Rn. 52 – *Angemessene Vergütung für Übersetzer belletristischer Werke IV*; BGH I ZR 230/06, 07.10.2009, ZUM-RD 2010, 16, Rn. 53 – *Angemessene Vergütung für Übersetzer von Sachbüchern.*

361 Den Zusammenhang zwischen der Bekanntheit des Urhebers und dem Erfolg des Werkes stellt auch her *Czychowski*, in: Fromm/Nordemann, § 32 UrhG Rn. 39.

362 Vgl. *in zweiter Instanz:* OLG München 29 U 1728/06, 28.10.2010, GRUR 2011, 517, 517; *in erster Instanz:* LG München 7 O 24634/07, 15.04.2010, ZUM 2010, 725, 730f.

363 Vgl. *Kotthoff*, in: HK-UrhR, § 32 UrhG Rn. 32; *v. Becker*, in: Loewenheim, Handbuch des Urheberrechts, § 29 Rn. 39.

lingswerks besteht darüber hinaus auch in der Film- und Fernsehbranche. Die *Gemeinsame Vergütungsregelung zwischen Verband Deutscher Drehbuchautoren e.V. und ProSiebenSat.1 TV Deutschland GmbH* sehen unter B. II. eine Reduktion des Mindesthonorars bei erstmaliger Beauftragung eines Drehbuchautors sowie einen Ausschluss von Mindesthonoraren bei Diplomprojekten vor. Eine ähnliche Regelung findet sich auch unter B. der *Gemeinsamen Vergütungsregelung zwischen BVR – Bundesverband der Film- und Fernsehregisseure in Deutschland e.V. und ProSiebenSat.1 TV Deutschland GmbH* für die Beauftragung von Regisseuren, unter B. der *Gemeinsamen Vergütungsregelung zwischen Bundesverband der Film- und Fernsehschauspieler e.V. (BFFS) und ProSiebenSat.1 TV Deutschland GmbH* für Verträge mit Schauspielern sowie unter C. I. 1.1.2 der *Gemeinsamen Vergütungsregelung zwischen BVK – Berufsverband Kinematografie e.V. und ProSiebenSat.1 TV Deutschland GmbH* für Verträge mit Kameraleuten. Hiermit ist aber nicht ausschließlich an die Bekanntheit der betreffenden Urheber angeknüpft, sondern insbesondere an deren *Erfahrung*. Jenes Kriterium scheint sich – bei Nichtvorliegen – im Gegensatz zum Kriterium der Bekanntheit des Urhebers in erster Linie vergütungsmindernd auszuwirken. Gleichwohl weisen beide Kriterien eine ähnliche Stoßrichtung auf.

b) Die Möglichkeit der Durchsetzung einer zusätzlichen Vergütung

Ein weiterer, auf die Person des Urhebers bezogener Anknüpfungspunkt, wurde von Seiten einiger beklagter Verwerter als Argument für die Angemessenheit einer Pauschalvergütung vorgebracht.

Die Möglichkeit des Urhebers, über *§ 32a UrhG eine zusätzliche Vergütung durchzusetzen*, wurde als Kriterium der gerichtlichen Wertung vom BGH indes explizit verworfen. Die Übersetzerentscheidungen thematisierten das Kriterium im Rahmen der Ausführungen zur Dauer der Nutzung. Die Unangemessenheit einer pauschalen Vergütung bei unbeschränkter Dauer der Nutzung hätte vor dem Hintergrund des § 32a UrhG als abgemildert angesehen werden können, weil ein betroffener Urheber auf diesem Wege nachträglich doch zu einer angemessenen Vergütung kommen kann. Dieses Argument lehnte der BGH insbesondere mit Verweis auf die Beweislast des Urhebers hinsichtlich eines auffälligen Missverhältnisses ab.[364] Ähnlich entschied auch das LG München.[365]

Darüber hinaus beurteilten zwei weitere unterinstanzliche Entscheidungen Klauseln in allgemeinen Geschäftsbedingungen für unwirksam, wenn diese ei-

364 Vgl. BGH I ZR 38/07, 07.10.2009, BGHZ 182, 337, Rn. 26 – *Talking to Addison*; BGH I ZR 39/07, 07.10.2009, ZUM-RD 2010, 8, Rn. 26 – *Angemessene Vergütung für Übersetzer belletristischer Werke II*; BGH I ZR 41/07, 07.10.2009, ZUM 2010, 255, Rn. 27 – *Angemessene Vergütung für Übersetzer belletristischer Werke IV*; BGH I ZR 230/06, 07.10.2009, ZUM-RD 2010, 16, Rn. 27 – *Angemessene Vergütung für Übersetzer von Sachbüchern*.

365 Vgl. LG München 7 O 24634/07, 15.04.2010, ZUM 2010, 725, 730.

nerseits eine Pauschalvergütung für eine umfassende Rechteeinräumung und andererseits eine Erschwerung der Geltendmachung einer zusätzlichen Vergütung – in Form von Ausschlüssen oder mangelnden Auskunftsansprüchen – durch den Urheber vorsahen.[366]

Aus all dem ergibt sich gleichermaßen, dass die Gerichte die gesetzlich vorgesehenen Möglichkeiten des Urhebers, seine Rechte durchzusetzen, als Mindestschutz verstehen und die Vergütungsmodalität der Pauschalvergütung selbst bei Vorliegen eines solchen Schutzes rechtfertigungsbedürftig sein soll.

c) *Die Qualifikationen des Urhebers*

Ein wiederum eher auf die Fähigkeiten des Urhebers bezogener Anknüpfungspunkt der Gerichte betrifft dessen *Qualifikationen.* Das OLG München lehnte es im Anschluss an die Zurückverweisung einer der ersten Übersetzerentscheidungen durch den BGH ab, die ›Übersetzertarife‹ des BGH anzupassen, weil die betreffenden Übersetzer nach ihrem Vortrag über besonders hohe Qualifikationen in Form von abgeschlossenen Hochschulstudien und besonderen Erfahrungsschätzen verfügten. Dies begründete das Gericht damit, dass diese Umstände keinen Einfluss auf die Dauer oder den Umfang der Nutzung nehmen könnten.[367] Bereits in früheren Entscheidung hatte es dieselbe Position vertreten, allerdings mit Verweis auf die von ihm angewandte generalisierende Betrachtungsweise, die die Berücksichtigung eines solchen Einzelfallkriteriums von vornherein nicht erlaubte.[368] Auch der Literatur sind bisweilen Stimmen zu entnehmen, die der Berücksichtigung einer vermeintlich besonders hohen Qualifikation eines Urhebers skeptisch beurteilt.[369] Dieser Position steht allerdings eine Entscheidung des LG München entgegen, das die Qualifikationen einer Urheberin bei seiner Wertung hinsichtlich eines Seitenhonorars zugunsten der betroffenen Übersetzerin berücksichtigte.[370]

Unter Übertragung der vom BGH hergestellten Verbindung zwischen der Bekanntheit eines Urhebers und dem Absatz seines Werkes müsste konsequenterweise auch im Rahmen der Qualifikationen des Urhebers beurteilt werden, ob sich diese in mittelbar auf den Absatz des Werkes auswirken. Diese Anknüpfung stünde zumindest in Übereinstimmung mit dem nutzungs- und erfolgsbezogenen Ansatz des BGH.

366 Vgl. Thüringer OLG 2 U 61/12, 19.05.2012, ZUM-RD 2012, 393, 395; Hanseatisches OLG 5 U 113/09, 01.06.2011, ZUM 2011, 846, 857.

367 Vgl. OLG München 6 U 5785/05, 15.07.2010, GRUR 2011, 337, 338.

368 Vgl. OLG München 6 U 5649/05, 08.02.2007, ZUM-RD 2007, 166, 177; OLG München 6 U 5748/05, 08.02.2007, ZUM 2007, 308, 314; OLG München 6 U 5785/05, 08.02.2007, ZUM 2007, 317, 326.

369 Vgl. *Wandtke/Grunert*, in: Wandtke/Bullinger, § 32 UrhG Rn. 29.

370 Vgl. LG München 7 O 24634/07, 15.04.2010, ZUM 2010, 725, 731.

d) *Der dem Urheber entgangene Gewinn*

Unentschieden ließ das OLG München nach Zurückverweisung einer der Übersetzerurteile durch den BGH, ob ein dem Urheber – infolge einer Verspätung der Übergabe des Manuskripts und der damit verbundenen Ablehnung anderer Übersetzungsaufträge in der Zwischenzeit – entgangener Gewinn ein für die Angemessenheit der Vergütung relevantes Kriterium ist. Die betreffenden Übersetzer hatten dieses Vorbringen in der folgenden mündlichen Verhandlung wieder zurückgezogen, weil ihnen tatsächlich mangels Anfragen kein Gewinn entgangen war.[371]

III. Schaffensbezogene Kriterien

Eine weitere Kategorie von Kriterien bezieht sich auf den *Erschaffungsprozess* des in Frage stehenden Werkes.

1. *Der erforderliche Arbeitsaufwand des Urhebers*

Ein erstes Kriterium, das sich mit dem Schaffungsprozess des Werkes als solchem befasst, ist der *Arbeitsaufwand*, den der Urheber aufwenden muss, um das Werk zu erschaffen. Dieser Anknüpfungspunkt tauchte insbesondere in den Übersetzerentscheidungen an zentraler Stelle der gerichtlichen Wertung auf.

Der BGH betonte in jenen Entscheidungen, dass der erforderliche Arbeitsaufwand mittelbar als Kriterium in die gerichtliche Wertung einfließen dürfe.[372] Die Mittelbarkeit der Wertung ergibt sich dabei einerseits aus dem Umstand, dass nach den Ausführungen des BGH besondere Umstände des Einzelfalls – wie ein vom Normalfall abweichender Arbeitsaufwand – nur dann relevant seien, wenn sie sich auf die Dauer und den Umfang der Verwertung auswirken. Hiernach kann ein hoher Arbeitsaufwand also nur dann zu einer Erhöhung der Vergütung führen, wenn sich durch ihn auch Dauer und/oder Umfang der Nutzung des Werkes erhöhen. Darüber hinaus ist der Einfluss des Kriteriums des Arbeitsaufwands des Urhebers auf dessen Vergütung aber auch insofern nur mittelbar, als er nach dem BGH ausschließlich auf die Höhe des garantierten Seitenhonorars eines Übersetzers zu beziehen und mit diesem wertend zu ver-

---

371 Vgl. OLG München 6 U 5785/05, 15.07.2010, GRUR 2011, 337, 339.

372 Vgl. zu all dem BGH I ZR 19/09, 20.01.2011, GRUR 2011, 328, Rn. 29f. – *Destructive Emotions*; BGH I ZR 38/07, 07.10.2009, BGHZ 182, 337, Rn. 55f. – *Talking to Addison*; BGH I ZR 39/07, 07.10.2009, ZUM-RD 2010, 8, Rn. 56 – *Angemessene Vergütung für Übersetzer belletristischer Werke II*; BGH I ZR 40/07, 07.10.2009, ZUM-RD 2010, 62, Rn. 53 – *Angemessene Vergütung für Übersetzer belletristischer Werke III*; BGH I ZR 41/07, 07.10.2009, ZUM 2010, 255, Rn. 54 – *Angemessene Vergütung für Übersetzer belletristischer Werke IV*; BGH I ZR 230/06, 07.10.2009, ZUM-RD 2010, 16, Rn. 55 – *Angemessene Vergütung für Übersetzer von Sachbüchern.*

gleichen ist. Ein unter diesem Blickwinkel zu geringes Seitenhonorar führt hiernach zu einer höheren Absatzbeteiligung, ein erhöhtes Seitenhonorar führt zu einer geringeren Absatzbeteiligung.

Das Bundesverfassungsgericht teilte diese Auffassung in einem Nichtannahmebeschluss insofern, als es den erforderlichen Arbeitsaufwand ebenfalls für mittelbar relevant hielt.[373] Aus dem Kontext seiner Ausführungen ergibt sich, dass der Arbeitsaufwand hiernach nur insoweit mittelbar berücksichtigt werden soll, als er den wirtschaftlichen Wert der Nutzung des Werkes erhöht. Die Anknüpfung an den wirtschaftlichen Wert der Nutzung erscheint – ungeachtet dessen eigener Unbestimmtheit – dabei nachvollziehbarer als die Herleitung der Relevanz über die Dauer und den Umfang der Verwertung, weil sich dieser wirtschaftliche Wert nach aller Wahrscheinlichkeit in einem größeren Erfolg des Verwerters ausdrücken dürfte. Letztlich ist aber davon auszugehen, dass eine höhere Dauer und ein höherer Umfang der Nutzung des Werkes auch zu einem höheren wirtschaftlichen Wert desselben führen. Insofern unterscheiden sich die Formulierungen beider Gerichte im Ergebnis wohl nicht erheblich.

Zweifellos wirft die mittelbare Berücksichtigung des Arbeitsaufwands aber weitere, wichtige Fragen auf. Insbesondere die Einbeziehung des garantieren Seitenhonorars in die Angemessenheitsprüfung nach § 32 Abs. 2 S. 2 UrhG ist dahingehend kritisch hinterfragt worden, ob dieses Vergütungselement nicht eigentlich nach Werkvertragsrecht zu beurteilen wäre, weil hiermit letztlich die Erstellung der Übersetzung als solche vergütet wird.[374] Diese Kritik lässt sich ohne Weiteres auch auf das Kriterium des Arbeitsaufwands beziehen, das einen stark werkvertraglichen Charakter zu haben scheint. Eine strikte Trennung zwischen Werk- und Urheberrecht nimmt der BGH aber bei seiner Prüfung gerade nicht vor, sondern erfasst sowohl das Seitenhonorar als auch die Absatzbeteiligung mit seiner Angemessenheitsprüfung im Rahmen des § 32 Abs. 2 S. 2 UrhG. Hierin liegt eine bedeutende Unklarheit in den Ausführungen des BGH, die auch dazu führt, dass das Kriterium des Arbeitsaufwands letztlich nicht eindeutig der gerichtlichen Wertung im Rahmen der Redlichkeit zuordnen lässt.

Gleichwohl werteten diverse unterinstanzliche Entscheidungen ebenfalls anhand des Arbeitsaufwands des betreffenden Urhebers.[375] Das LG Berlin be-

---

373 Vgl. BVerfG 1 BvR 1268/09, 27.01.2011, ZUM 2011, 396, Rn. 10.

374 Vgl. kritisch zu der mangelnden Trennung zwischen Werk- und Urheberrecht *Chzychowski*, GRUR 2010, 793, 794f.; *ders.*, in: Fromm/Nordemann, § 32 UrhG Rn. 91; *Wandtke/Grunert*, in: Wandtke/Bullinger, § 32 UrhG Rn. 35; *Jacobs*, GRUR 2011, 306, 307; *ders.*, in: Ahrens u.a., Festschrift Ullmann, 79, 83ff.; befürwortend dagegen *Hertin*, GRUR 2011, 1065, 1065f.

375 Vgl. *zweitinstanzlich:* OLG München 6 U 4037/07, 17.03.2011, ZUM 2011, 866, 867f.; OLG München 29 U 1728/06, 28.10.2010, GRUR 2011, 517, 517; OLG München 6 U 5785/

urteilte eine Trennung zwischen Vergütungselementen hinsichtlich der Werkleistung einerseits und der Nutzungsrechtseinräumung andererseits gar für »gekünstelt«.[376] Schließlich bezieht auch die Buchbranche den erforderlichen Arbeitsaufwand in seine urheberrechtliche Vergütungen nach § 32 UrhG ein, wie sich aus II. 2. der *Gemeinsamen Vergütungsregeln für Übersetzungen* ergibt, der eine Erhöhung des Seitenhonorars bei besonders aufwendigen oder unter Zeitdruck vorzunehmenden Übersetzungen und mit der Übersetzung zusammenhängenden Tätigkeiten vorsieht.

Demgegenüber betonte etwa das OLG Celle in einem – einen freien Journalisten und dessen Artikel für ein Online-Magazin betreffenden – Beschluss von 2016 mit Verweis auf die Rechtsprechung des BGH in den Übersetzerentscheidungen, dass der Zeitaufwand jenes Journalisten wegen der Trennung zwischen Werkvertrags- und Urheberrecht kein geeignetes Kriterium nach § 32 UrhG sei.[377] In eine ähnliche Richtung gingen – unter anderem auch mit Bezug auf dienstleistungsrechtliche Aspekte – bereits zuvor diverse Entscheidungen in den Tatsacheninstanzen.[378] Ebenso lassen sich diverse Entscheidungsbegründungen anführen, die den Arbeits- bzw. Zeitaufwand des Urhebers in der Zeit vor den Entscheidungen des BGH für unerheblich befanden oder von der Beurteilung nach § 32 UrhG trennten.[379] Gegen die Berücksichtigung des Arbeitsaufwands sprechen sich schließlich auch Teile der Literatur aus.[380]

In Folge all dieser Fragestellungen ist es – mit Ausnahme der Buchbranche – weiterhin unklar, inwiefern der Arbeitsaufwand eines Urhebers bei der Erstellung seines Werkes im Rahmen des § 32 Abs. 2 S. 2 UrhG – als Teil der urheberrechtlichen Vergütung –generell zu berücksichtigen ist.

05, 15.07.2010, GRUR 2011, 337, 338f. *Erstinstanzlich:* LG Mannheim 7 O 308/12, 02.08. 2013, ZUM 2014, 155, 159; LG München 7 O 24634/07, 15.04.2010, ZUM 2010, 725, 730; LG München 21 O 25459/04, 30.11.2005, ZUM 2006, 164, 168; LG München 21 O 24780/04, 30.11.2005, ZUM 2006, 159, 163; LG München 7 O 24552/04, 10.11.2005, ZUM 2006, 73, 77; LG Berlin 16 O 804/04, 25.10.2005, ZUM 2005, 901, 903.

376 Vgl. LG Berlin 16 O 806/04, 27.04.2006, ZUM 2006, 942, 945.

377 Vgl. OLG Celle 13 W 27/16, 27.04.2016, ZUM-RD 2016, 520, Rn. 23.

378 Vgl. *in zweiter Instanz:* OLG Stuttgart 4 W 41/08, 23.04.2009, juris Rn. 26; Kammergericht 5 U 113/05, 06.03.2009, ZUM 2009, 407, 410. *In erster Instanz:* LG Stuttgart 17 O 734/05, 02.11.2007, ZUM 2008, 163, 168; LG München 7 O 25258/05, 12.07.2007, ZUM-RD 2007, 550, 555.

379 Vgl. *in der Berufungsinstanz:* OLG München 6 U 5649/05, 08.02.2007, ZUM-RD 2007, 166, 177; OLG München 6 U 5785/05, 08.02.2007, ZUM 2007, 317, 326; OLG München 29 U 1728/06, 14.12.2006, ZUM 2007, 142, 148; *in der Ausgangsinstanz:* LG München 7 O 25199/04, ZUM 2006, 154, 157.

380 Vgl. *Czychowski*, in Fromm/Nordemann, § 32 UrhG Rn. 41; *Wandtke/Grunert*, in: Wandtke/Bullinger, § 32 UrhG Rn. 29; *Tolkmitt*, in: Büscher u.a., Festschrift Bornkamm, 991, 1004; *Berger*, in: Berger/Wündisch, Urhebervertragsrecht, § 2 Rn. 98; grundsätzlich kritisch, aber mit Blick auf das Seitenhonorar differenzierend *Schricker/Haedicke*, in: Schricker/Loewenheim, § 32 UrhG Rn. 31.

2. *Die Schwierigkeit der urheberischen Leistung*

Ein dem Arbeitsaufwand sehr naher Anknüpfungspunkt ist die *Schwierigkeit der urheberischen Leistung*. Sie wurde einerseits häufig in Fällen angeführt, in denen die Aufgabe als solche vermeintlich schwierig war, andererseits aber auch dann, wenn der Urheber unter Zeitdruck arbeiten musste.

Auch das Kriterium der – in diesen Fällen vermeintlich hohen – Schwierigkeit der urheberischen Leistung wurde im Rahmen der Übersetzerprozesse seitens der klagenden Übersetzer als Argument für das Vorliegen besonderer Umstände angeführt, die eine Erhöhung der Vergütung rechtfertigten. In diesem Rahmen wurde regelmäßig auf verwendete Fachsprache, Zeitnot bei der Übersetzung sowie eine Notwendigkeit von aufwendiger Recherche verwiesen. Der BGH lehnte dies zwar in den konkret zu entscheidenden Fällen meist ab, allerdings nicht ohne regelmäßig auf das Vorbringen beider Parteien hinsichtlich der Schwierigkeit der in Frage stehenden Übersetzung einzugehen und diese damit im Grundsatz zu würdigen.[381] In einem Fall rügte der Gerichtshof zudem die Entscheidung des Berufungsgerichts hinsichtlich deren mangelnder Berücksichtigung einer besonderen Schwierigkeiten bei der Übersetzung, die in der zu übersetzenden wissenschaftlichen Fachsprache, Unstimmigkeiten im Originaltext und daraus resultierenden Neuschöpfungen der Übersetzerinnen sowie des großen Zeitdrucks bestand.[382]

All dem wäre zu entnehmen, dass der Schwierigkeitsgrad der urheberischen Leistung grundsätzlich ein bei der gerichtlichen Wertung im Rahmen der Redlichkeit zu berücksichtigendes Kriterium ist. Indes entsteht hierbei ebenfalls die im Rahmen der Berücksichtigung des Arbeitsaufwands dargestellte Problematik, da der BGH den Schwierigkeitsgrad ausschließlich auf die Höhe des Seitenhonorars bezieht. Insoweit ist wiederum das Verhältnis des urheberrechtlichen zum werkvertragsrechtlichen Teil der Vergütung und damit auch die grundsätzliche Relevanz des Kriteriums für den urheberrechtlichen Teil einer jeden Vergütung gemäß § 32 UrhG nicht eindeutig.[383]

Dennoch wurde das Kriterium der Schwierigkeit der urheberischen Leistung auch in einer Vielzahl von Entscheidungen der Tatsacheninstanzen bei der Er-

381 Vgl. BGH I ZR 19/09, 20.01.2011, GRUR 2011, 328, Rn. 67f. – *Destructive Emotions*; BGH I ZR 78/08, 20.01.2011, ZUM-RD 2011, 208, Rn. 22f. – *Angemessene Übersetzervergütung II*; BGH I ZR 49/09, 20.01.2011, ZUM-RD 2011, 212, Rn. 28 sowie 41f. – *Angemessene Übersetzervergütung III*; BGH I ZR 20/09, 20.01.2011, ZUM 2011, 403, Rn. 26 sowie 43f. – *Angemessene Übersetzervergütung IV*; BGH I ZR 133/08, 20.01.2011, ZUM 2011, 408, Rn. 40 – *Angemessene Übersetzervergütung V.*

382 Vgl. BGH I ZR 230/06, 07.10.2009, ZUM-RD 2010, 16, Rn. 56f. – *Angemessene Vergütung für Übersetzer von Sachbüchern.*

383 Insofern mit Blick auf die Berücksichtigung der Schwierigkeit einer Übersetzung im Rahmen des § 32 Abs. 1 S. 3 UrhG kritisch OLG München 29 U 5320/07, 27.11.2008, ZUM-RD 2008, 268, 275; OLG München 25 U 5319/07, 27.11.2008, ZUM 2009, 300, 306f.

mittlung einer redlichen Vergütung für – mindestens grundsätzlich – relevant gehalten.[384] In entsprechender Weise berücksichtigt die Buchbranche selbst die Schwierigkeit der urheberischen Leistung bei der Bemessung eines nach § 32 UrhG angemessenen und redlichen Seitenhonorars, wie sich aus II.2. der *Gemeinsamen Vergütungsregeln für Übersetzungen* ergibt.

Indes sind in diesem Zusammenhang auch mehrere Entscheidungen des OLG München beachtenswert, in denen das Gericht nach Zurückverweisung durch den BGH wiederum bemerkte, dass der Zeitdruck von Übersetzern keine Rolle spielen könne, weil sich dadurch der Gesamtaufwand der Übersetzung nicht erhöht.[385] Bereits vor den Leitentscheidungen des BGH hatte der 6. Senat des OLG München die Berücksichtigung der Schwierigkeit einer Übersetzung im Rahmen der Absatzbeteiligung unter Anwendung einer generalisierenden Betrachtungsweise grundsätzlich abgelehnt.[386] Der 29. Senat dagegen erachtete die Schwierigkeit einer Übersetzung zeitgleich für vergütungsrelevant.[387]

Letzten Endes sind mit Blick auf die Relevanz der Schwierigkeit der urheberischen Leistung im Rahmen des § 32 Abs. 2 S. 2 UrhG dieselben Gesichtspunkte ungeklärt, wie im Hinblick auf den Arbeitsaufwand des Urhebers. Es wäre daher umso notwendiger, in dieser Hinsicht bei der gerichtlichen Wertung eine saubere, dogmatische Trennung zwischen den Vergütungsteilen und den hierbei relevanten Normen vorzunehmen.

3. *Die Investitionen und der Aufwand des Verwerters*

Der BGH hat – faktisch als Gegenstück zum Aufwand des Urhebers – mehrfach auch die in den Gesetzgebungsmaterialien genannten *Investitionen* sowie den bei der Erstellung des Werkes angefallenen (Lektorats-, Herstellungs-, Werbe-, Vertriebs- oder Lizenzierungs-) *Aufwand des Verwerters* als Kriterien der gerichtlichen Wertung genannt, diese aber wiederum nicht konkret in seine

384 Vgl. *in der zweiten Instanz:* OLG Nürnberg 3 U 1454/14, 27.02.2015, ZUM 2015, 515, 519; OLG München 6 U 4037/07, 17.03.2011, ZUM 2011, 866, 867f.; Kammergericht 5 U 113/05, 06.03.2009, ZUM 2009, 407, 410; OLG München 29 U 5320/07, 27.11.2008, ZUM-RD 2008, 268, 275; OLG München 25 U 5319/07, 27.11.2008, ZUM 2009, 300, 307. *In der ersten Instanz:* LG Nürnberg-Fürth 3 O 3696/13, 28.05.2014, ZUM 2014, 907, 910; LG München 7 O 24634/07, 15.04.2010, ZUM 2010, 725, 730; LG Berlin 16 O 806/04, 27.04.2006, ZUM 2006, 942, 946; LG München 21 O 25459/04, 30.11.2005, ZUM 2006, 164, 168; LG München 21 O 24780/04, 30.11.2005, ZUM 2006, 159, 163; LG München 7 O 24552/04, 10.11.2005, ZUM 2006, 73, 77; LG Berlin 16 O 804/04, 25.10.2005, ZUM 2005, 901, 903.

385 Vgl. OLG München 29 U 1728/06, 28.10.2010, GRUR 2011, 517, 518; OLG München 6 U 5785/05, 15.07.2010, GRUR 2011, 337, 338f.

386 Vgl. OLG München 6 U 5649/05, 08.02.2007, ZUM-RD 2007, 166, 177; OLG München 6 U 5748/05, 08.02.2007, ZUM 2007, 308, 314; OLG München 6 U 5747/05, 08.02.2007, ZUM-RD 2007, 182, 190; OLG München 6 U 5785/05, 08.02.2007, ZUM 2007, 317, 326.

387 Vgl. OLG München 29 U 1728/06, 14.12.2006, ZUM 2007, 142, 149f.

Wertung miteinbezogen.[388] Selbiges gilt für eine Vielzahl von unterinstanzlichen Entscheidungen.[389] Die Art und Weise der Berücksichtigung des Aufwands und der Investitionen des Verwerters ist mithin innerhalb der Rechtsprechung noch ungeklärt.

Demgegenüber existieren im Bereich der gemeinsamen Vergütungsregeln praktische Beispiele für die Einbringung jener Gesichtspunkte in die Ermittlung einer redlichen Vergütung. So kann etwa § 3 Abs. 2 Nr. 5, 6, Abs. 3 der *Gemeinsamen Vergütungsregeln für Autoren belletristischer Werke in deutscher Sprache* ein großer Aufwand des Verlags etwa bei Marketing, Lizenzierung oder Lektorat die Herabstufung der Vergütung in niedrigere Vergütungsstufen bewirken. Die Investitionen des Verwerters hingegen tauchen in Ziff. 4 sowie 5 des später beidseitig angenommenen *Einigungsvorschlags zum Inhalt Gemeinsamer Vergütungsregeln zwischen dem BVK – Bundesverband Kinematografie e.V. und der Constantin Film Produktion GmbH* an zentraler Stelle auf. Eine über eine Grundvergütung herausgehende prozentuale Beteiligung der Kameraleute an den Erträgen der Constantin Film Produktion GmbH als Verwerterin erfolgt hier in zwei Beteiligungsschwellen, sobald Letztere erstens alle Kredite und Darlehen inklusive zugehöriger Zinsen, sowie zweitens alle Fördermittel zurückgezahlt hat, die zur Finanzierung des Filmes eingesetzt wurden. Die Vergütung der Kameraleute ist hier also einerseits an die Erträge des Verwerters gebunden, andererseits aber auch unmittelbar von den Investitionen desselben abhängig, weil eine Steigerung der Grundvergütung in zwei Stufen erst ab deren Erwirt-

388 Vgl. BGH I ZR 62/14, 21.05.2015, GRUR 2016, 62, Rn. 40 – *GVR Tageszeitungen I*; BGH I ZR 39/14, 21.05.2015, GRUR 2016, 67, Rn. 16 – *GVR Tageszeitungen II*; BGH I ZR 38/07, 07.10.2009, BGHZ 182, 337, Rn. 54 – *Talking to Addison*; BGH I ZR 39/07, 07.10.2009, ZUM-RD 2010, 8, Rn. 54 – *Angemessene Vergütung für Übersetzer belletristischer Werke II*; BGH I ZR 40/07, 07.10.2009, ZUM-RD 2010, 62, Rn. 51 – *Angemessene Vergütung für Übersetzer belletristischer Werke III*; BGH I ZR 41/07, 07.10.2009, ZUM 2010, 255, Rn. 52 – *Angemessene Vergütung für Übersetzer belletristischer Werke IV*; BGH I ZR 230/06, 07.10.2009, ZUM-RD 2010, 16, Rn. 53 – *Angemessene Vergütung für Übersetzer von Sachbüchern*.

389 Vgl. *in zweiter Instanz:* OLG München 29 U 1728/06, 28.10.2010, GRUR 2011, 517, 517; Kammergericht 5 U 113/05, 06.03.2009, ZUM 2009, 407, 409; OLG München 6 U 5649/05, 08.02.2007, ZUM-RD 2007, 166, 178; OLG München 6 U 5748/05, 08.02.2007, ZUM 2007, 308, 315; OLG München 6 U 5747/05, 08.02.2007, ZUM-RD 2007, 182, 191; OLG München 6 U 5785/05, 08.02.2007, ZUM 2007, 317, 327; OLG München 29 U 1728/06, 14.12.2006, ZUM 2007, 142, 150. *In erster Instanz:* LG Mannheim 7 O 308/12, 02.08.2013, ZUM 2014, 155, 158f.; LG München 7 O 24634/07, 15.04.2010, ZUM 2010, 725, 730f.; LG Stuttgart 17 O 710/06, 28.10.2008, ZUM 2009, 77, 81f.; LG Hamburg 308 O 452/07, 18.04.2008, ZUM 2008, 603, 607; LG München 21 O 25003/05, 27.09.2006, ZUM 2007, 228, 230; LG Berlin 16 O 806/04, 27.04.2006, ZUM 2006, 942, 946; LG München 7 O 25199/04, 15.12.2005, ZUM 2006, 154, 158; LG München 21 O 25459/04, 30.11.2005, ZUM 2006, 164, 169; LG München 21 O 24780/04, 30.11.2005, ZUM 2006, 159, 163; LG München 7 O 24552/04, 10.11.2005, ZUM 2006, 73, 78.

schaftung möglich ist. Insofern wirken die Investitionen in diesem Zusammenhang ebenfalls – zumindest zunächst – vergütungshemmend.

Gleichwohl ist es mit Blick auf die wenig konkrete Rechtsprechung noch klärungsbedürftig, inwiefern ein hoher Aufwand oder hohe Investitionen des Verwerters die Vergütung im Rahmen des § 32 Abs. 2 S. 2 UrhG generell beeinflussen. So könnte einerseits die Bezugsgröße, an der der Urheber beteiligt werden soll um den überdurchschnittlichen Aufwand bzw. die überdurchschnittlichen Investitionen vermindert werden. Andererseits könnte bei Vorliegen solcher Umstände aber auch die Höhe der urheberischen Beteiligung vermindert werden. Die letztere Methode stünde dabei im Einklang mit der Logik der Berechnung eines Anteils beider Parteien am Erfolg des Gesamtwerks, der eine Vielzahl der hier dargestellten Kriterien folgt.

Im Übrigen ergeben sich insbesondere im Rahmen der Anknüpfung an die Investitionen des Verwerters auch offensichtliche Überschneidungen mit dem folgenden Kriterium der Kosten des Verwerters, auf das der BGH in seiner Rechtsprechung ebenfalls Bezug genommen hat.

4. *Die Kosten des Verwerters*

Jene *Kosten des Verwerters* wurden als gerichtlicher Anknüpfungspunkt ebenfalls bereits in den Gesetzgebungsmaterialien genannt und vom BGH wiederholt als Kriterium der Redlichkeit aufgelistet.[390]

In den Übersetzerentscheidungen stellte der BGH sodann auf die Kosten des Verwerters insofern ab, als er die Schwelle von 5000 abgesetzten Exemplaren, ab denen die anteilsmäßige Vergütung der Übersetzer bei vorangegangener Zahlung eines garantierten Seitenhonorars nach den ›Übersetzertarifen‹ einsetzt, insbesondere mit den Herstellungskosten der Verlage rechtfertigte. Dies begründete der BGH damit, dass der Verwerter in einer solchen Situation das Risiko trage, diese Kosten durch den Absatz des Werkes refinanzieren zu müssen.[391] Die Kosten der Verlage wirkten in diesem Zusammenhang also vergütungsmindernd, weil die Absatzvergütung erst ab einem Zeitpunkt einsetzen sollte, zu dem diese von den Verlagen – zumindest typischerweise – wieder erwirtschaftet wurden. Gewissermaßen wurde damit die Bezugsgröße, an der der Urheber beteiligt wird, um die Kosten des Verwerters reduziert. Im Übrigen ist in diesem Zusammenhang eine Überschneidung mit dem Kriterium des wirtschaftlichen Risikos anzumerken.

An einer anderen Stelle seiner Übersetzerentscheidungen billigte der BGH

390 Vgl. BGH I ZR 62/14, 21.05.2015, GRUR 2016, 62, Rn. 40 – *GVR Tageszeitungen I*; BGH I ZR 39/14, 21.05.2015, GRUR 2016, 67, Rn. 16 – *GVR Tageszeitungen II*; BGH I ZR 230/06, 07.10.2009, ZUM-RD 2010, 16, Rn. 53 – *Angemessene Vergütung für Übersetzer von Sachbüchern.*

391 Vgl. BGH I ZR 19/09, 20.01.2011, GRUR 2011, 328, Rn. 27 – *Destructive Emotions.*

zudem die Differenzierung zwischen Hardcover- und Taschenbuchausgaben in einigen Entscheidungen von Gerichten der Berufungsinstanz im Hinblick auf die Höhe der dafür zu zahlenden Beteiligung des Übersetzers, weil beide Formen der Nutzung unterschiedliche Gewinnspannen des Verwerters mit sich bringen.[392] Mit dieser Wertung ist ebenfalls die Berücksichtigung der Kosten des Verwerters verbunden, hier wiederum mit Auswirkungen auf die Vergütungshöhe.

Dem schlossen sich schließlich auch diverse Gerichte in den Tatsacheninstanzen an.[393] Das LG München war in diesem Zusammenhang mit dem erwägenswerten Argument einer Übersetzerin konfrontiert, demzufolge die Gemeinfreiheit des von ihr übersetzten Werkes eine höhere Vergütung zur Folge haben müsse, da keine Vergütung für den Autor des Originals zu zahlen sei und damit eine höhere Gewinnspanne des Verlags einhergehe. Das Gericht lehnte dieses Argument mit Verweis auf die gleichbleibenden Anforderungen an die Übersetzerin ab, obwohl es die Gewinnspanne des Verwerters im Übrigen in seine Wertung miteinbezog.[394] Die *Gemeinsamen Vergütungsregeln für Übersetzungen* sehen dagegen unter II. 5. eine Verdoppelung der dem Übersetzer zu zahlenden Beteiligungssätze vor, wenn der zu übersetzende Originaltext gemeinfrei ist. Bei einer grundsätzlichen Einbeziehung der Kosten der Verlage in die gerichtliche Wertung ist eine solche Erhöhung bei einem Wegfall eines erheblichen Kostenpunkts wie dem Honorar des Autors des Originals auch nachvollziehbar.

Indes ist die Berücksichtigung der Kosten des Verwerters innerhalb der gerichtlichen Wertung nicht gänzlich unumstritten. So spricht sich etwa *Tolkmitt* gegen die Berücksichtigung von Kosten des Urhebers oder des Verwerters bei

392 Vgl. BGH I ZR 38/07, 07.10.2009, BGHZ 182, 337, Rn. 42f. – *Talking to Addison*; BGH I ZR 39/07, 07.10.2009, ZUM-RD 2010, 8, Rn. 42 – *Angemessene Vergütung für Übersetzer belletristischer Werke II*; BGH I ZR 40/07, 07.10.2009, ZUM-RD 2010, 62, Rn. 39 – *Angemessene Vergütung für Übersetzer belletristischer Werke III*; BGH I ZR 41/07, 07.10.2009, ZUM 2010, 255, Rn. 40 – *Angemessene Vergütung für Übersetzer belletristischer Werke IV.*

393 Vgl. *zweitinstanzlich:* OLG Nürnberg 3 U 1454/14, 27.02.2015, ZUM 2015, 515, 519; OLG München 29 U 1728/06, 28.10.2010, GRUR 2011, 517, 517; OLG München 6 U 5747/05, 15.07.2010, juris Rn. 26; OLG München 6 U 5785/05, 15.07.2010, GRUR 2011, 337, 338; Kammergericht 5 U 113/05, 06.03.2009, ZUM 2009, 407, 409 sowie 410; OLG München 29 U 1728/06, 14.12.2006, ZUM 2007, 142, 150. *Erstinstanzlich:* LG Mannheim 7 O 308/12, 02.08.2013, ZUM 2014, 155, 158f.; LG Stuttgart 17 O 710/06, 28.10.2008, ZUM 2009, 77, 81f.; LG Hamburg 308 O 452/07, 18.04.2008, ZUM 2008, 603, 607; LG München 21 O 25003/05, 27.09.2006, ZUM 2007, 228, 230; LG Hamburg 308 O 793/04, 10.02.2006, ZUM 2006, 683, 687; LG München 7 O 25199/04, 15.12.2005, ZUM 2006, 154, 158; LG München 21 O 25459/04, 30.11.2005, ZUM 2006, 164, 169; LG München 21 O 24780/04, 30.11.2005, ZUM 2006, 159, 163; LG München 7 O 24552/04, 10.11.2005, ZUM 2006, 73, 78.

394 Vgl. LG München 7 O 24634/07, 15.04.2010, ZUM 2010, 725, 731.

der gerichtlichen Wertung aus, weil Erstere kaum bezifferbar seien und Letztere eine umfassende und letztlich undurchführbare Kontrolle des unternehmerischen Verhaltens voraussetzten.[395] Ähnlich äußerte sich das LG Berlin in einer frühen Entscheidung zu § 32 UrhG.[396]

5. *Die Kosten des Urhebers*

Im Gegensatz zur Berücksichtigung der Kosten des Verwerters fand der Anknüpfungspunkt der *Kosten des Urhebers* in der Rechtsprechung bis dato kaum Berücksichtigung. Einzig in einem jüngst zu Ende gegangenen Verfahren vor dem LG Düsseldorf wurde das Argument vorgetragen, dass sich überdurchschnittliche Kosten des Urhebers in dessen Vergütung widerspiegeln müssten. Jenes Argument wurde vom entscheidenden Gericht aber abgelehnt und darauf verwiesen, dass die Vergütung für die Einräumung von Nutzungsrechten, nicht aber die Herstellung des Werkes geschuldet sei.[397] Hier spiegelt sich wiederum die problematische Unterscheidung zwischen Werkvertrags- und Urhebervertragsrecht und deren uneinheitliche Behandlung durch verschiedene Gerichte wider.

IV. Werkbezogene Kriterien

Unter eine weitere Fallgruppe lassen sich Kriterien fassen, die sich im Wesentlichen auf das *Werk* als Endprodukt des Schaffensprozesses beziehen.

1. *Der schöpferische Gehalt und die schöpferische Bedeutung des Werkes*

In dieser Hinsicht haben bis dato vor allem die Begriffe des *schöpferischen Gehalts* und der *schöpferischen Bedeutung des Werkes* eine Rolle gespielt.

Wiederum im Rahmen der Übersetzerentscheidungen begründete der BGH die im Vergleich zum Autor des Originaltextes geringere Beteiligung des Übersetzers an den Erlösen des Verwerters mit dem geringeren schöpferischen Gehalt der Übersetzung und deren geringerer Bedeutung für die Kaufentscheidung der Leser.[398] Die Anknüpfung an den schöpferischen Gehalt eines

395 Vgl. *Tolkmitt*, in: Büscher u. a., Festschrift Bornkamm, 991, 1004.

396 Vgl. LG Berlin 16 O 806/04, 27.04.2006, ZUM 2006, 942, 945.

397 Vgl. LG Düsseldorf 12 O 463/14, 05.08.2016, juris Rn. 76.

398 Vgl. BGH I ZR 19/09, 07.04.2011, ZUM 2011, 735, Rn. 8 – *Seitenhonorar*; BGH I ZR 19/09, 20.01.2011, GRUR 2011, 328, Rn. 22 – *Destructive Emotions*; BGH I ZR 38/07, 07.10.2009, BGHZ 182, 337, Rn. 41 f. – *Talking to Addison*; BGH I ZR 39/07, 07.10.2009, ZUM-RD 2010, 8, Rn. 41 – *Angemessene Vergütung für Übersetzer belletristischer Werke II*; BGH I ZR 40/07, 07.10.2009, ZUM-RD 2010, 62, Rn. 38 – *Angemessene Vergütung für Übersetzer belletristischer Werke III*; BGH I ZR 41/07, 07.10.2009, ZUM 2010, 255, Rn. 39 – *Angemessene Vergütung für Übersetzer belletristischer Werke IV*; BGH I ZR 230/06, 07.10.2009, ZUM-RD 2010, 16, Rn. 40 – *Angemessene Vergütung für Übersetzer von Sachbüchern.*

Werkes im Zusammenhang mit dessen Bedeutung für die Werkverwertung ähnelt dabei stark dem Kriterium des Beitrags des Urhebers zum Erfolg des Gesamtwerks. Insofern hat das Kriterium des schöpferischen Gehalts im Gegensatz zum – sogleich folgenden und ähnlich klingenden – Kriterium der Schöpfungshöhe des Werkes eine stark nutzungsbezogene Ausrichtung. Ähnlich wie der BGH knüpften auch diverse unterinstanzliche Gerichte[399] und Teile der Literatur[400] an.

Letzen Endes liegt die Anknüpfung am schöpferischen Gehalt als auch an der schöpferischen Bedeutung des Werkes für den Verwertungserfolg sehr nahe am Konzept der Bemessung eines wirtschaftlichen Wertes des Werkes sowie am Beitrag des Urhebers zum Erfolg des Gesamtwerks. Dem liegt der Gedanke zugrunde, einen bestimmten Anteil des Urhebers am Wert und Erfolg des Werkes zu bestimmen, wobei diesem der Anteil des Verwerters und anderer Urheber gegenübersteht. Der wesentliche Unterschied zwischen den entsprechenden Kriterien – so etwa die schöpferische Bedeutung des Werkes, die wirtschaftliche Bedeutung des Werkes, der Beitrag des Urhebers zum Erfolg des Gesamtwerks wie auch die Kriterien mit Bezug auf Kosten und Aufwand der beiden Parteien – liegt damit in der Perspektive, anhand derer der Anteil beider Parteien festgestellt werden soll.

2. *Die Schöpfungshöhe des Werkes*

Im Übrigen wurde in der Rechtsprechungspraxis auch die Relevanz des weniger nutzungsbezogenen Kriteriums der *Schöpfungshöhe des Werkes* im Rahmen des § 32 Abs. 2 S. 2 UrhG innerhalb der gerichtlichen Wertung erwogen.

Die Relevanz der Schöpfungshöhe für die angemessene Vergütung bejahte namentlich das OLG Düsseldorf in einem jüngst ergangenen Beschluss, der sich indes nicht mit der Ermittlung einer konkreten Vergütung befasste.[401] Demgegenüber lehnte etwa das OLG München die Berücksichtigung der schöpferischen Qualität eines in Frage stehenden Werks – wiederum auch wegen seiner einst vertretenen generalisierenden Betrachtungsweise – als urhebervertrags-

399 Vgl. *in zweiter Instanz:* Kammergericht 5 U 113/05, 06.03.2009, ZUM 2009, 407, 410; OLG München 6 U 5649/05, 08.02.2007, ZUM-RD 2007, 166, 178; OLG München 6 U 5748/05, 08.02.2007, ZUM 2007, 308, 315; OLG München 6 U 5747/05, 08.02.2007, ZUM-RD 2007, 182, 191; OLG München 6 U 5785/05, 08.02.2007, ZUM 2007, 317, 327; OLG München 29 U 1728/06, 14.12.2006, ZUM 2007, 142, 149. *In erster Instanz:* LG München 21 O 25003/05, 27.09.2006, ZUM 2007, 228, 231; LG Hamburg 308 O 793/04, 10.02.2006, ZUM 2006, 683, 686; LG München 21 O 25459/04, 30.11.2005, ZUM 2006, 164, 169; LG München 21 O 24780/04, 30.11.2005, ZUM 2006, 159, 163.

400 Vgl. unter dem Aspekt der Abhängigkeit der schöpferischen Leistung von einem anderen Werk *Czychowski*, in: Fromm/Nordemann, § 32 UrhG Rn. 58.

401 Vgl. OLG Düsseldorf 20 W 84/15, 07.01.2016, GRUR-RR 2016, 311, Rn. 12.

rechtliches Kriterium ab.[402] Später berücksichtigte allerdings ein anderer Senat des OLG Münchens die »herausragende kreative Leistung« eines nach § 32a UrhG klagenden Kameramanns – im Zusammenspiel mit dem außergewöhnlichen kommerziellen Erfolgs des betreffenden Films »Das Boot« – als vergütungssteigernd.[403] Die Berücksichtigung der Schöpfungshöhe eines Werkes wird schließlich auch in der Literatur sehr unterschiedlich bewertet.[404]

Dass die Schöpfungshöhe eines Werkes für die Höhe der Vergütung in der Rechtsprechungspraxis bis dato praktisch kaum eine Rolle gespielt hat, erscheint vor allem dem Umstand geschuldet, dass unter der nutzungsbezogenen Perspektive der Rechtsprechung eine von der konkreten Nutzung losgelöste Wertung der Schöpfungshöhe eines Werkes nicht angebracht ist. Unter Anwendung einer solchen nutzungsbezogenen Perspektive ist die Vernachlässigung der Schöpfungshöhe durch die Rechtsprechung nachvollziehbar. Die schöpferische Leistung eines Urhebers wird immerhin durch das Kriterium der schöpferischen Bedeutung des Werkes für den Verwertungserfolg unter Anwendung eben jener nutzungsbezogenen Perspektive gewertet und damit nicht gänzlich vernachlässigt.

3. *Der Umfang des Werkes*

Das OLG Celle berücksichtigte in einem – vorstehend bereits mehrfach erwähnten – Beschluss zu einem freien Journalisten, der für ein Online-Magazin tätig gewesen war, auch den *Umfang* von dessen Artikeln als ein relevantes Kriterium und bemaß die angemessene Vergütung explizit hiernach. Indes spezifizierte das Gericht dabei, dass es die Länge der Artikel vor dem Hintergrund für beachtenswert halte, dass das Online-Magazin bei längeren Artikeln eine höhere Anzahl von Werbe-Bannern schalten könne.[405] Insofern ist auch dies wiederum als Versuch der Bemessung eines bestimmten Anteils des Urhebers am kommerziellen Ergebnis der Verwertung des Werkes zu verstehen. Ein ausschließlich werkbezogenes Kriterium, das eine höhere Vergütung allein mit Blick auf einen höheren Umfang eines Werkes bewirken könnte, ergibt sich daraus nicht.

Ähnlich können sodann diverse Anknüpfungen in gemeinsamen Vergü-

---

402 Vgl. OLG München 6 U 5748/05, 08.02.2007, ZUM 2007, 308, 314; OLG München 6 U 5747/05, 08.02.2007, ZUM-RD 2007, 182, 190; OLG München 6 U 5785/05, 08.02.2007, ZUM 2007, 317, 326.

403 Vgl. OLG München 29 U 2619/16, 21.12.2017, ZUM-RD 2018, 208, 220.

404 Befürwortend *Berger*, in: Berger/Wündisch, Urhebervertragsrecht, § 2 Rn. 98; ebenso wohl *Czychowski*, in: Fromm/Nordemann, § 32 UrhG Rn. 39; kritisch dagegen *Schricker/Haedicke*, in: Schricker/Loewenheim, § 32 UrhG Rn. 38; *Wandtke/Grunert*, in: Wandtke/Bullinger, § 32 UrhG Rn. 29.

405 Vgl. OLG Celle 13 W 27/16, 27.04.2016, ZUM-RD 2016, 520, Rn. 24.

tungsregeln bewertet werden. So ist in diesem Zusammenhang § 1 der *Gemeinsamen Vergütungsregeln Bild* zu nennen, nach dem die Vergütung der Fotojournalisten neben der Auflage der abdruckenden Tageszeitung auch von der Größe des Abdrucks der Fotos abhängt.[406] Schließlich hängt auch die Vergütung von freien Journalisten gemäß § 3 der *Gemeinsamen Vergütungsregeln für freie hauptberufliche Journalistinnen und Journalisten an Tageszeitungen* von der Anzahl der Druckzeilen und damit dem Umfang des von ihnen geschaffenen Werks ab. Auch diese Anknüpfungen lassen sich als Bemessung eines Anteils des Urhebers am Gesamtwerk und folglich dessen Verwertungserfolg deuten.

4. *Die Qualität des Werkes*

Bisweilen wurde in der Rechtsprechung auch die Frage aufgegriffen, ob die *Qualität des Werkes* einen Einfluss auf die gerichtliche Wertung haben sollte. Hierbei ergeben sich offensichtliche Berührungspunkte und Überschneidungen mit den Kriterien des schöpferischen Gehalts sowie der Schöpfungshöhe eines Werkes.

Das OLG München äußerte sich dabei hinsichtlich der Relevanz der Qualität eines Werkes – so in etwa in Form einer besonders gelungenen oder auch sorglos vorgenommenen Übersetzung – in einigen Parallelverfahren skeptisch.[407] Ähnlich führte das LG Hamburg aus, dass Mängel einer Übersetzung grundsätzlich unerheblich seien und die Verlage insoweit auf ihre werkvertraglichen Gewährleistungsansprüche beschränkt seien.[408]

Anderer Auffassung scheint dagegen offensichtlich das LG Düsseldorf bei der Klage eines Fotojournalisten an einer Anzeigenzeitung gewesen zu sein, da hier ein pauschaler Abschlag von Vergütungssätzen aus nicht unmittelbar anwendbaren gemeinsamen Vergütungsregeln unter anderem damit begründet wurde, dass der redaktionelle Teil einer Anzeigenzeitung – und damit auch die klagegegenständlichen Fotos – üblicherweise von geringerer Qualität als bei einer Tageszeitung seien.[409] Indes geht die Entscheidungsbegründung unmittelbar im Anschluss auf die – im Vergleich zu einer Tageszeitung – geringere tatsächliche Leserschaft des redaktionellen Teiles einer Anzeigenzeitung und damit die we-

406 Genaugenommen ist die Größe des Abdrucks weitestgehend unabhängig von dem Foto selbst und damit nicht gänzlich deckungsgleich mit dem Kriterium des Umfangs des Werkes. Indes bietet sich der Vergleich aufgrund der ähnlichen Stoßrichtung an.

407 Vgl. OLG München 6 U 5649/05, 08.02.2007, ZUM-RD 2007, 166, 180; OLG München 6 U 5748/05, 08.02.2007, ZUM 2007, 308, 316; OLG München 6 U 5747/05, 08.02.2007, ZUM-RD 2007, 182, 192; OLG München 6 U 5785/05, 08.02.2007, ZUM 2007, 317, 328.

408 Vgl. LG Hamburg 308 O 452/07, 18.04.2008, ZUM 2008, 603, 606; zu § 32a UrhG ebenso LG Berlin 16 O 812/04, 27.07.2006, ZUM-RD 2007, 194, 197.

409 Vgl. LG Düsseldorf 12 O 463/14, 05.08.2016, juris Rn. 74.

niger große Bedeutung jenes Teils für die Verbreitung der Zeitung ein. Daher kann der Verweis auf die geringere Qualität des redaktionellen Teils der Anzeigenzeitung wiederum auch als Anknüpfung an den Anteil des Urhebers am Verwertungserfolg des Gesamtwerks und damit an den Einnahmen des Verwerters gedeutet werden.

Gänzlich unabhängig von solchen wirtschaftlichen Gesichtspunkten bezog dagegen das LG Mannheim die Qualität von Fotos eines freien Journalisten in seine gerichtliche Wertung ein.[410] Gleiches gilt für das LG München, das die – offenbar hohe – Qualität einer Übersetzung zugunsten der Übersetzerin anführte, allerdings lediglich mit Wirkung auf das Seitenhonorar.[411] Ebenso lassen sich Stimmen in der Literatur anführen, die die Qualität des Werkes als ein bei der gerichtlichen Wertung relevantes Kriterium ansehen.[412]

Im Hinblick auf die Anknüpfung an der Qualität eines Werkes ergeben sich damit ähnliche Fragen wie im Rahmen der Berücksichtigung der Schöpfungshöhe eines Werkes. Im Übrigen spielt wiederum auch die Frage nach der Notwendigkeit einer Trennung zwischen Werkvertrags- und Urhebervertragsrecht und den entsprechenden Normen zuzuordnenden Vergütungsteilen eine Rolle.

V. Sozialpolitische Kriterien

Schließlich offenbaren sich in der Auswertung der Rechtsprechungspraxis zwei Anknüpfungspunkte, die sich in erster Linie auf die gesetzgeberische Intention der Besserstellung von Urhebern und damit auf den *sozialpolitischen Gehalt* des § 32 UrhG beziehen.

1. Die Gesetzgeberische Intention der Besserstellung von Urhebern

In diesem Zusammenhang ist ein Teil der gerichtlichen Wertung des BGH in den Übersetzerentscheidungen beachtenswert, in der der Gerichtshof die Verringerung des Beteiligungssatzes der Übersetzer bei Zahlung eines garantierten Seitenhonorars begründete. Der BGH lehnte in diesem Zusammenhang eine vollständige Anrechnung des Seitenhonorars auf den Beteiligungssatz mit dem Argument ab, dass bei einer Anrechnung die betroffenen Übersetzer in 85 % der Fälle entgegen der *Intention des Gesetzgebers* keine höhere Vergütung bekommen würden.[413] Folglich wurde die Beteiligung lediglich verringert, eine An-

410 Vgl. LG Mannheim 7 O 308/12, 02.08.2013, ZUM 2014, 155, 159.

411 Vgl. LG München 7 O 24634/07, 15.04.2010, ZUM 2010, 725, 730.

412 Vgl. *Schulze*, in: Dreier/Schulze, § 32 UrhG Rn. 67; *Kotthoff*, in: HK-UrhR, § 32 UrhG Rn. 32; *v. Becker*, in: Loewenheim, Handbuch des Urheberrechts, § 29 Rn. 39.

413 Vgl. BGH I ZR 19/09, 20.01.2011, GRUR 2011, 328, Rn. 25 – *Destructive Emotions*; BGH I ZR 38/07, 07.10.2009, BGHZ 182, 337, Rn. 51 – *Talking to Addison*; BGH I ZR 39/07, 07.10.2009, ZUM-RD 2010, 8, Rn. 51 – *Angemessene Vergütung für Übersetzer belletristi-*

rechnung findet nach den Vergütungssätzen des BGH aber nicht statt. Damit wertete der BGH implizit anhand des gesetzgeberischen Ziels der Besserstellung von Urhebern durch die Urhebervertragsrechtsreform. Jene Intention wurde dadurch zum Kriterium der Redlichkeit gemäß § 32 Abs. 2 S. 2 UrhG. Das OLG München hatte dagegen dasselbe Vorbringen der Übersetzer, das den BGH schließlich überzeugte, zuvor explizit abgelehnt, weil es der Auffassung war, dass der § 32 UrhG keine Besserstellung der Urheber in jedem Fall, sondern nur eine an der Intensität orientierte und in diesem Sinne angemessene Vergütung garantieren sollte.[414]

Dieselbe und ähnliche, die Intention des Gesetzgebers betreffende Wertungen zugunsten der Urheber nahmen demgegenüber andere Gerichte der Tatsacheninstanzen vor.[415] Das LG Berlin hielt es in einem frühen Urteil zur Feststellung einer Unredlichkeit gar für ausreichend, dass der dort klägerische Übersetzer darlegte, dass die mit dem Verlag vereinbarte Vergütung zum Zeitpunkt des Vertragsschlusses für Übersetzer üblich war, weil die für Übersetzer üblichen Vergütungen in den Gesetzgebungsmaterialien als Beispiel für unredliche und damit unangemessene Vergütungen genannt wurden.[416]

Zweifellos handelt es sich bei einer solchen Anknüpfung um eine problematische Wertung, die zu einem bedeutenden Teil auf den Ausführungen zur Unredlichkeit der Vergütung von Urhebern in den Gesetzgebungsmaterialien beruht. Sie steht im Übrigen in einem gewissen Spannungsverhältnis zu einer sehr gängigen Formulierung in der Rechtsprechung[417] sowie der Literatur[418],

---

scher Werke II; BGH I ZR 40/07, 07.10.2009, ZUM-RD 2010, 62, Rn. 48 – *Angemessene Vergütung für Übersetzer belletristischer Werke III*; BGH I ZR 41/07, 07.10.2009, ZUM 2010, 255, Rn. 49 – *Angemessene Vergütung für Übersetzer belletristischer Werke IV*; BGH I ZR 230/06, 07.10.2009, ZUM-RD 2010, 16, Rn. 50 – *Angemessene Vergütung für Übersetzer von Sachbüchern.*

414 Vgl. OLG München 6 U 5649/05, 08.02.2007, ZUM-RD 2007, 166, 181; OLG München 6 U 5748/05, 08.02.2007, ZUM 2007, 308, 317; OLG München 6 U 5747/05, 08.02.2007, ZUM-RD 2007, 182, 193; OLG München 6 U 5785/05, 08.02.2007, ZUM 2007, 317, 329.

415 Vgl. LG München 7 O 24634/07, 15.04.2010, ZUM 2010, 725, 731 f.; LG Berlin 16 O 806/04, 27.04.2006, ZUM 2006, 942, 945; LG Hamburg 308 O 793/04, 10.02.2006, ZUM 2006, 683, 687.

416 Vgl. LG Berlin 16 O 795/04, 27.09.2005, ZUM 2005, 904, 906.

417 Vgl. *in der Berufungsinstanz:* Kammergericht 5 U 113/05, 06.03.2009, ZUM 2009, 407, 410; OLG München 6 U 5649/05, 08.02.2007, ZUM-RD 2007, 166, 176; OLG München 6 U 5748/05, 08.02.2007, ZUM 2007, 308, 314; OLG München 6 U 5747/05, 08.02.2007, ZUM-RD 2007, 182, 190; OLG München 6 U 5785/05, 08.02.2007, ZUM 2007, 317, 326. *In der Ausgangsinstanz:* LG Hamburg 308 O 452/07, 18.04.2008, ZUM 2008, 603, 606; LG München 21 O 25003/05, 27.09.2006, ZUM 2007, 228, 230; LG Berlin 16 O 812/04, 27.07.2006, ZUM-RD 2007, 194, 198; LG Berlin 16 O 806/04, 27.04.2006, ZUM 2006, 942, 945; LG München 7 O 25199/04, 15.12.2005, ZUM 2006, 154, 157; LG München 21 O 25459/04, 30.11.2005, ZUM 2006, 164, 168; LG München 21 O 24780/04, 30.11.2005, ZUM 2006, 159, 162; LG München 7 O 24552/04, 10.11.2005, ZUM 2006, 73, 77; LG Berlin 16 O 804/04, 25.10.2005, ZUM 2005, 901, 903; LG Berlin 16 O 795/04, 27.09.2005, ZUM 2005, 904, 906.

nach der eine an der allgemeinen wirtschaftlichen Situation, einer angemessenen Lebensführung und damit einer Alimentierung von Urhebern im Allgemeinen ausgerichtete Ermittlung einer angemessenen Vergütung mit § 32 Abs. 2 S. 2 UrhG nicht bezweckt wird. Aus diesem Grund bleibt es fraglich, ob es sich bei der gesetzgeberischen Intention des Gesetzgebers zur Besserstellung von Urhebern tatsächlich um ein generell anwendbares Kriterium handeln soll. Zu beachten ist in diesem Zusammenhang zudem auch, dass die Berücksichtigung der wirtschaftlichen Situation der Urheber Auswirkungen auf die Relevanz des vorgenannten Kriteriums der wirtschaftlichen Situation der Verwerter[419] – wie auch umgekehrt – haben muss.

2. *Das Einkommen eines Durchschnittsurhebers*

Gleichwohl versuchten einige Gerichte auch, eine angemessene Vergütung mit Blick auf das anhand der konkret vereinbarten Sätze *von einem durchschnittlichen Urheber zu erwirtschaftende Einkommen* zu ermitteln. Das LG Hamburg führte in einer beachtenswerten Passage der Entscheidungsbegründung zur Klage einer Übersetzerin gegen ihren Verlag aus, dass die Redlichkeit einer Vergütung daran zu bemessen sei, ob ein durchschnittlich schnell arbeitender Urheber auf Basis der vereinbarten Vergütung eine angemessene Lebensführung erwarten dürfe.[420] Ähnlich hatte zuvor auch das LG München argumentiert.[421] Diese Begründungen dürften allerdings – insbesondere angesichts ihres Alters und der mangelnden Übernahme durch andere Gerichte – als überholt angesehen werden.[422]

B. Folgerungen

I. Nutzungsbezogene Kriterien als Schwerpunkt der Betrachtung

Bei der Typisierung der Rechtsprechung zeigt sich zunächst ein klarer Schwerpunkt in Form der nutzungsbezogenen Kriterien. In erster Linie stehen dabei der Umfang bzw. das Ausmaß sowie das Ergebnis der Nutzung des Werkes im Fokus der gerichtlichen Betrachtung. Der Umfang sowie das Ausmaß der Nut-

418 Vgl. *Czychowski*, in: Fromm/Nordemann, § 32 UrhG Rn. 41; *Schricker/Haedicke*, in: Schricker/Loewenheim, § 32 UrhG Rn. 31; *Wandtke/Grunert*, in: Wandtke/Bullinger, § 32 UrhG Rn. 29; *Berger*, in: Berger/Wündisch, Urhebervertragsrecht, § 2 Rn. 107.

419 Vgl. oben unter II. 2. b).

420 Vgl. LG Hamburg 308 O 793/04, 10.02.2006, ZUM 2006, 683, 686.

421 Vgl. LG München 7 O 25199/04, 15.12.2005, ZUM 2006, 154, 158; LG München 21 O 25459/04, 30.11.2005, ZUM 2006, 164, 169; LG München 21 O 24780/04, 30.11.2005, ZUM 2006, 159, 163.

422 Ablehnend auch *Tolkmitt*, in: Büscher u. a., Festschrift Bornkamm, 991, 1004.

zung sind als Schwerpunkte der Betrachtung dabei bereits im Normtext des § 32 Abs. 2 S. 2 UrhG angelegt. Das Ergebnis der Nutzung ergibt sich dagegen aus dem Gedanken der Beteiligung des Urhebers entsprechend dem urheberrechtlichen Beteiligungsprinzip, findet aber zumindest im Tatbestandsmerkmal der Erträge und Vorteile aus der Nutzung des Werkes gemäß § 32a Abs. 1 S. 1 UrhG auch eine Entsprechung im Gesetzestext. Insofern handelt es sich auch hierbei um ohne Weiteres nachvollziehbare Anknüpfungen. Dagegen ist beachtenswert, dass der ebenfalls im Normtext des § 32 Abs. 2 S. 2 UrhG angelegte Begriff der Art der Nutzung in der Rechtsprechung des BGH praktisch ohne konkrete Anwendung in Form einzelner Kriterien geblieben ist. Es zeigt sich aber insbesondere bei der Betrachtung der Kriterien des Zeitpunkts der Nutzung und der Marktverhältnisse, dass Kriterien mit Bezug zur Art der Nutzung nur schwerlich innerhalb der Vergütung widerzuspiegeln sind.

II. Der Gedanke des Anteils der Parteien am kommerziellen Erfolg des Werkes

Die Idee, dass im Rahmen der Ermittlung einer angemessenen Vergütung danach zu fragen ist, welcher Anteil am Endprodukt jeweils dem Urheber und dem Verwerter zuzurechnen ist, enthielt bereits der Professorenentwurf.[423] Im Rahmen der Typisierung ist nunmehr festzustellen, dass auffällig viele der angewandten Kriterien sich als Teil einer solchen Bestimmung des Anteils des Urhebers am kommerziellen Erfolg des Werkes deuten lassen. Dazu gehören neben dem hier als Beitrag des Urhebers zum Erfolg des (Gesamt-)Werks aufgeführten Kriterium etwa auch die Anknüpfungspunkte des wirtschaftlichen Werts der Nutzung, des Arbeitsaufwands des Urhebers, der Schwierigkeit der urheberischen Leistung, der Investitionen und des Aufwands des Verwerters, der Kosten der beiden Parteien sowie insbesondere das Kriterium des schöpferischen Gehalts des Werkes. Allen Kriterien ist gemeinsam, dass sie Beiträge der Parteien zur Erstellung des Werkes und damit letztlich zur Kaufentscheidung der Endabnehmer zu bemessen versuchen. All dies steht im Übrigen in gewisser Übereinstimmung mit dem urheberrechtlichen Beteiligungsprinzip und der damit verbundenen Beteiligungsberechnung.

Es bleibt damit festzustellen, dass die Idee der Berechnung des Anteils beider Parteien am Erfolg des Gesamtprodukts der tauglichste Ansatz zur Erfassung der bisherigen Rechtsprechungspraxis ist. Indes enthält auch dieser Ansatz – in der Terminologie von *Röthel* – nicht genügend Anleitungsrationalität, um den

423 Vgl. *Dietz/Loewenheim/Nordemann/Schricker/Vogel*, GRUR 2000, 765, 774. Vgl. für die letztlich verabschiedete Gesetzesform auch *Schricker*, GRUR Int. 2002, 797, 807.

Begriff der Redlichkeit vollends auszufüllen. Dazu müsste eine noch grundlegendere Wertung gefunden werden.[424]

III. Die Wirkung der Kriterien auf unterschiedliche Vergütungsparameter

Im Übrigen ist zu beachten, dass nicht alle hier aufgeführten Kriterien darauf ausgerichtet sind, einen Anteil des Urhebers am kommerziellen Erfolg des Werks zu bestimmen. Mehrere der von den Gerichten angeführten Kriterien – insbesondere jene mit Bezug auf den Umfang und das Ergebnis der Nutzung – zielen auf die Bestimmung der Bezugsgröße ab, an der der Urheber zu beteiligen ist. Hierin spiegelt sich der Unterschied zwischen mehreren Parametern einer Vergütung wider – nämlich die Vergütungshöhe auf der einen Seite und eben jener Bezugsgröße auf der anderen Seite. Schließlich tritt dazu noch der Parameter der Vergütungsmodalität – Pauschalvergütung, prozentuale Beteiligung oder Mischform – hinsichtlich derer Kriterien wie die Dauer der Nutzung einschlägig sind. Alle drei Parameter sind entscheidende Elemente der Ermittlung einer angemessenen Vergütung und müssen vom Gericht im Rahmen des § 32 Abs. 2 S. 2 UrhG festgelegt werden. Es würde sich für eine Systematisierung der relevanten Kriterien und die Qualifizierung der Redlichkeit daher empfehlen, stärker danach zu differenzieren, auf welche Vergütungsparameter sich diese beziehen.

C. Offene Fragen

Die Typisierung der Redlichkeit offenbart neben diesen Ergebnissen aber auch strittige Punkte, die für die weitere Entwicklung der Konkretisierung des Begriffs der Redlichkeit von erheblicher Bedeutung sind.

I. Die Unterscheidung zwischen werkvertrags- und urheberrechtlicher Vergütung

Vor allem der Versuch einer Ermittlung eines bestimmten Anteils beider Parteien am Werk und dessen Verwertungserfolg lenkt den Blick der Gerichte auch auf den Erschaffungsprozess als solchen. Insbesondere in diesem Zusammenhang ist aber die im Rahmen mehrerer Kriterien angemerkte, mangelnde Trennung zwischen Werkvertrags- und Urhebervertragsrecht problematisch. Die Unklarheit darüber, ob Kriterien wie der Arbeitsaufwand des Urhebers oder die Schwierigkeit der urheberischen Leistung im Rahmen des nach Urheber-

424 Dazu sogleich unter C. II.

vertragsrecht zu beurteilenden Vergütungsteils eine Rolle spielen können oder aber nur im Rahmen des werkvertragsrechtlichen Vergütungsteils anwendbar sind, erschwert eine eindeutige Qualifizierung des Begriffs der Redlichkeit. Daneben ist nach der Methodik des BGH im Übrigen auch die vollständige Unterlassung der Trennung zwischen beiden Vergütungsteilen und Rechtsgebieten nicht ausgeschlossen. Eine abschließende Klärung dieses Problemkreises wäre für die Konkretisierung der Legaldefinition ausgesprochen wünschenswert.

II. Ausrichtung der Redlichkeit an hypothetischer Parteivereinbarung oder ›objektivem Wert‹ der Nutzung?

Der der Typologie zu entnehmende Ansatz der Gerichte, einen Anteil der Parteien am Endprodukt zu ermitteln, reicht letztlich zur Anleitung der Qualifizierung der Redlichkeit nicht aus, weil auch durch ihn nicht eindeutig zu bestimmen ist, nach welchen Kriterien eben jener Anteil zu berechnen ist. Eine weitergehende, dem beweglichen System des § 32 Abs. 2 S. 2 UrhG zugrunde liegende Regel kann der Rechtsprechungspraxis indes nicht entnommen werden. An diesem – ganz elementaren – Punkt besteht mithin ebenso dringender Klärungsbedarf. Soweit ersichtlich ist diese Frage aber bis dato nur sehr rudimentär behandelt werden. Es existieren insoweit zwei Lösungsansätze, die indes bisher nur sehr vereinzelt diskutiert wurden.

1. Die hypothetische Parteivereinbarung im idealen Markt

Einerseits wird in diesem Zusammenhang vorgeschlagen, die gerichtliche Wertung an einem *hypothetischen Marktergebnis* auszurichten. Basierend auf der These der Reformbemühungen um das Urhebervertragsrecht, dass in den Märkten für Nutzungsrechte an urheberrechtlichen Werken ein strukturelles Ungleichgewicht zwischen Urhebern und Verwertern besteht, fordert dieser Lösungsansatz, dass die gerichtliche Wertung das in diesen Märkten erzielte Ergebnis in solch einer Weise korrigiert, dass es dem Ergebnis in idealen Märkten entspricht, in denen ein solches Ungleichgewicht also nicht besteht. Zur Referenz der gerichtlichen Wertung wird folglich das Marktergebnis in einem unverfälschten Markt.[425] Die der Redlichkeit zugrunde liegende Regel bliebe dieser Lösung folgend näher an dem gängigen, marktwirtschaftlichen Ver-

425 Vgl. hierzu *Tolkmitt*, in: Büscher u. a., Festschrift Bornkamm, 991, 998. *Tolkmitt* bemerkt in diesem Zusammenhang indes auch, dass eine Simulation der – idealen – marktwirtschaftlichen Preisbildung auf theoretischer Grundlage nahezu ausgeschlossen und daher eine Orientierung an Vergleichsmärkten notwendig ist. Die Schwierigkeit einer theoretischen Rekonstruktion eines hypothetischen Preisbildungsprozesses betont auch *Ackermann*, in: Riesenhuber, Die »Angemessenheit« im Urheberrecht, 9, 20f.

ständnis von Preisen und Vergütungen. Beachtlich ist in diesem Zusammenhang, dass eine Vielzahl der vorgenannten Kriterien aus der Rechtsprechungspraxis unter dieser Regel in die gerichtliche Wertung einfließen könnte, sofern und soweit diese nämlich in einer idealen marktwirtschaftlichen Verhandlung in die Preisvereinbarung einfließen würden. Die Ausrichtung der Redlichkeit an einer hypothetischen Parteivereinbarung in einem idealen Markt wäre demnach weiterhin mit einer umfassenden und eher rudimentär begrenzten gerichtlichen Wertung verbunden. Demgegenüber erscheint eine Verbindung des Gedankens der Ermittlung eines Anteils der beiden Parteien am Endprodukt und dessen Verwertungserfolg mit der Ausrichtung der Redlichkeit am hypothetischen Marktergebnis nur umständlich möglich zu sein. Dazu müsste die Simulierung eines hypothetischen Marktergebnisses davon ausgehen, dass die Parteien ihre Preisvereinbarung unter Zugrundelegung im idealen Markt unter Aufteilung der jeweiligen Anteile am Endprodukt vornehmen.

2. *Der ›objektive Wert‹ der Nutzung*

Dem steht ein Lösungsansatz gegenüber, der im Rahmen der gerichtlichen Wertung die Festlegung eines ›objektiven Werts‹ der Nutzung vorsieht.[426] Hiernach ist in erster Linie der Wert der Urheberleistung und der darauf folgenden Nutzung dieser Leistung zu ermitteln.[427] Dabei soll zudem allein die Sicht des Urhebers auf jenen Wert ausschlaggebend sein.[428] Es geht hiernach also nicht um eine Beteiligung an den Erlösen des Verwerters – wie ihn die Rechtsprechung insbesondere im Rahmen der das Ergebnis der Nutzung betreffenden Kriterien praktiziert – sondern um einen nur das Werk, dessen Nutzung und den darin verkörperten Schaffensprozess betreffenden Wert.[429] Bemerkenswerterweise argumentieren die Verfechter eines ›objektiven Wertes‹ damit, dass gerade diese Regel marktwirtschaftlichem Denken entspreche.[430] Die gerichtliche Betrachtung wird damit in zweierlei Hinsicht verengt – einerseits in Bezug auf die anzuwendenden Kriterien, andererseits in Bezug auf die Perspektive, aus der diese zu werten sind. Es handelt sich damit um eine wesentlich engere Regel als die Ausrichtung an einem hypothetischen Marktergebnis. Durch die mit ihr verbundene Fokussierung würden diverse Kriterien unanwendbar, die in der Rechtsprechungspraxis eine Rolle gespielt haben. Dazu gehören etwa die finanziellen Möglichkeiten der Verwerter wie auch deren Erlöse aus der Nutzung

426 Vgl. *Peifer/Nohr*, in: Obergfell, Zehn Jahre reformiertes Urhebervertragsrecht, 25, 33ff.; *Wandtke*, in: Obergfell, Zehn Jahre reformiertes Urhebervertragsrecht, 101, 108f.
427 Vgl. ebd.
428 Vgl. *Peifer/Nohr*, in: Obergfell, Zehn Jahre reformiertes Urhebervertragsrecht, 25, 35.
429 Vgl. ebd.; *Wandtke*, in: Obergfell, Zehn Jahre reformiertes Urhebervertragsrecht, 101, 108f.
430 Vgl. *Peifer/Nohr*, in: Obergfell, Zehn Jahre reformiertes Urhebervertragsrecht, 25, 35.

des Werkes.[431] Im Übrigen wäre wegen der Unerheblichkeit des Verwertungserfolgs des Werkes zur Bestimmung eines ›objektiven Wertes‹ der Nutzung auch fraglich, ob dieser Ansatz mit dem Gedanken eines Anteils beider Parteien am Werk vereinbar wäre, weil mit den Erlösen des Verwerters die Bezugsgröße des Anteils wegfiele.

Beide Lösungsansätze bieten letztlich – ungeachtet eines eigenen Konkretisierungsbedürfnisses – eine tiefergehende Anleitung der gerichtlichen Wertung im Rahmen der Redlichkeit und damit eine Verbesserung des status quo. Die Entscheidung zwischen beiden Ansätzen hängt sodann von einer Vielzahl von Faktoren ab, so des bezweckten Schutzes der Urheber und der bezweckten Reichweite der gerichtlichen Wertung. In jedem Fall scheint die theoretische Behandlung dieser Fragen noch an ihrem Anfang zu stehen. So ist an dieser Stelle auch keine abschließende Behandlung oder Stellungnahme geboten. Vielmehr soll es bei der Feststellung verbleiben, dass es sich hierbei um den wohl grundlegendsten und damit wichtigsten Problemkreis im Rahmen der Konkretisierung der Legaldefinition handelt.

III. Die Herausbildung von ›normalerweise angemessenen‹ Vergütungen

Schließlich ist für das Projekt der Konkretisierung der Redlichkeit das Phänomen der ›normalerweise angemessenen‹ Vergütungen bemerkenswert. Diese Formulierung entstammt der Rechtsprechung des BGH in den Übersetzerfällen, in denen dieser die von ihm entwickelten Tarife für Übersetzer als normalerweise angemessen bezeichnete.[432] Dieser Bezug auf einen ›Normalfall‹ erinnert an die generalisierende Betrachtungsweise des OLG Münchens – die vom BGH ausdrücklich abgelehnt wurde –, da der BGH in diesem Rahmen eine für die gesamte Branche der Übersetzungen angemessene Vergütung entwickelte. Hiermit ist aber notwendigerweise eine branchenbezogene und generalisierende Betrachtungsweise verbunden. Freilich ist zu beachten, dass der Gerichtshof ausdrücklich vorsieht, dass die Instanzgerichte aufgrund etwaiger »Besonderheiten des Einzelfalls« Abweichungen von den von ihm entwickelten Grundsätzen vornehmen können und sollen.[433] Gleichwohl kommt in der Unterscheidung eines ›Normalfalls‹ und des jeweiligen Einzelfalls erneut ein Gegensatz zum Vorschein, der bereits an früherer Stelle der Untersuchung eine

431 Vgl. ebd.

432 Vgl. etwa BGH I ZR 38/07, 07.10.2009, BGHZ 182, 337 – *Talking to Addison:* Rn. 28 (»…steht […] im Normalfall […] eine prozentuale Absatzbeteiligung […] zu«), Rn. 53 (»…normalerweise angemessene Absatzvergütung…«) sowie Rn. 56 (»Die […] grundsätzlich angemessene Absatzvergütung…«).

433 Vgl. ebd., 357f.

Rolle gespielt hat[434] und offensichtlich eng mit dem Begriff der Angemessenheit im Sinne von § 32 Abs. 2 S. 2 UrhG verbunden ist. Es stellt sich insbesondere die Frage verbunden, inwieweit die gerichtliche Wertung in der gerichtlichen Praxis die Perspektive auf den ›Normalfall‹ der – nach der gesetzgeberischen Intention gebotenen – Einzelfallbetrachtung vorzieht, etwa weil die umfassende Würdigung eines jeden Einzelfalls mit erheblichem Aufwand und Schwierigkeiten verbunden ist.

Eine dem gesetzgeberischen Delegationsauftrag verbundene Konkretisierung des § 32 Abs. 2 S. 2 UrhG muss diese – potenzielle – Problematik näher würdigen. Vor allem ist in diesem Zusammenhang die Frage relevant, ob eine Konkretisierung der Angemessenheit, die in erster Linie an Branchenumständen ausgerichtet ist, mit jenem Delegationsauftrag vereinbar ist. Es ist dieser Problemkreis, den Teil 3 der hiesigen Untersuchung darstellen und aufarbeiten soll.

434 Sowohl im Rahmen der Diskussion um eine generalisierende Betrachtungsweise (vgl. oben unter § 3 B. I.) als auch im Rahmen der Typisierung der Üblichkeit, die vermuten ließ, dass eine sich an die Üblichkeit anschließende gerichtliche Wertung mittels der Redlichkeit regelmäßig unterbleiben könnte (vgl. dazu oben unter § 5 B. III.).

Teil 3: Zulässigkeit von Branchentarifen? – Argumente aus verfassungsrechtlicher Perspektive

§ 7 Die Tendenz der Rechtsprechung zur Bemessung der Vergütung anhand von Generalisierungen und Branchentarifen

A. Die ›normalerweise angemessene‹ Vergütung als Generalisierung von Branchenumständen

Soweit im Rahmen einer ›normalerweise angemessenen‹ Vergütung die Festsetzung der Vergütung auf Grundlage der typischerweise eine bestimmte Berufsgruppe – etwa die vorgenannten literarischen Übersetzer – und ihre Verwerter betreffenden Umstände und Interessen vorgenommen wird, handelt es sich um eine *Generalisierung*[435] von Branchenumständen. Diese werden auf Grundlage der Zugehörigkeit zu jener Berufsgruppe als typischerweise gegeben vorausgesetzt und bestimmen so die ›normalerweise angemessene‹ Vergütung. Beispielhaft sei dafür die Bemerkung des BGH in *Talking to Addison* angeführt, dass der Käufer eines Buches dieses »im Regelfall nicht in erster Linie wegen der Bekanntheit des Übersetzers oder der Qualität seiner Übertragung« erwerbe.[436] Ähnlich mutet es an, wenn der BGH darauffolgend von der »in aller Regel nachgeordneten schöpferischen und wirtschaftlichen Bedeutung der Übersetzung« spricht.[437] Ausschlaggebend für die Wertung des BGH waren – auf dieser Ebene – also nicht die wirtschaftliche oder schöpferische Bedeutung der Übersetzung der tatsächlich klagenden Übersetzerin, sondern die einer typischen Übersetzung. Diese Umstände werden im Rahmen der Festlegung einer ›normalerweise angemessenen‹ Vergütung schließlich generalisiert und mit den

---

435 Statt dem Terminus der Generalisierung läge die Verwendung des Begriffs der Typisierung ebenso nahe. Davon wird vorliegend aber abgesehen, weil der Begriff der Typisierung bereits in seinem rechtsmethodischen Sinne gebraucht wurde.

436 Vgl. BGH I ZR 38/07, 07.10.2009, BGHZ 182, 337, Rn. 41 – *Talking to Addison.*

437 Vgl. ebd., Rn. 42.

anderen, derselben Branche zuzuordnenden Fällen gleichgesetzt. Insofern handelt es sich hierbei also um eine Generalisierung von in einer Branche typischerweise gegebenen Umständen. In der Gesamtheit ergeben diese Generalisierungen in Form der ›normalerweise angemessenen‹ Vergütungen dann gewissermaßen Branchentarife, da sie allein auf die Umstände und Interessen gesamter Berufsgruppen bzw. Branchen Bezug nehmen. In dieser – den jeweiligen Einzelfall vollständig außer Acht lassenden – Form werden sie im Folgenden als *generalisierende Branchentarife* oder schlicht als *Branchentarife* bezeichnet.

B. Der Gesetzgeber beabsichtigte im Rahmen des § 32 Abs. 2 S. 2 UrhG die Schaffung von Einzelfallgerechtigkeit

Die grundsätzliche Bedeutung der Festlegung einer Vergütung anhand einer Generalisierung erklärt sich nun vor dem Hintergrund der Intention des Gesetzgebers, im Rahmen des § 32 Abs. 2 S. 2 UrhG eine für den *konkreten Einzelfall* angemessene Vergütung gesetzlich zu verankern. So war von vornherein vorgesehen, dass die angemessene Vergütung außerhalb des Geltungsbereichs von Kollektivverträgen anhand der Umstände des Einzelfalls bestimmt werden würde.[438] Es ging letztlich um den ›gerechten Preis‹ für die konkrete Leistung im fraglichen Einzelfall.[439] Die Rechtsprechung des BGH zu den Übersetzerfällen nahm nun – wie zuvor angemerkt – eine zweistufige Wertung vor: zunächst wurde auf erster Stufe eine ›normalerweis angemessene‹ Vergütung festgelegt, auf zweiter Stufe wurden dann Anpassungen dieser ›normalerweise angemessenen‹ Vergütung anhand etwaiger Besonderheiten des Einzelfalls vorgesehen. Der Einzelfall spielt in dieser Systematik mithin erst auf zweiter Stufe eine Rolle. Auf der ersten Stufe ist die Betrachtung dagegen allein auf die – generalisierten – Branchenumstände gerichtet.

Sofern nun die Bezugnahme auf Branchenumstände nur ein vorläufiger Schritt ist und anschließend durch die Wertung der Einzelfallumstände ergänzt wird, ergibt sich kein Spannungsverhältnis mit der gesetzgeberischen Intention, Einzelfallgerechtigkeit herzustellen. Ein eben solches Spannungsverhältnis entsteht aber dann, wenn eine Wertung nur auf erster Stufe erfolgt und die Einzelfallumstände außen vor bleiben, weil eine Wertung auf zweiter Stufe nicht mehr erfolgt. In diesem Fall sind allein die Branchenumstände und daraus ge-

438 Vgl. Regierungsentwurf, BTDrucks 14/6433, 12; vgl. im Zusammenhang hierzu auch die unter § 3 B. I. 3. aufgeführten Verweise.

439 So ausdrücklich die damalige Bundesministerin der Justiz *Däubler-Gmelin*, GRUR 2000, 764, 765.

wonnene generalisierende Branchentarif ausschlaggebend. Hierbei liegt die Frage nahe, ob dies mit der gesetzgeberischen Intention, im Rahmen des § 32 Abs. 2 S. 2 UrhG Einzelfallgerechtigkeit zu schaffen, vereinbar ist. Diese Frage ist für die Konkretisierung der Angemessenheit im Sinne von § 32 Abs. 2 S. 2 UrhG auch praktisch relevant, weil die bisherige Untersuchung – insbesondere die Typisierung der Üblichkeit – eine Neigung der Rechtsprechung hin zu einer Generalisierung von Branchenumständen und im ›Extremfall‹ zur reinen Übernahme von generalisierenden Branchentarifen vermuten lassen. Diese Neigung ist im Folgenden anhand konkreter Beispiel weiter zu veranschaulichen.

C. Erscheinungsformen von Generalisierungen in der gerichtlichen Praxis

I. Vormals: Generalisierende Betrachtungsweise

Relevant war der Gegensatz zwischen Einzelfall- und Branchenbezogenheit der Rechtsprechung bereits im Zusammenhang mit der generalisierenden Betrachtungsweise des OLG München.[440] Auch bei dieser Kontroverse ging es darum, ob die gerichtliche Wertung auf solche Umstände beschränkt ist, die der Branche als solcher entstammen, sich also gewissermaßen für Fälle aus eben jener Branche generalisieren lassen, oder ob die gerichtliche Prüfung notwendigerweise hierüber hinaus auch die nur im Einzelfall vorliegenden Umstände werten muss. Der BGH entschied – wie bereits ausgeführt – zugunsten eines individualisierenden Blickwinkels, so dass die Lesart des OLG Münchens zu einer generalisierenden Betrachtungsweise im Allgemeinen zumindest vordergründig für die Praxis keine Rolle mehr spielt.

II. Übernahme von Vergütungsätzen aus Kollektivverträgen mit Indizwirkung ohne Anpassung

Die Problematik trat im Rahmen dieser Untersuchung dann erneut bei der Typisierung der Üblichkeit auf. Ein Ergebnis der Analyse der Rechtsprechungspraxis zur Üblichkeit war es, dass Gerichte in diversen Fällen dazu tendierten, die Indizwirkung nicht unmittelbar anwendbarer Kollektivverträge großzügig auszulegen und auf eine der indiziellen Heranziehung nachgelagerte Wertung anhand des konkreten Einzelfalls zu verzichten.[441] Sofern aber die Tarife aus einem nicht unmittelbar anwendbaren Kollektivvertrag nicht nur der

440 Vgl. oben unter § 3 B. I.
441 Vgl. oben unter § 5 B. III.

Orientierung dienen, sondern darüber hinaus gewöhnlich als angemessen im Sinne des § 32 Abs. 2 S. 2 UrhG beurteilt werden, sind auch in diesen Fällen nicht die Umstände des Einzelfalls entscheidend, sondern generalisierte, der gesamten Branche zuzuordnende Kriterien. Auch auf diese Weise spiegelt sich also der Gegensatz des Einzelfallbezugs zum Branchenbezug wider.

Als konkretes Beispiel mag insofern eine Entscheidung des LG Bochum dienen, das über die Klage eines freien Journalisten zu entscheiden hatte, der Vertragsanpassung und Nachvergütung für 3.497 von ihm angefertigte und in einer Tageszeitung veröffentlichte Fotos begehrte. Der Kläger berief sich in diesem Zusammenhang einerseits auf einen Tarifvertrag, der aber mangels Mitgliedschaft des Klägers in der Tarifpartei persönlich nicht anwendbar war, sowie andererseits auf eine gemeinsame Vergütungsregel, die aber erst Wirkung für die Zeit nach dem fraglichen Sachverhalt beanspruchte. Die entscheidende Kammer zog beide Quellen zur Orientierung heran und bildete aus den dort gefundenen Vergütungssätzen einen Mittelwert. Darüber hinaus generalisierte das Gericht den Sachverhalt dahingehend, dass für alle Fotos die Vergütungssätze für Fotos in Zeitungen mit einer Auflage bis zu 25.000 Exemplaren angewandt wurden, weil dies der überwiegenden Mehrzahl von Fotos entsprach. Allein auf diesem Weg gelangte das Gericht zu einer Vergütung von 30 € – statt der vorher gezahlten 10 € – für jedes der fraglichen Fotos.[442] Auffällig an dieser Methodik des Gerichts ist es, dass Umstände des konkreten Einzelfalls – abgesehen von den hergestellten Werkstücken in Form der Auflage der Tageszeitung – in der Entscheidungsbegründung keine Rolle spielten. Dies mag möglicherweise daran gelegen haben, dass der konkrete Sachverhalt dem für die Branche typischen und damit von den Kollektivverträgen geregelten Fall sehr ähnlich war. Gleichwohl steht diese Generalisierung in einem gewissen Spannungsverhältnis zu der Idee, dass § 32 Abs. 2 S. 2 UrhG in erster Linie an den Umständen des Einzelfalls ausgerichtet sein soll.

Dieses Spannungsverhältnis lässt sich im Übrigen auch an den Entscheidungen des BGH in *GVR Tageszeitungen I* und *GVR Tageszeitungen II* illustrieren, in denen die nicht unmittelbar anwendbaren Kollektivverträge jeweils ohne Modifizierung im Einzelfall zur Anwendung gebracht wurden, weil die Berufungsgerichte keine Unterschiede im Einzelfall festgestellt hatten.[443] Letztlich erhielten die Urheber auch in diesen Fällen eine Vergütung, die anhand von branchenbezogenen Kriterien – in den Kollektivverträgen – festgelegt worden waren. Einzelfallumstände waren dagegen für die Höhe der Vergütung praktisch

442 Vgl. zum Vorstehenden LG Bochum 8 O 491/13, 12.01.2015, juris Rn. 89ff.

443 Vgl. BGH I ZR 62/14, 21.05.2015, GRUR 2016, 62, Rn. 22, 28 – *GVR Tageszeitungen I*; BGH I ZR 39/14, 21.05.2015, GRUR 2016, 67, Rn. 18 – *GVR Tageszeitungen II*.

nicht relevant. Die betroffenen Kollektivverträge wirkten folglich auch über ihren unmittelbaren Anwendungsbereich hinaus wie Branchentarife.

III. Übernahme von ›normalerweise angemessenen‹ Vergütungssätzen ohne Anpassung

Im Rahmen der gerichtlichen Wertung anhand des Merkmals der Redlichkeit ist der Gegensatz zwischen Einzelfall- und Branchenbezug schließlich durch die vorgenannte Unterscheidung zwischen einer normalerweise angemessenen und einer im Einzelfall angemessenen Vergütung sichtbar geworden. Auch in diesem Zusammenhang sieht der BGH vor, dass die entscheidenden Gerichte relevanten Unterschieden im Einzelfall durch eine Modifizierung der – am Regelfall ausgerichteten – normalerweise angemessenen Vergütung Rechnung tragen.[444]

Indes entsteht diesbezüglich noch mehr als in Bezug auf die Kollektivverträge der Eindruck, dass sich normalerweise angemessene Vergütungen zu Branchentarifen entwickeln, von denen nur in Ausnahmefällen abgewichen wird. Dieser Eindruck drängt sich vor allem hinsichtlich der ›Karlsruher Übersetzertarife‹ auf.[445] Es findet sich eine ganze Reihe von Entscheidungen, die jene vom BGH als normalerweise angemessenen Vergütungssätze im Ergebnis übernahmen, ohne dabei aufgrund des konkreten Einzelfalls Anpassungen vorzunehmen.[446] Auf der anderen Seite sind zwar auch einzelne Entscheidungen ergangen, die die für Übersetzer ›normalerweise angemessene‹ Vergütungen für den konkreten Fall abwandelten.[447] Solche Abweichungen sind dabei aber im Vergleich die Ausnahmen geblieben.

All diese Befunde legen die Vermutung nahe, dass zumindest eine Tendenz der Rechtsprechung dahingehend besteht, die Einzelfallbetrachtung – zumindest teilweise – zugunsten von Generalisierungen und Branchentarifen aufzugeben. Folglich ist die Frage, ob eine Ausrichtung des Begriffs der Redlichkeit im

444 Vgl. BGH I ZR 38/07, 07.10.2009, BGHZ 182, 337, Rn. 53ff. – *Talking to Addison.*

445 Letztlich basiert auch die Bezeichnung als ›Karlsruher Übersetzertarife‹ offensichtlich auf der Erwartung, dass diese Branchentarife darstellen würden.

446 Vgl. *in der Berufungsinstanz:* OLG Nürnberg 3 U 1454/14, 27.02.2015, ZUM 2015, 515, 519; OLG München 6 U 636/11, 14.06.2012, ZUM 2013, 47, 52; OLG München 6 U 4037/07, 17.03.2011, ZUM 2011, 866, 867f.; OLG München 29 U 1728/06, 28.10.2010, ZUM 2011, 168, 169; OLG München 6 U 5747/05, 15.07.2010, juris Rn. 28; OLG München 6 U 5785/05, 15.07.2010, ZUM-RD 2010, 543, 546. *In der Ausgangsinstanz:* LG Nürnberg-Fürth 3 O 3696/13, 28.05.2014, ZUM 2014, 907, 910; LG München 21 O 4856/10, 12.01.2011, ZUM-RD 2011, 647, 648f.

447 Vgl. etwa LG Hamburg 309 O 191/12, 23.01.2015, ZUM 2015, 587, 593 (Erhöhung der Absatzvergütung um 0,1 % wegen des erhöhten Schwierigkeitsgrads der Übersetzung); LG München 7 O 24634/07, 15.04.2010, ZUM 2010, 725, 732 (Absenkung der Schwellenwerte, ab denen eine Absatzbeteiligung zu zahlen ist, wegen der geringeren Verkaufserwartung).

Sinne von § 32 Abs. 2 S. 2 UrhG an den Umständen der Branche gerechtfertigt ist, in diesem Zusammenhang auch praktisch relevant.

D. Die praktische Notwendigkeit von Generalisierungen

Allerdings kann das Projekt der Konkretisierung des Begriffs der Angemessenheit nicht die Augen vor den praktischen Bedürfnissen der Rechtsprechung verschließen. Es drängt sich der Eindruck auf, dass jene Wege der Generalisierung der Betrachtungsweise in erster Linie deshalb beschritten werden, weil eine gänzlich vollständige Würdigung aller Umstände des Einzelfalls schlicht außerhalb der Möglichkeiten der Rechtsprechung liegt. Nicht ohne Anlass betonte etwa das LG Hamburg, dass mit der gerichtlichen Preiskontrolle und der damit verbundenen Simulation der marktwirtschaftlichen Koordination von subjektiven Nutzenpräferenzen die Grenze der Justiziabilität erreicht sei.[448] Für die Unumgänglichkeit einer gewissen Generalisierung der gerichtlichen Betrachtungsweise lassen sich verschiedene Gründe anführen.

I. Grenzen der gerichtlichen Beurteilung in quantitativer Hinsicht

Bereits nach allgemeinem Menschenverstand ist es ausgeschlossen, dass Gerichte im Rahmen von Klagen von Urhebern nach § 32 Abs. 1 S. 3 UrhG bis zu mehrere tausend Werke einzeln werten und für jedes Werk eine angemessene Vergütung festlegen. Dabei sind wiederum das soeben dargestellte Urteil des LG Bochum und die dort in Frage stehenden 3.497 fotografischen Werke exemplarisch zu nennen. Darüber hinaus seien auch ein Urteil des OLG Hamm sowie ein Urteil des LG Düsseldorf beispielhaft erwähnt. In Ersterem stand eine Nachvergütung für 2.640 Text- und 595 Fotobeiträge des klagenden Journalisten im Raum.[449] In Letzterem ging es dagegen immerhin um 1.421 Bildbeiträge des dort klagenden Fotojournalisten.[450] In solchen Fällen kann von einem Gericht allein aus Effizienzgesichtspunkten nicht erwartet werden, Kriterien wie den schöpferischen Gehalt oder den Beitrag des Urhebers zum Erfolg des Gesamtwerks für jedes Werk einzeln festzustellen. Realistisch ist es für die Gerichte vielmehr allein, dass sie einige konkrete Beispiele werten und die Befunde dann generalisieren. Schon auf Grundlage dieser Überlegung ist offensichtlich, dass es in der Praxis einer gewissen Generalisierung von Fällen bedarf. Dies betrifft aber

448 So ausdrücklich in LG Hamburg 308 O 452/07, 18.04.2008, ZUM 2008, 603, 605; LG Hamburg 308 O 450/07, 18.04.2008, ZUM 2008, 608, 611.

449 Vgl. OLG Hamm 4 U 128/14, 15.09.2015, juris Rn. 6ff.

450 Vgl. LG Düsseldorf 12 O 463/14, 05.08.2016, juris Rn. 1.

zunächst nur die Generalisierung innerhalb eines einzelnen, *dieselben Personen betreffenden Falls.*

II. Grenzen der gerichtlichen Beurteilung in qualitativer Hinsicht

Gleichwohl gibt es aber zweifellos auch Gründe für eine Gleichsetzung des zu beurteilenden Falls mit der *für die Branche typischen Konstellation.* Das ist insbesondere dann der Fall, wenn die Gerichte das zu beurteilende Kriterium gar nicht oder nur mit gänzlich unverhältnismäßigem Aufwand für den konkreten Einzelfall feststellen können. So erscheint es für die Gerichte etwa nahezu unmöglich zu sein, die Bedeutung des schöpferischen Gehalts eines Werkes für die Kaufentscheidung der Endabnehmer konkret zu bestimmen. Gleiches gilt für das ähnliche Kriterium des Beitrags des einzelnen Urhebers zum Erfolg des Gesamtwerks. Diesbezüglich ist es wohl eine Notwendigkeit, den zu beurteilenden Einzelfall regelmäßig mit dem Normalfall gleichzusetzen und etwa den Beitrag des einzelnen Urhebers am Erfolg des Gesamtwerks im Einzelfall mit dem typischerweise von Werken ähnlicher Art ausgehenden Einfluss des Einzelwerks auf den Erfolg des Gesamtwerks gleichzustellen.[451]

Davon zu differenzieren sind Fälle, in denen ein Kriterium für den Einzelfall zwar – annähernd – feststellbar ist, aber unklar bleibt, inwieweit die Konstellation jenes Einzelfalls vom – durch indiziell wirkende Kollektivverträge oder gerichtliche Tarife erfassten – Normalfall abweicht. Dies scheint zum Beispiel bei der gerichtlichen Beurteilung der Schwierigkeit der urheberischen Leistung eine Rolle zu spielen, die – soweit ersichtlich – noch in keiner gerichtlichen Entscheidung zur Erhöhung oder Senkung der ›Übersetzertarife‹ geführt hat. Die Schwierigkeit der konkreten Übersetzung mag zwar einigermaßen genau bestimmbar sein. Darüber hinaus müsste das Gericht dann aber auch feststellen, inwiefern diese Schwierigkeit von der typischen Schwierigkeit bei Übersetzungen abweicht. Diese Feststellung wiederum kann das Gericht vor erhebliche tatsächliche Probleme stellen. Es scheint daher eine naheliegende Konsequenz zu sein, dass der Einzelfall auch hinsichtlich derartiger Kriterien regelmäßig mit dem Normalfall gleichgesetzt wird.

III. Strategie zur Vermeidung des Hindsight Bias

Schließlich sind in diesem Zusammenhang auch Erkenntnisse aus der Verhaltensökonomik einschlägig. So weist *Matthias Leistner* darauf hin, dass die Generalisierung der Betrachtungsweise auch als eine intuitive Strategie der Richter

451 Zur Veranschaulichung ist etwa an den einzelnen Zeitungsartikel zu denken, dessen Einfluss auf den Erfolg der gesamten Zeitung festzustellen wäre.

und Gerichte gedeutet werden kann, den sogenannten *Hindsight Bias* auszuschalten.[452] Dieser *Bias* besteht nach der verhaltensökonomischen Theorie darin, dass Menschen einen Sachverhalt, der sich bereits ereignet hat und von dessen Umständen sie Kenntnis haben, nicht nachträglich aus der ex-ante Perspektive beurteilen können, ohne sich von den tatsächlichen Geschehnissen beeinflussen zu lassen. So werden etwa Ereignisse, sobald sie einmal eingetreten sind, nachträglich als besonders wahrscheinlich angesehen, auch wenn die Wahrscheinlichkeit des Eintritts aus der ex-ante Perspektive nur gering war. Dieser Effekt hat sich dabei als sehr schwer oder überhaupt nicht umkehrbar erwiesen.[453] Da Gerichte im Rahmen des § 32 Abs. 2 S. 2 UrhG die Angemessenheit regelmäßig dann beurteilen müssen, wenn eine Nutzung des Werkes bereits stattgefunden hat, dabei aber alle Umstände zwischen Vertragsschluss und diesem Zeitpunkt aus ihrer Beurteilung ausblenden sollen, ist der *Hindsight Bias* in diesem Zusammenhang hochrelevant. *Leistner* führt das Beispiel eines Erstlingswerkes an, dessen großer Erfolg im Nachhinein wegen des *Hindsight Bias* als sehr viel wahrscheinlicher beurteilt werden würde als im Vorhinein, wobei dies naturgemäß eher zu dem Schluss verleite, dass die ursprünglich vereinbarte Vergütung für das betreffende Werk unangemessen war.[454] In diesem Rahmen sieht *Leistner* die Generalisierung der Betrachtungsweise als intuitive Strategie der Gerichte an, jenen *Bias* zu umgehen, indem durch die Betrachtung des typischen Falls die in der Zwischenzeit eingetretenen Ereignisse im Einzelfall ausgeblendet werden. Soweit die Gerichte also nur typisierte bzw. generalisierte Umstände werten, liefen sie hiernach nicht Gefahr, die Wahrscheinlichkeit der konkret eingetretenen Umstände zu überschätzen. Folglich ordnet er die Generalisierung der Betrachtungsweise in die Kategorie der *de-biasing-Strategien* ein.[455] Auch wenn *Leistner* gleichwohl resümiert, dass sich der *Hindsight Bias* letztlich trotz dieses Vorgehens nicht vollständig ausschalten lässt[456], erscheint die Generalisierung der Betrachtungsweise auch in ihrer Rolle als *de-biasing-Strategie* als eine logische und nur schwerlich zu vermeidende Folge der beträchtlichen Anforderungen, die § 32 Abs. 2 S. 2 UrhG an die Gerichte stellt.

452 Vgl. *Leistner*, in: Riesenhuber/Klöhn, Das Urhebervertragsrecht im Lichte der Verhaltensökonomik, 119, 136ff.

453 Vgl. zu all dem ebd., 137f. m.w.N.; zum Einfluss des Hindsight Bias auf gerichtliche Entscheidungen weiter *Rachlinski*, University of Chicago Law Review 65 (1998), 571, 588ff.; allgemein zum Hindsight Bias *Kahnemann*, Thinking, Fast and Slow, 202ff.

454 Vgl. *Leistner*, in: Riesenhuber/Klöhn, Das Urhebervertragsrecht im Lichte der Verhaltensökonomik, 119, 138.

455 Vgl. ebd., 138f.

456 Vgl. ebd., 139.

IV. Notwendigkeit der Berücksichtigung der gerichtlichen Möglichkeiten

Es ergibt sich folglich ein Bild, nach dem die Gerichte aus nachvollziehbaren und vermutlich unausweichlichen Gründen dazu tendieren, Aspekte der zu beurteilenden Einzelfälle zu generalisieren. Während manche Kriterien somit anhand des Einzelfalls beurteilt werden können[457], sind andere Kriterien nur anhand des Normalfalls bestimmbar. An dieser Stelle spiegeln sich letztlich einige Bedenken hinsichtlich eines ›iustum pretium‹ wider, die der Urhebervertragsrechtsreform von 2002 entgegengebracht wurden. Eine praxisnahe Konkretisierung des § 32 Abs. 2 S. 2 UrhG muss auf die – begrenzten – Möglichkeiten der Rechtsprechung aber schlechterdings Rücksicht nehmen.

E. Die Vereinbarkeit von Branchentarifen mit den urheberschützenden Zielen der Reformbemühungen

I. Anlass der Betrachtung

Mithin besteht zwischen der gerichtlichen Praxis und der gesetzgeberischen Intention ein Spannungsverhältnis, das für das Projekt der Konkretisierung des Begriffs der Angemessenheit von Bedeutung ist. Nach dem Vorstehenden ist aber gleichzeitig davon auszugehen, dass jene Schwierigkeit nicht dadurch zu lösen ist, dass die Gerichte schlicht auf die Einhaltung des gesetzgeberischen Delegationsauftrags verwiesen werden, weil eine Gewährleistung vollkommener Einzelfallgerechtigkeit in Form eines ›gerechten Preises‹ nicht zu leisten ist. Demgegenüber ist eine Abkehr vom Idealbild jenes gerechten Preises für jeden Einzelfall zugunsten eines gewissen Maßes an Generalisierung und Branchentarifen möglich.

Diese Abkehr muss auf den ersten Blick zu Lasten der Urheber gehen, die durch die Reformbemühungen und die Einführung eines Anspruchs auf Zahlung einer angemessenen Vergütung geschützt werden sollten. Diesem Schutzgedanken entspringt gerade die Idee, dass durch die Gerichte – bei Nichtanwendbarkeit der vorrangigen Kollektivverträge – Einzelfallgerechtigkeit geschaffen und eine auf den jeweiligen Urheber und sein Werk passende Vergütung festgelegt wird. Soweit sich die Tendenz der partiellen oder gar vollständigen Abkehr vom Gedanken der Einzelfallgerechtigkeit hin zur Anwendung von Generalisierungen und Branchentarifen also zu einer Regel verfestigen sollte,

457 Insbesondere die nutzungsbezogenen Kriterien, soweit sie durch Zahlen feststellbar und vergleichbar sind – so die Zahl der abgesetzten Werkstücke –, unterliegen keiner der vorgenannten Bedenken. Auch dieser Aspekt scheint ein Faktor für die Popularität der nutzungsbezogenen Kriterien in der Rechtsprechung zu sein.

stellt sich die Frage, inwieweit der gewünschte Schutz der Urheber noch gewährleistet ist.

Dabei spielen auch rechtsmethodische Vorgaben eine Rolle. Wie bereits an früherer Stelle ausgeführt, ist die Normkonkretisierung grundsätzlich an den Delegationsauftrag des Gesetzgebers gebunden.[458] Dies gilt umso mehr, als es für die Normkonkretisierung notwendig ist, sich an möglichen Folgen zu orientieren und die entscheidenden ›Konkretisierungstatsachen‹ zu achten.[459] Diese betreffen im Falle der Legaldefinition des § 32 Abs. 2 S. 2 UrhG vor allem den genannten Schutzgedanken zugunsten der Urheber. Auch jenen Folgen und Zielen, die der Gesetzgeber mit der Einführung von § 32 UrhG zu erreichen suchte, muss die Konkretisierung der Legaldefinition gerecht werden.

Nach all dem ist die entscheidende Frage, ob der – am Idealbild des gerechten Preises im Einzelfall ausgerichtete – gesetzgeberische Delegationsauftrag von der Rechtsprechung durch die Verwendung von – am Normalfall ausgerichteter – Generalisierungen und Branchentarifen über Maß durchbrochen wird, oder ob jene Durchbrechung die zentralen Ziele der Urhebervertragsrechtsreform noch ausreichend wahrt. Mit anderen Worten ist zu hinterfragen, ob eine von Einzelfallumständen teilweise oder überwiegend losgelöste Konkretisierung der Legaldefinition des § 32 Abs. 2 S. 2 UrhG dennoch die Ziele der Reformbemühungen um das Urhebervertragsrecht zu erreichen geeignet ist.

II. Ausrichtung und Gang der Betrachtung

Der abschließende Teil der hiesigen Untersuchung unternimmt es, einige Argumente zu dieser Fragestellung zu entwickeln. Ausgangspunkt sind die genannten Ziele des Gesetzgebers bei seinen Reformbemühungen von 2002 und 2017. Dabei wird eine verfassungsrechtliche Perspektive eingenommen, die auf die vom Gesetzgeber zum Schutz der Urheber angeführten verfassungsrechtlichen Grundlagen – den Ausgleich gestörter Vertragsparität, die Eigentumsgarantie sowie das Sozialstaatsprinzip – fokussiert ist. Die Abkehr vom Gedanken der Einzelfallgerechtigkeit ist an diesen Instituten des Verfassungsrechts zu überprüfen. Es geht damit letztlich um die Frage, ob Generalisierungen und Branchentarife diese verfassungsrechtlichen Beweggründe des Gesetzgebers achten können oder aber das Ziel des Schutzes von Urhebern zu gefährden drohen.

Gleichzeitig handelt es sich nicht um eine umfassende Prüfung der Vereinbarkeit der gerichtlichen Praxis im Zusammenhang mit § 32 UrhG mit dem einschlägigen Verfassungsrecht. So wird etwa die Frage, ob und inwieweit die

458 Vgl. oben unter § 4 D. I.
459 Vgl. oben unter § 4 D. II.

Interessen und Rechte der Verwerter durch Branchentarife beeinträchtigt sind, nicht behandelt. Dies beruht nicht auf einer Missachtung jener Interessen, sondern vielmehr darauf, dass die Einzelfallgerechtigkeit des § 32 Abs. 2 S. 2 UrhG zum Schutz der Urheber eingeführt wurde und eine Abkehr hiervon zunächst zu deren Lasten zu gehen scheint.

Der folgenden Betrachtung ist im Übrigen der ›Extremfall‹ der Branchentarife zugrunde gelegt, mithin jene Konstellationen, in denen die Abkehr vom Gedanken der Einzelfallgerechtigkeit vollständig vollzogen und eine nach § 32 Abs. 2 S. 2 UrhG angemessene Vergütung allein nach den typischerweise in einer Branche vorherrschenden Umständen bemessen wird. Angeknüpft wird also an solche gerichtliche Entscheidungen, in denen die Umstände des konkreten Einzelfalls keinerlei Rolle spielen. Damit verbunden ist der Gedanke, dass sich aus der Betrachtung dieses Extremfalls Rückschlüsse für andere Konstellationen ziehen lassen.

Der Gang der Betrachtung orientiert sich an den vorgenannten verfassungsrechtlichen Maximen, die auch das Bundesverfassungsgericht in seiner Entscheidung zur Verfassungsmäßigkeit von § 32 UrhG als ausschlaggebend für dessen Rechtfertigung behandelte: (1) die Eigentumsgarantie nach Art. 14 GG, (2) der aufgrund von Art. 12 Abs. 1 iVm. Art. 2 Abs. 1 GG vorzunehmende Ausgleich mangelnder Vertragsparität sowie schließlich (3) das Sozialstaatsprinzip nach Art. 20 Abs. 1, 28 Abs. 1 S. 1 GG.[460] Die Abweichung vom Gedanken der Einzelfallgerechtigkeit im Rahmen des § 32 Abs. 2 S. 2 UrhG ist unter dem Blickwinkel jeder dieser Maximen zu betrachten. Die Struktur der folgenden Kapitel folgt diesem Gedanken. Zunächst erfolgt eine Überprüfung anhand der Eigentumsgarantie (*§ 8*). Es schließt sich die Überprüfung vor dem Hintergrund der verfassungsrechtlichen Pflicht des Gesetzgebers zum Ausgleich mangelnder Vertragsparität an (*§ 9*). Schließlich werden die Branchentarife im Lichte des sozialstaatlichen Gehalts des § 32 UrhG zu betrachten sein (*§10*).

§ 8 Branchentarife und die Eigentumsgarantie

Der erste verfassungsrechtliche Maßstab, an dem die gerichtlichen Generalisierungen und Branchentarife zu überprüfen sind, ist die Eigentumsgarantie des Art. 14 Abs. 1 S. 1 GG. Diese wäre dann betroffen, wenn die Urheber aus ihr gegenüber dem Staat einen Anspruch auf die Sicherstellung von Einzelfallgerechtigkeit und einer anhand des Einzelfalls zu bestimmenden Höhe der Vergütung ableiten könnten. Dann wäre eine Schutzpflicht des Staates verletzt,

460 Vgl. BVerfG 1 BvR 1842/11, 1 BvR 1843/11, 23.10.2013, BVerfGE 134, 204, Rn. 73ff. – *Übersetzerhonorare*.

wenn und soweit die Gerichte dem Leitbild der Einzelfallgerechtigkeit entgegen Vergütungen anhand von Generalisierungen bemessen und im Extremfall Branchentarife zur Anwendung bringen.

Festzustellen ist daher zunächst, inwiefern die Eigentumsgarantie eine solche Schutzpflicht zur Schaffung von Einzelfallgerechtigkeit beinhaltet. In diesem Zusammenhang ist zu fragen, ob aus der Eigentumsgarantie eine staatliche Pflicht zur Zuordnung eines bestimmten Wertes bei der Verwertung von Nutzungsrechten resultiert. Ausgangspunkt ist dabei die Rechtsprechung des Bundesverfassungsgerichts (*dazu A.*). Hiernach ist das Ergebnis auf die vorliegende Prüfung zu übertragen und die relevanten Folgerungen darzustellen (*unter B.*).

A. Der Aussagegehalt von Art. 14 GG zur Verwertung von Nutzungsrechten

I. Die Rolle der Eigentumsgarantie in *Übersetzerhonorare*

Das Grundrecht des Art. 14 GG spielte in *Übersetzerhonorare* ausschließlich auf sehr grundlegender Ebene eine Rolle. Das Bundesverfassungsgericht verwies auf die Eigentumsgarantie ausschließlich in solchen Passagen der Entscheidung, in denen auf die grundsätzliche Rechtfertigung der Urhebervertragsrechtsreform und des § 32 UrhG Bezug genommen wurden.

So begründete das Gericht das Vorliegen eines legitimen Zwecks der Vorschrift des § 32 UrhG damit, dass die Urhebervertragsrechtsrechtsreform im Allgemeinen und § 32 UrhG im Speziellen den Schutzzweck des Art. 14 GG in Anspruch nehmen könnten.[461] Im Übrigen erschöpften sich die Ausführungen des Gerichts zu Art. 14 GG darin, dass der Schutz der Eigentumsgarantie als eines mehrerer betroffener Grundrechte zugunsten der Urheber der Vertragsfreiheit der Verwerter gegenüberzustellen sei[462], und dass § 32 UrhG letzten Endes einen verfassungsrechtlich nicht zu beanstandenden Ausgleich aller betroffenen Grundrechte herstelle.[463] Aus diesen Ausführungen lässt die Frage danach, inwieweit Art. 14 GG eine am jeweiligen Einzelfall ausgerichtete gerichtliche Wertung bedingt, noch nicht beantworten.

In diesem Zusammenhang relevant ist dagegen ein Verweis auf eine vorangegangene Rechtsprechung des Bundesverfassungsgerichts, auf die dieses an zwei Stellen von *Übersetzerhonorare* Bezug nimmt. In diesen Passagen zitiert das Gericht mehrere frühere Entscheidungen, nach denen es zu den konstituieren-

461 Vgl. BVerfG 1 BvR 1842/11, 1 BvR 1843/11, 23.10.2013, BVerfGE 134, 204, Rn. 75 – *Übersetzerhonorare.*

462 Vgl. ebd., Rn. 72.

463 Vgl. ebd., Rn. 91ff.

den Merkmalen des Urheberechts als Eigentum im Sinne der Verfassung gehöre, dass das vermögenswerte Ergebnis der schöpferischen Leistung dem Urheber zuzuordnen sei.[464] Diesem Grundsatz wiederum könnte die Bestimmung einer angemessenen Vergütung anhand von Generalisierungen widersprechen, wenn die Bemessung der Vergütung anhand dieser zu einer unzureichenden Zuordnung des vermögenswerten Ergebnis ihrer schöpferischen Leistung an die Urheber führen würde. Dazu müsste jene Zuordnung des vermögenswerten Ergebnisses an den Urheber aber die Garantie eines durch den jeweiligen Einzelfall bestimmten Wertes beinhalten.

II. Die Rechtsprechung des Bundesverfassungsgerichts zur Zuordnung des vermögenswerten Ergebnisses der schöpferischen Leistung an den Urheber

Tatsächlich existiert eine umfangreiche Liste von vielfach zitierten Entscheidungen des Bundesverfassungsgerichts, die das Erfordernis einer Zuordnung des vermögenswerten Ergebnisses der schöpferischen Leistung an den Urheber – oder sonstig schöpferisch Tätigen[465] – im Rahmen der Eigentumsgarantie betonen.[466] Angefangen mit der Entscheidung *Kirchen- und Schulgebrauch*[467] verwendete das Bundesverfassungsgericht viele Male jene Formel, nach der es konstituierendes Merkmal des Urheberrechts als Eigentum im Sinne der Verfassung sei, dass das vermögenswerte Ergebnis der schöpferischen Leistung dem Urheber zuzuordnen ist.[468]

Im Rahmen dieser Rechtsprechung leitete das Bundesverfassungsgericht aus der Institutsgarantie des Art. 14 Abs. 1 S. 1 GG die Pflicht des Gesetzgebers ab, einen Grundbestand von privatrechtlichen Normen zu schaffen, nach denen der Urheber in eigenverantwortlicher Weise wirtschaftlich über sein Recht verfügen können soll.[469] Übergeordneter Zweck dieser Zuordnung ist es laut Bundesver-

464 Vgl. ebd., Rn. 72 sowie 87.

465 Die folgende Darstellung beschränkt sich aber auf Entscheidungen zum Urheberrecht. Soweit ersichtlich ergeben sich in den Entscheidungen etwa zum Patentrecht inhaltlich keine Differenzen.

466 Vgl. zum Folgenden auch die Darstellungen von *Papier*, in: Maunz/Dürig, Art. 14 GG Rn. 197a; *Wolff*, in: Riesenhuber, Die »Angemessenheit« im Urheberrecht, 67, 74f.

467 Vgl. BVerfG 1 BvR 765/66, 07.07.1971, BVerfGE 31, 229, 240f. – *Kirchen- und Schulgebrauch.*

468 Vgl. etwa BVerfG 1 BvR 352/71, 25.10.1978, BVerfGE 49, 382, 394 – *Kirchenmusik*; BVerfG 1 BvR 777/85, 1 BvR 882/85, 1 BvR 1239/85, 11.10.1988, BVerfGE 79, 1, 25 – *urheberrechtliche Vergütung*; BVerfG 1 BvR 1631/08, 30.08.2010, NJW 2011, 288, Rn. 60 – *Urheberrechtsabgabe auf Drucker und Plotter*; BVerfG 1 BvR 1916/09, 19.07.2011, BVerfGE 129, 78, 101 – *Le-Corbusier-Möbel.*

469 Vgl. BVerfG 1 BvR 765/66, 07.07.1971, BVerfGE 31, 229, 240f. – *Kirchen- und Schulgebrauch.*

fassungsgericht – wie im Bereich des Sacheigentums –, dass dem Urheber ein Freiheitsraum im vermögensrechtlichen Bereich garantiert ist, durch den er befähigt wird, finanziell eigenverantwortlich sein Leben zu gestalten.[470] Bei der genauen Ausgestaltung der dazu nötigen Normen soll der Gesetzgeber dabei einen weiten Entscheidungs- und Gestaltungsspielraum haben.[471] Insbesondere ist der Gesetzgeber nicht gehalten, dem Urheber jede nur denkbare Verwertungsmöglichkeit zuzuordnen[472], weil bisweilen Interessen und Belange der Allgemeinheit eine Einschränkung notwendig machen können.[473]

Auf diese Rechtsprechung wie auch auf die Formel der Zuordnung des vermögenswerten Ergebnisses der schöpferischen Leistung zum Urheber wurde im Vorfeld wie auch im Nachgang der Urhebervertragsrechtsreform 2002 vielfach verwiesen, um die Notwendigkeit der Verbesserung des Schutzes von Urhebern im Urhebervertragsrecht zu begründen. So berief sich schon der Professorenentwurf zur Begründung des Reformvorhabens auf jene Formel von der Zuordnung des vermögenswerten Ergebnisses an die Urheber.[474] Gleiches gilt für den – auf dem Professorenentwurf aufbauenden – ursprünglichen Gesetzentwurf der Bundesregierung.[475] Weiterhin zitiert auch die Literatur in Bezug auf die verfassungsrechtliche Rechtfertigung der Reform und des § 32 UrhG regelmäßig die Formel des Bundesverfassungsgerichts.[476] Sie wird dabei bisweilen durch einen Verweis auf das Beteiligungsprinzip ergänzt[477], das seinen Ursprung in der Rechtsprechung des Reichsgerichts hatte[478] und mit Blick auf die Rechtsprechung des Bundesverfassungsgerichts maßgeblich vom BGH geprägt wurde[479].

---

470 Vgl. ebd., 239; BVerfG 1 BvR 743/86, 1 BvL 80/86, 11.10.1988, BVerfGE 79, 29, 40 – *Strafvollzug.*

471 Vgl. BVerfG 1 BvR 777/85, 1 BvR 882/85, 1 BvR 1239/85, 11.10.1988, BVerfGE 79, 1, 25 – *urheberrechtliche Vergütung.*

472 Vgl. BVerfG 1 BvR 765/66, 07.07.1971, BVerfGE 31, 229, 241 – *Kirchen- und Schulgebrauch*; BVerfG 1 BvR 764/66, 07.07.1971, BVerfGE 31, 248, 252 – *Bibliotheksgroschen*; BVerfG 1 BvR 306/86, 23.01.1990, BVerfGE 81, 208, 220 – *Bob Dylan.*

473 Vgl. BVerfG 1 BvR 352/71, 25.10.1978, BVerfGE 49, 382, 394 – *Kirchenmusik*; BVerfG 1 BvR 743/86, 1 BvL 80/86, 11.10.1988, BVerfGE 79, 29, 40f. – *Strafvollzug.*

474 Vgl. *Dietz/Loewenheim/Nordemann/Schricker/Vogel*, GRUR 2000, 765, 771.

475 Vgl. Regierungsentwurf, BTDrucks 14/6433, 10 sowie 14.

476 Vgl. *Schulze*, in: Dreier/Schulze, § 32 UrhG Rn. 1a; *Schricker/Haedicke*, in: Schricker/Loewenheim, § 32 UrhG Rn. 33; *Schricker*, GRUR Int. 2002, 797, 806f.; *Dietz*, IIC 2002, 828, 832; *Wandtke*, K&R 2001, 601, 602; *ders.*, in: Obergfell, Zehn Jahre reformiertes Urhebervertragsrecht, 101, 108; *Erdmann*, GRUR 2002, 923, 924; *Reber*, GRUR 2003, 393, 393; *ders.*, GRUR Int. 2011, 569, 569.

477 Vgl. etwa *Reber*, GRUR 2003, 393, 393; *ders.*, GRUR Int. 2011, 569, 569.

478 Vgl. *Erdmann*, GRUR 2002, 923, 924; *Loewenheim/Peifer*, in: Schricker/Loewenheim, § 11 UrhG Rn. 1 jeweils mit Nachweisen zu den Entscheidungen des RG.

479 Vgl. *v. Becker*, in Loewenheim, Handbuch des Urheberrechts, § 29 Rn. 11.

III. Garantie eines bestimmten Wertes des vermögenswerten Ergebnisses als Konsequenz dieser Rechtsprechung?

Aus diesem dem Art. 14 Abs. 1 S. 1 GG entnommenen Grundsatz müsste aber weiter abzuleiten sein, dass das vermögenswerte Ergebnis einen bestimmten Wert erreichen muss, um eine ausreichende Zuordnung darzustellen. In diesem Zusammenhang ist aber eine ganz zentrale Unterscheidung vorzunehmen, die durch die Verweise auf die Formel der Zuordnung des vermögenswerten Ergebnisses gewissermaßen zu verblassen droht. Auf der einen Seite der Unterscheidung steht die Zuordnung der *Verfügungsbefugnis* über die schöpferische Leistung, durch die ein Urheber ermächtigt wird, diese schöpferische Leistung gegen ein Entgelt zu verwerten oder aber die Zuordnung eines *vermögenswerten Ersatzes* für den Verlust dieser Befugnis. Auf der anderen Seite steht dagegen die Garantie eines *bestimmten Ergebnisses der Verwertung* als solcher.

1. *Die Verfügungsbefugnis im Zentrum der Rechtsprechung des Bundesverfassungsgerichts*

Dieser Unterschied zwischen einer Zuordnung der Verfügungsbefugnis oder eines vermögenswerten Ausgleichs an den Urheber und der Garantie eines bestimmten Wertes des vermögenswerten Ergebnisses der Verwertung wurde durch eine ganze Reihe von Stimmen aus der Wissenschaft im Zusammenhang mit der Urhebervertragsrechtsreform 2002 und der Entscheidung des Bundesverfassungsgerichts in *Übersetzerhonorare* hervorgehoben.

Im Zentrum der kritischen Äußerungen steht die Feststellung, dass sich die Formel des Bundesverfassungsgerichts gerade nicht auf Konstellationen bezog, in denen der Urheber freiwillig über das ausschließliche Recht an seinem Werk verfügt, sondern vielmehr auf solche Konstellationen, in denen er aufgrund von gesetzlichen Schrankenbestimmungen oder mangelnder Zuweisung eines Ausschließlichkeitsrechts keinerlei Verfügungsbefugnis besitzt.[480] Es ging hierbei also um Fälle, in denen die Endnutzer ohne Zustimmung des Urhebers dessen Werk nutzen konnten. In diesen Konstellationen, in denen dem Urheber bereits die Möglichkeit genommen ist, darüber zu entscheiden, ob er überhaupt mit dem Endnutzer seines Werkes kontrahiert, sollte die Zuordnung des vermögenswerten Ergebnisses in Form der angemessenen Vergütung den Urheber für den Verlust der Verfügungsbefugnis entschädigen.[481] Dies erklärt sich vor dem

480 Vgl. *Ritgen*, JZ 2002, 114, 118; *Bayreuther*, UFITA 2002/III, 623, 637f.; *Grosche*, DÖV 2014, 382, 387f.; diese Feststellung betrifft unter anderem auch alle hier zitierten Entscheidungen. Im Vordergrund stehen dabei Entscheidungen zu gesetzlichen Schrankenbestimmungen und damit Konstellationen, in denen der Gesetzgeber Einschränkungen des Ausschließlichkeitsrechts des Urhebers zugunsten der Allgemeinheit vorgenommen hatte.

481 Vgl. ebd.

Hintergrund, dass es gerade jene Verfügungsbefugnis ist, die den Urheber üblicherweise dazu befähigt, im Rahmen der Verwertung seines Ausschließlichkeitsrechts eine solche Vergütung auszuhandeln. Speziell durch die Verfügungsbefugnis über sein Ausschließlichkeitsrecht kann der Urheber das übergeordnete Ziel der finanziell eigenverantwortlichen Gestaltung seines Lebens erreichen.[482]

Damit ist die Formel der Notwendigkeit einer Zuordnung des vermögenswerten Ergebnisses der schöpferischen Leistung an den Urheber offenkundig der ersten Seite der vorgenannten Unterscheidung zuzuordnen – sie bezieht sich auf die Zuordnung der Verfügungsbefugnis oder eines Ersatzes für deren Verlust im Rahmen der Eigentumsgarantie. Mithin befasst sie sich mit einer der Verwertung des Ausschließlichkeitsrechts vorgelagerten und von dieser zu trennenden Ebene. Nur in diesem Zusammenhang bestimmt die Formel des Bundesverfassungsgerichts dann aber eine sich aus Art. 14 Abs. 1 S. 1 GG ergebende Schutzpflicht des Gesetzgebers.

2. § 32 UrhG als Regelung der nachgelagerten Verwertung und deren Ergebnis

Dem steht mit § 32 UrhG eine Regelung der nachfolgenden *Verwertung* der schöpferischen Leistung gegenüber. Die Norm ordnet dem Urheber nicht die Möglichkeit zur Verfügung über die Nutzung des Werkes zu, sondern vielmehr weitergehend ein ganz bestimmtes Ergebnis der Verwertung der Nutzungsrechte gegenüber seinem Vertragspartner. Diese Verwertung ist der Zuordnung eines Ausschließlichkeitsrechts allerdings zeitlich nachgelagert und bedingt die vorherige Zuordnung sogar. Zum Zeitpunkt der Verwertung hat die Zuordnung eines Ausschließlichkeitsrechts und damit der Verfügungsbefugnis über die schöpferische Leistung an den Urheber im Sinne der Formel des Bundesverfassungsgerichts somit bereits stattgefunden.

Aus diesem Grund wurde und wird die Norm des § 32 UrhG aus der Warte der Eigentumsgarantie auch nicht als Erfüllung der dem Gesetzgeber auferlegten Schutzpflicht gesehen, sondern vielmehr als ein – letztlich meist als zulässig beurteiltes – Hinausgehen über jenes Mindestmaß zugunsten der Urheber.[483] Die Eigentumsgarantie des Art. 14 Abs. 1 S. 1 GG verpflichtet den Gesetzgeber nach dieser – soweit ersichtlich unbestrittenen – Bewertung nicht dazu, den Urheber

482 Vgl. *Greszick*, AfP 2002, 383, 388; grundsätzlich zum Zweck der Eigentumsgarantie, durch die Zuordnung von Ausschließlichkeitsrechten persönliche Freiheit zu schaffen *Peukert*, Güterzuordnung als Rechtsprinzip, 666ff.; *Axer*, in: Epping/Hillgruber, Art. 14 GG Rn. 1ff. jeweils m. w. N.

483 Vgl. *Schack*, GRUR 2002, 853, 855; *Obergfell*, in: Obergfell, Zehn Jahre reformiertes Urhebervertragsrecht, 7, 11; *Greszick*, AfP 2002, 383, 388 (im Rahmen eines »Korridor[s] für fakultative Schutzregelungen«).

davor zu schützen, dass er seine Nutzungsrechte unter Wert veräußert.[484] Eine Pflicht zur Garantie eines bestimmten Wertes bei der Nutzung der Marktchancen im Rahmen der Verwertung der Nutzungsrechte wird dementsprechend einvernehmlich abgelehnt.[485] Vielmehr ist die Bestimmung des Wertes grundsätzlich eine Frage des Marktes und der Abbildung der dortigen Verwertungschancen und -risiken.[486] Die gerichtliche Preiskontrolle des § 32 UrhG ist hiernach also keine unmittelbar aus der Eigentumsgarantie abzuleitende Notwendigkeit. Ein Zuordnungsgebot bezüglich eines bestimmten Werts des Ergebnisses der eigenverantwortlichen Verwertung der Nutzungsrechte durch den Urheber kann der Eigentumsgarantie nicht entnommen werden. Vielmehr handelt es sich bei § 32 UrhG – aus dem Blickwinkel von Art. 14 GG – um einen überobligatorischen Schutz des Gesetzgebers, der insoweit seinen Gestaltungsspielraum wahrgenommen hat.

B. Folgerungen

Hieraus folgt im Ergebnis, dass die Generalisierungen im Rahmen des Begriffs der Redlichkeit und die daraus im Extremfall folgenden Branchentarife kein Zuordnungsgebot im Rahmen der Eigentumsgarantie zu verletzen vermögen. Denn wenn aus Art. 14 Abs. 1 S. 1 GG keine Garantie eines bestimmten Ergebnisses der Verwertung als solcher hervorgeht, sondern nur eine Pflicht des Gesetzgebers zur grundsätzlichen Zuordnung der Verfügungsbefugnis über Rechte an der schöpferischen Leistung – oder einen Ersatz in Form eines Verwertungsrechts –, wirkt die Eigentumsgarantie auf einer anderen Ebene als die Garantie der angemessenen Vergütung. § 32 Abs. 2 S. 2 UrhG betrifft nämlich allein die Ausgestaltung des Ergebnisses der Verwertung und dessen Höhe und demnach eine Frage, die erst zu einem Zeitpunkt eintritt, an dem eine Zuordnung der Verfügungsbefugnis bereits stattgefunden hat, die vorgenannte Pflicht des Gesetzgebers aus der Eigentumsgarantie also bereits erfüllt ist.[487]

---

484 Vgl. *Bayreuther*, UFITA 2002/III, 623, 637.

485 Vgl. *Schack*, GRUR 2002, 853, 855; *Obergfell*, in: Obergfell, Zehn Jahre reformiertes Urhebervertragsrecht, 7, 11; *Greszick*, AfP 2002, 383, 388; *Berger*, in: Stern/Peifer/Hain, Urhebervertragsrecht – Gelungen oder reformbedürftig?, 9, 16.

486 Vgl. *Ritgen*, JZ 2002, 114, 118; *Grosche*, DÖV 2014, 382, 388; *Ackermann*, in: Riesenhuber, Die »Angemessenheit« im Urheberrecht, 9, 14.

487 Dieser Umstand erklärt auch einen fundamentalen Unterschied, zwischen dem Begriff der angemessenen Vergütung im Sinne des § 32 Abs. 2 S. 2 UrhG und demselben Begriff im Sinne anderer Normen des UrhG. Hat der Urheber von vornherein – wegen einer Schrankenregelung oder Rechtsverletzung – keine Verfügungsmöglichkeit über die Nutzungsrechte an seinem Werk, liegt es nahe, eine Parteivereinbarung über die Nutzung zu fingieren. *Ackermann* weist darauf hin, dass die Figur der *hypothetischen Parteivereinba-*

Ein aus Art. 14 Abs. 1 S. 1 GG zu folgerndes Zuordnungsgebot in Form der Garantie eines bestimmten Wertes des Ergebnisses der Verwertung der schöpferischen Leistung existiert dagegen nicht und wird – soweit ersichtlich – auch nicht vertreten. Da der Gesetzgeber mit § 32 UrhG demnach über die Mindesterfordernisse aus Art. 14 Abs. 1 S. 1 GG hinausgegangen ist und mit dem Ergebnis der Verwertung von Nutzungsrechten einen Bereich geregelt hat, der von der Eigentumsgarantie und der hierzu ergangenen Rechtsprechung des Bundesverfassungsgerichts nicht erfasst wird, können gerichtliche Generalisierungen und Branchentarife im Rahmen dieser Regelung keine staatlichen Schutzpflichten aus eben jener Eigentumsgarantie verletzen.

§ 9 Branchentarife und der Ausgleich gestörter Vertragsparität

Der nächste im Rahmen der Reformbemühungen angeführte und in *Übersetzerhonorare* in Bezug genommene verfassungsrechtliche Maßstab ist die aus der Privatautonomie entwickelte staatliche Pflicht zum Ausgleich von gestörter Vertragsparität in privatrechtlichen Vereinbarungen. Dieser Maßstab ist für die Überprüfung von Generalisierungen und Branchentarifen auf ihre Vereinbarkeit mit den Zielen der Urhebervertragsrechtsreform insoweit besonders wichtig, als der Gesetzgeber im Zuge der Urhebervertragsrechtsreformen ganz zentral auf

rung im gängigen Privatrecht für ebensolche Fälle des Verlusts der Verfügungsbefugnis bzw. -möglichkeit gedacht ist; vgl. *Ackermann*, Die »Angemessenheit« im Urheberrecht, 9, 16ff. Weil im Rahmen des § 32 UrhG aber eine Verfügungsmöglichkeit des Urhebers bestand und eine Parteivereinbarung tatsächlich geschlossen wurde, entsteht bei der Ausrichtung der Redlichkeit und damit der Angemessenheit an einer hypothetischen Parteivereinbarung eine Konstellation, in der die tatsächliche und die hypothetische Parteivereinbarung miteinander konkurrieren. Dieser Umstand unterscheidet § 32 UrhG von anderen Normen, deren Rechtsfolge die Zahlung einer angemessenen Vergütung vorsieht, und ist einer der Gründe für die Schwierigkeiten bei der Konkretisierung von § 32 Abs. 2 S. 2 UrhG. Insofern sind auch die Verweise des Gesetzgebers (vgl. Regierungsentwurf, BTDrucks 14/6433, 14) und des Bundesverfassungsgerichts (vgl. BVerfG 1 BvR 1842/11, 1 BvR 1843/11, 23.10.2013, BVerfGE 134, 204, Rn. 86 – *Übersetzerhonorare*) auf eben jene anderen Regelungen einer angemessenen Vergütung im Urheberrecht wenig hilfreich. Im Rahmen dieser Normen bezieht sich der Begriff der angemessenen Vergütung auf eine hypothetische Parteivereinbarung und nicht eine anhand *eines eigens festzulegenden Maßstabs* zu korrigierende, tatsächliche Parteivereinbarung. Dies gilt selbst für den oft zitierten § 22 Abs. 2 VerlG, der nur dann eingreift, wenn eine Vergütung der Höhe nach nicht bestimmt wurde; vgl. *Obergfell*, in: Ulmer-Eilfort/Obergfell, § 22 VerlG Rn. 12. Auch hier liegt also hinsichtlich der Vergütungshöhe keine Parteivereinbarung vor. Es ist diese Notwendigkeit eines eigenen Maßstabs, die zu dem Vorschlag führt, die tatsächliche Vereinbarung im Sinne einer Vereinbarung in einem idealen Markt bei Gleichgewicht der Verhandlungsmacht abzuändern; vgl. dazu oben unter § 6 C. II. 1. Vgl. zu dem gesamten Problemkreis allgemein und detaillierter *Ackermann*, Die »Angemessenheit« im Urheberrecht, 9, 16ff.

die Diagnose einer strukturellen Unterlegenheit der Urheber gegenüber ihren Verwertern abstellte.[488] Insofern müsste einer Gefährdung des hinreichenden Ausgleichs ungleicher Verhandlungsmacht durch die Vergütungsermittlung anhand von Generalisierungen besonderes Gewicht zugemessen werden.

Die im Folgenden zu klärende Frage ist demnach, ob eine solche Gefährdung des Ausgleichs zwischen Urhebern und Verwertern durch gerichtliche Generalisierungen in Betracht kommt. Auch in diesem Zusammenhang sind zunächst in knapper Form die verfassungsrechtlichen Leitlinien des Ausgleichs gestörter Vertragsparität anhand der Rechtsprechung des Bundesverfassungsgerichts herauszuarbeiten und § 32 UrhG hiernach in diese Systematik einzuordnen (*dazu A.*). Anschließend werden Argumente zu der entscheidenden Frage diskutiert, die letztlich für eine Vereinbarkeit von gerichtlichen Generalisierungen mit dem hinreichenden Ausgleich gestörter Vertragsparität sprechen (*dazu B.*). Schließlich sind wiederum die für die vorliegende Untersuchung wichtigsten Folgerungen zu benennen (*dazu C.*).

A. § 32 UrhG und die verfassungsrechtliche Pflicht zum Ausgleich gestörter Vertragsparität

I. Die Rolle des Ausgleichs gestörter Vertragsparität in *Übersetzerhonorare*

Im Gegensatz zur Eigentumsgarantie des Art. 14 GG begleitete das Motiv der gestörten Vertragsparität die gesamte Prüfung des Bundesverfassungsgerichts in *Übersetzerhonorare.* Jene Disparität zwischen Verhandlungspartnern bildete in der Entscheidung – ähnlich wie im Rahmen der Urhebervertragsrechtsreformen von 2002 und 2017 – einen der zentralen Rechtfertigungsstränge für die Regelung des § 32 UrhG.

Auf grundlegender Ebene stellte das Bundesverfassungsgericht – neben der Eigentumsgarantie – die Vertragsfreiheit der Urheber der Berufsfreiheit der Verwerter als betroffene Grundrechte gegenüber.[489] Dabei bezog sich die Prüfung auf den Umstand, dass die Ausübung der Vertragsfreiheit durch die Verwerter auf der einen Seite die Vertragsfreiheit der Urheber – im Sinne einer Fähigkeit zur Selbstbestimmung der vertraglichen Regelungen – auf der anderen Seite zu beeinträchtigen vermag.[490] Es ist dieses Bild der Fremdbestimmung aufgrund wirtschaftlicher Überlegenheit der Verwerter, das sich durch die gesamte Entscheidungsbegründung hinsichtlich der Verfassungsmäßigkeit des

488 Vgl. dazu oben unter § 1.

489 Vgl. BVerfG 1 BvR 1842/11, 1 BvR 1843/11, 23.10.2013, BVerfGE 134, 204, Rn. 72 – *Übersetzerhonorare.*

490 Vgl. ebd., Rn. 75.

§ 32 UrhG zieht.[491] Dabei wendete sich das Bundesverfassungsgericht auch gegen die Annahme eines – im Rahmen der Diskussion um die Urhebervertragsrechtsreform 2002 erstellten – Gutachtens, das die Position vertrat, die These des Gesetzgebers von faktischer Unterlegenheit einer Vielzahl von Urhebern gegenüber ihren Verwertern sei vor der Einführung eines Anspruchs wie § 32 UrhG weiter aufklärungsbedürftig gewesen.[492] Vielmehr stellte das Bundesverfassungsgericht fest, dass der Gesetzgeber nach *Übersetzerhonorare* bei der Urhebervertragsrechtsreform 2002 in nachvollziehbarer Weise von solchen Verhältnissen des Machtungleichgewichts ausgegangen sei.[493] In dieser Situation konfligierender Grundrechte prüfte das Gericht in gewohnter Art und Weise, ob durch die Regelung des § 32 UrhG ein Ausgleich nach dem Grundsatz praktischer Konkordanz geschaffen wurde.[494]

Hierbei stellte das Bundesverfassungsgericht klar, dass dem Gesetzgeber ein weiter Beurteilungs- und Gestaltungsspielraum bei der Ausgestaltung des Ausgleichs zukomme. Das Verfassungsgericht ging dabei explizit auch darauf ein, dass es dem Gesetzgeber nicht verwehrt sei, über grundrechtliche Schutzpflichten hinauszugehen und den Urhebern stärkeren Schutz zu gewähren, als es die Zivilgerichte aufgrund von Generalklauseln zu bewältigen vermögen.[495] In diesem Zusammenhang ging das Bundesverfassungsgericht davon aus, dass § 32 UrhG nicht nur einen minimal notwendigen Schutz in Fällen von krassen Missbräuchen überwiegender Verhandlungsmacht durch die Verwerter bezwecke, sondern einen *umfassenden* Interessensausgleich.[496] Das Gericht billigte diesen Ansatz auch mit Blick auf die Anwendbarkeit des § 32 UrhG auf *alle* Verträge von Urhebern mit Verwertern über die Einräumung von Nutzungsrechten, unabhängig davon, ob ein Ungleichgewicht zwischen den Parteien beim Vertragsschluss im konkreten Fall faktisch feststellbar ist. *Übersetzerhonorare* enthält diesbezüglich die Feststellung, dass der Gesetzgeber auf die von ihm wahrgenommene, unbefriedigende Situation der Urheber mittels einer typisierenden Lösung reagieren und allen Urhebern den Anspruch des § 32 UrhG zusprechen durfte.[497]

Hiernach stellt sich die mangelhafte Vertragsparität zwischen Urhebern und Verwertern aufgrund der wirtschaftlichen und fachlichen Überlegenheit Letz-

491 Vgl. ebd., Rn. 68, 73, 74ff., 87f., 92 sowie 95.
492 Vgl. *Gounalakis*, in: Gounalakis/Heinze/Dörr, Urhebervertragsrecht, 19, 100ff. (insb. 103 und 105).
493 Vgl. Vgl. BVerfG 1 BvR 1842/11, 1 BvR 1843/11, 23.10.2013, BVerfGE 134, 204, Rn. 76f. – *Übersetzerhonorare.*
494 Vgl. ebd., Rn. 68.
495 Vgl. ebd., Rn. 70.
496 Vgl. ebd., Rn. 82.
497 Vgl. BVerfG 1 BvR 1842/11, 1 BvR 1843/11, 23.10.2013, BVerfGE 134, 204, Rn. 95 – *Übersetzerhonorare.*

terer bei den Vertragsverhandlungen als eines der Hauptmotive in *Übersetzerhonorare* dar. Insofern muss die Notwendigkeit des Ausgleichs gestörter Vertragsparität als eines der zentralen verfassungsrechtlichen Argumente zugunsten der Verfassungsmäßigkeit des § 32 UrhG gelten. Indes sah das Bundesverfassungsgericht die Urhebervertragsrechtsreform 2002 im Allgemeinen und § 32 UrhG im Speziellen offenkundig auch als – im Hinblick auf diesen verfassungsrechtlich gebotenen Schutz der schwächeren Vertragspartei – überobligatorische Maßnahmen des Gesetzgebers an.[498]

II. Verfassungsrechtliche Vorgaben zum Ausgleich gestörter Vertragsparität

In diesem Zusammenhang ist daher wiederum ein Blick auf die allgemeinen, vom Bundesverfassungsgericht aufgestellten Grundsätze zum Eingreifen einer staatlichen Schutzpflicht im Rahmen gestörter Vertragsparität bei zivilrechtlichen Vereinbarungen erforderlich. Jene Grundsätze wurden in einer Reihe jüngerer Entscheidungen zu sehr verschiedenen Sachverhalten entwickelt und gefestigt.[499]

Das Bundesverfassungsgericht verortete eine Schutzpflicht des Staates in Fällen ungleicher Verhandlungsstärke dabei grundsätzlich in Art. 2 Abs. 1 GG und betonte, dass es im Kern um die Selbstbestimmung des Einzelnen im Rechtsleben gehe, die durch die allgemeine Handlungsfreiheit geschützt sei.[500] Daneben war das Gericht aber auch mit Sachverhalten konfrontiert, in denen benachteiligende Vereinbarungen aufgrund von ungleicher Verhandlungsstärke im Rahmen speziellerer Grundrechte relevant wurden, wie etwa im Rahmen der Berufsfreiheit gemäß Art. 12 Abs. 1 GG[501] sowie dem Recht auf Schutz und Fürsorge von Müttern nach Art. 6 Abs. 4 GG.[502] Durchweg betonte das Gericht in diesen Entscheidungen aber auch, dass ein Zusammenhang der staatlichen

---

498 Vgl. dazu ebd., Rn. 70 (»Der Gesetzgeber ist nicht daran gehindert, jenseits allgemeinzivilrechtlicher Generalklauseln spezielle Schutzmechanismen einzuführen, auch wenn er hierzu nicht aufgrund des Eingreifens grundrechtlicher Schutzpflichten angehalten sein mag«) sowie 82 (»Mit der Reform beabsichtigte der Gesetzgeber nicht einen Schutz der Urheber nur in Fällen eines krassen Missbrauchs der Verhandlungsmacht durch die Verwerter, sondern eine gesetzliche Regelung, mit der sich hinsichtlich der Vergütung ein allgemeiner und umfassender Interessensausgleich zwischen Urhebern und Werknutzern herstellen lässt.«).

499 Vgl. zum Folgenden auch die Darstellung von *Di Fabio*, in: Maunz/Dürig, Art. 2 GG Rn. 107ff.

500 Vgl. BVerfG 1 BvR 567/89, 1 BvR 1044/89, 19.10.1993, BVerfGE 89, 214, 231 – *Bürgschaftsvertrag*; BVerfG 1 BvR 1402/89, 05.08.1994, NJW 1994, 2749, 2750; BVerfG 1 BvR 696/96, 02.05.1996, NJW 1996, 2021, 2021.

501 Vgl. BVerfG 1 BvR 26/84, 07.02.1990, BVerfGE 81, 242 – *Wettbewerbsverbot des Handelsvertreters.*

502 Vgl. BVerfG 1 BvR 12/92, 06.02.2001, BVerfGE 103, 89 – *Unterhaltsverzichtsvertrag.*

Schutzpflicht mit dem Sozialstaatsprinzip der Art. 20 Abs. 1, 28 Abs. 1 S. 1 GG bestünde.[503]

Aus diesen verfassungsrechtlichen Grundlagen leitete das Bundesverfassungsgericht sodann eine Pflicht des Staates zum Einschreiten für solche Fälle ab, in denen die geschützte Selbstbestimmung des Einzelnen faktisch nicht gegeben ist. Dabei ging es aber von dem Grundsatz aus, dass der Staat die im Rahmen der Privatautonomie getroffenen Regelungen grundsätzlich zu respektieren habe.[504] Nur wenn die Voraussetzungen einer Selbstbestimmung des Betroffenen nicht gegeben seien und aufgrund eines starken Übergewichts der anderen Partei – etwa in Form geschäftlicher Unerfahrenheit oder emotionaler Verbundenheit des Betroffenen – durch die vertragliche Vereinbarung faktisch Fremdbestimmung bestehe, müsse der Staat ausgleichend eingreifen.[505] Demnach geht es um eine Schutzpflicht des Staates in solchen Konstellationen, in denen die grundrechtlich gewährleistete Selbstbestimmung des Einzelnen beim Eingehen zivilrechtlicher Verträge aufgrund von tatsächlichen Gegebenheiten ausnahmsweise nicht gegeben ist.

Diese Pflicht tritt nach dem Bundesverfassungsgericht indes nicht bei jedem Ungleichgewicht zwischen zwei Parteien ein, sondern vielmehr erst, wenn es sich um eine typisierbare Fallgestaltung handelt, also ein strukturelles Ungleichgewicht zwischen den Parteien besteht.[506] Dementsprechend machte das Gericht in den entschiedenen Fällen den Verfassungsverstoß jeweils von der Frage abhängig, ob neben dem Missverhältnis der gegenseitigen Leistungen – aufgrund der konkreten oder typischen Fallgestaltung, den spezifischen Eigenschaften der Parteien oder sonstiger Indizien – auch tatsächlich eine *Fremdbestimmung* anzunehmen war.[507] Aus dieser zentralen Rolle der Fremd-

503 Vgl. BVerfG 1 BvR 26/84, 07.02.1990, BVerfGE 81, 242, 255 – *Wettbewerbsverbot des Handelsvertreters*; BVerfG 1 BvR 567/89, 1 BvR 1044/89, 19.10.1993, BVerfGE 89, 214, 232 – *Bürgschaftsvertrag*; BVerfG 1 BvR 1402/89, 05.08.1994, NJW 1994, 2749, 2750; BVerfG 1 BvR 696/96, 02.05.1996, NJW 1996, 2021, 2021.

504 Vgl. BVerfG 1 BvR 26/84, 07.02.1990, BVerfGE 81, 242, 254 – *Wettbewerbsverbot des Handelsvertreters*; BVerfG 1 BvR 12/92, 06.02.2001, BVerfGE 103, 89, 100 – *Unterhaltsverzichtsvertrag.*

505 Vgl. BVerfG 1 BvR 26/84, 07.02.1990, BVerfGE 81, 242, 254f. – *Wettbewerbsverbot des Handelsvertreters*; BVerfG 1 BvR 567/89, 1 BvR 1044/89, 19.10.1993, BVerfGE 89, 214, 231f. – *Bürgschaftsvertrag*; BVerfG 1 BvR 1402/89, 05.08.1994, NJW 1994, 2749, 2750; BVerfG 1 BvR 696/96, 02.05.1996, NJW 1996, 2021, 2021; BVerfG 1 BvR 12/92, 06.02.2001, BVerfGE 103, 89, 100f. – *Unterhaltsverzichtsvertrag.*

506 Vgl. BVerfG 1 BvR 567/89, 1 BvR 1044/89, 19.10.1993, BVerfGE 89, 214, 232 – *Bürgschaftsvertrag*; BVerfG 1 BvR 1402/89, 05.08.1994, NJW 1994, 2749, 2750; BVerfG 1 BvR 696/96, 02.05.1996, NJW 1996, 2021, 2021.

507 Vgl. BVerfG 1 BvR 26/84, 07.02.1990, BVerfGE 81, 242, 260f. – *Wettbewerbsverbot des Handelsvertreters*; BVerfG 1 BvR 567/89, 1 BvR 1044/89, 19.10.1993, BVerfGE 89, 214, 234f. – *Bürgschaftsvertrag*; BVerfG 1 BvR 1402/89, 05.08.1994, NJW 1994, 2749, 2750; BVerfG

bestimmung in der Betrachtung geht zugleich hervor, dass nicht die strukturelle Überlegenheit der einen Partei allein Anknüpfungspunkt der Schutzpflicht des Staates ist, sondern vielmehr deren Ausnutzen in Form der einseitigen Vorgabe der Vertragsbedingungen. Erst bei Vorliegen solcher Umstände soll demnach die staatliche Schutzpflicht zugunsten der benachteiligten Partei über die – ebenso verfassungsrechtlich geschützte – Privatautonomie der anderen Partei obsiegen und ein Eingreifen des Staates indiziert sein.

Bei der Ausgestaltung des hiernach notwendigen Ausgleichs des gestörten Gleichgewichts der beiden Vertragsparteien billigte das Bundesverfassungsgericht dem Gesetzgeber allerdings grundsätzlich einen weiten Gestaltungsspielraum zu.[508] Das Ergebnis des Ausgleichs der gestörten Vertragsparität ist demnach zuvorderst eine Frage des einfachen Rechts, dem durch das Verfassungsrecht ein weiter Spielraum gewährt wird.[509] So erwähnte das Gericht bisweilen, dass der Ausgleich sowohl über Einführung zwingenden Vertragsrechts als auch über bestehende Generalklauseln des Privatrechts hergestellt werden könne.[510]

Aus all dem ergibt sich im Ergebnis ein bedeutend weiter Rahmen, innerhalb dessen der Staat im Allgemeinen und der Gesetzgeber im Speziellen ihrer Schutzpflicht nachkommen können. Dies gilt für die Entscheidung zum Handeln einerseits sowie die Ausgestaltung des notwendigen Ausgleichs andererseits. Nicht zu missachten ist indes, dass das Bundesverfassungsgericht im Grundsatz davon ausgeht, dass die privatrechtlichen Vereinbarungen der Parteien grundsätzlich zu respektieren sind und die vorgenannte Schutzpflicht den Staat erst dann zum Handeln verpflichtet, wenn statt Selbstbestimmung des Betroffenen Fremdbestimmung seitens der anderen Partei anzunehmen ist. Grundsätzlich soll der Staat unverändert auf die Ausgewogenheit der Parteivereinbarung im Privatrecht vertrauen. Die staatliche *Pflicht* zum Ausgleich wegen gestörter Vertragsparität ist folglich als Ausnahme von der Regel anzusehen.

III. Einordnung des § 32 UrhG in diese Systematik

In diese Systematik lässt sich die Norm des § 32 UrhG letztlich nur unter Schwierigkeiten einfügen. Bei einem Abgleich der Stoßrichtung des § 32 UrhG

1 BvR 696/96, 02.05.1996, NJW 1996, 2021, 2021; BVerfG 1 BvR 12/92, 06.02.2001, BVerfGE 103, 89, 102ff. – *Unterhaltsverzichtsvertrag.*

508 Vgl. BVerfG 1 BvR 26/84, 07.02.1990, BVerfGE 81, 242, 255 – *Wettbewerbsverbot des Handelsvertreters.*

509 Vgl. BVerfG 1 BvR 567/89, 1 BvR 1044/89, 19.10.1993, BVerfGE 89, 214, 234 – *Bürgschaftsvertrag*; BVerfG 1 BvR 1402/89, 05.08.1994, NJW 1994, 2749, 2750; BVerfG 1 BvR 696/96, 02.05.1996, NJW 1996, 2021, 2021.

510 Vgl. BVerfG 1 BvR 26/84, 07.02.1990, BVerfGE 81, 242, 255f. – *Wettbewerbsverbot des Handelsvertreters*; BVerfG 1 BvR 567/89, 1 BvR 1044/89, 19.10.1993, BVerfGE 89, 214, 232f. – *Bürgschaftsvertrag.*

mit jenen – zu seiner verfassungsrechtlichen Rechtfertigung immerhin ganz zentral angebrachten – Grundsätzen zum staatlichen Ausgleich gestörter Vertragsparität zeigt sich vielmehr, dass die Garantie einer angemessenen Vergütung nicht nur über die angenommene staatliche Schutzpflicht hinausgeht, sondern tatsächlich ein anderes Leitbild verfolgt.

1. Die Unterscheidung zwischen materialer Vertragsfreiheit und materialer Vertragsgerechtigkeit nach Canaris

Zum Zwecke dieses Vergleiches kann eine Unterteilung fruchtbar gemacht werden, die *Claus-Wilhelm Canaris* mit Blick auf das Narrativ der ›Materialisierung des Privatrechts‹ vorgenommen hat.[511] Sie erlaubt es insbesondere, verschiedene Arten jener Materialisierung in ihrer jeweiligen Stoßrichtung zu unterscheiden.

Die Unterteilung von *Canaris* differenziert erstens zwischen dem Konzept der Vertragsfreiheit auf der einen, und dem der Vertragsgerechtigkeit auf der anderen Seite; sowie zweitens zwischen formalen und materialen Auslegungen derselben. Dabei bezeichnet *Canaris* mit Vertragsfreiheit – ganz ähnlich dem Bundesverfassungsgericht – die Setzung von Rechtsfolgen durch die Parteien eines Vertragsverhältnisses nach ihrem Willen.[512] Der Vertragsfreiheit steht sodann die Vertragsgerechtigkeit gegenüber, die sich auf die ›Richtigkeit‹ oder Angemessenheit des Vertragsinhalts bezieht.[513] Sowohl die Vertragsfreiheit als auch die Vertragsgerechtigkeit können nach der Einteilung von *Canaris* formal – d.h. in einem rein rechtlichen bzw. prozeduralen Sinne[514] – als auch material – d.h. in einem tatsächlichen bzw. faktischen Sinne[515] – ausgelegt werden.[516]

Hiernach bezeichnet der Begriff der *formalen Vertragsfreiheit* die Befugnis einer Partei Rechtsfolgen nach ihrem Willen mit einer anderen Partei zu vereinbaren, ohne dass dem rechtliche Hindernisse im Weg stehen.[517] Formale Vertragsfreiheit ist demnach dann gegeben, wenn die Parteien beim Abschluss von vertraglichen Vereinbarungen rechtliche Freiheit genießen. Die *materiale Vertragsfreiheit* dagegen bezieht sich darauf, dass jede Partei auch faktisch nach ihrem Willen handelt und rein tatsächlich nicht in ihrem Willensbildungspro-

511 Vgl. zum Folgenden *Canaris*, AcP 200 (2000), 273.

512 Vgl. ebd., 277.

513 Vgl. ebd., 284 sowie 286.

514 Vgl. ebd., 277f.

515 Vgl. ebd.

516 Daneben steht nach der Systematisierung von *Canaris* noch die ›Materialisierung‹ der weltanschaulich-politischen Grundhaltung bzw. des gesellschaftlichen Sozialmodells, vgl. ebd., 289ff. Dieser Aspekt spielt an dieser Stelle allerdings eher mittelbar eine Rolle und wird daher zunächst ausgeblendet.

517 Vgl. ebd., 277f.

zess beeinträchtig ist.[518] Hierbei geht es also darum, dass dem Willensbildungsprozess nicht nur keine rechtlichen Hindernisse entgegenstehen, sondern auch keine tatsächlichen Zwänge oder Beeinflussungen durch andere Parteien.

Einen engen Verbund – und sogar »unlösbaren Zusammenhang« – sieht *Canaris* zwischen der materialen Vertragsfreiheit und der *formalen Vertragsgerechtigkeit*, die die Angemessenheit des Vertragsinhalts im rechtlichen Sinne zum Gegenstand hat.[519] Die formale Vertragsgerechtigkeit bezieht sich innerhalb seiner Systematisierung nämlich darauf, dass der Vertragsinhalt nach geltendem Recht zustande gekommen ist und in diesem Sinne das Verfahren des Vertragsabschlusses für die Gerechtigkeit des Vertragsinhalts streitet. Der enge Verbund mit der materialen Vertragsfreiheit ergibt sich dementsprechend vor allem aus der ›Richtigkeitsgewähr‹ des *freiwilligen* Vertragsabschlusses. In diesem Zusammenhang verweist *Canaris* auf das primär prozedurale Verständnis von Vertragsgerechtigkeit des deutschen Rechts, das eine ›Richtigkeit‹ des Vertragsinhalts vor allem von der Einhaltung der prozeduralen Vorgaben der Rechtsordnung erwarte.[520] Diese Erwartung basiere aber ganz zentral auf der tatsächlichen Freiwilligkeit der Vereinbarung der Parteien, die von den prozeduralen Vorgaben vorausgesetzt werde.[521] Die formale Vertragsgerechtigkeit einer Vereinbarung enthält hiernach also nur dann eine ausreichende ›Richtigkeitsgewähr‹, wenn auch von materialer Vertragsfreiheit der Parteien auszugehen ist.

Zuletzt schließt *Canaris* auch die Auslegung der Vertragsgerechtigkeit in einem materialen Sinne – die *materiale Vertragsgerechtigkeit* – in seine Systematisierung ein. Bei jenem Verständnis von Vertragsgerechtigkeit geht es um die Kontrolle des Vertragsinhalts anhand von materialen Kriterien, die einer inhaltlichen Gerechtigkeitskonzeption entsprechen und damit gegenüber der Kontrolle auf Freiwilligkeit einer Parteivereinbarung ein ›Mehr‹ darstellen.[522] Eine Rechtsordnung, die einem materialen Verständnis der Vertragsgerechtigkeit folgt, muss mithin danach fragen, ob der Vertragsinhalt materialen Kriterien entspricht, die die Rechtsordnung für Verträge dieser Art vorsieht. Bemerkenswerterweise bezieht sich Canaris in diesem Zusammenhang vor allem auf die Suche nach dem ›iustum pretium‹, um die erheblichen Schwierigkeiten bei der Herausbildung derartiger materialer Gerechtigkeitskriterien zu verdeutlichen.[523] Im Übrigen weist *Canaris* auch darauf hin, dass der Übergang zwischen formalen und materialen Kriterien fließend sein kann und insbeson-

518 Vgl. ebd.
519 Vgl. ebd., 283ff.
520 Vgl. ebd. m.w.N. zu der umfangreichen Literatur zu diesem Thema.
521 Vgl. ebd., 286f. (insbesondere den Verweis auf die Maxime *volenti non fit iniuria*).
522 Vgl. ebd., 286.
523 Vgl. ebd.

dere prozedurale Herangehensweisen zur Ermittlung inhaltlicher Kriterien dienen können.[524]

2. *§ 32 UrhG als Normierung eines Leitbilds materialer Vertragsgerechtigkeit*

Entsprechend dem ›iustum pretium‹ muss auch die Überprüfung einer Vergütung auf ihre Angemessenheit gemäß § 32 UrhG als Ausdruck eines Bemühens um materiale Vertrags*gerechtigkeit* angesehen werden.[525] Es geht um die Prüfung der Hauptleistungspflicht des Verwerters auf ihre Übereinstimmung mit materialen Gerechtigkeitskriterien, nämlich jenen der angemessenen Vergütung von Urhebern. Diese Einordnung des § 32 UrhG als Normierung einer Konzeption materialer Vertragsgerechtigkeit erfolgt dabei auf Grundlage sowohl seiner Tatbestands- als auch seiner Rechtsfolgenebene.[526] Demgegenüber betrifft die staatliche Pflicht zum Ausgleich gestörter Vertragsparität zuvorderst die faktische Beeinträchtigung einer Partei bei Verhandlung und Abschluss eines Vertrages und damit die materiale Vertrags*freiheit*.[527] Es ist eben dieser Unterschied, der eine Einordnung des § 32 UrhG in das vom Bundesverfassungsgericht geprägte System zum Ausgleich gestörter Vertragsparität schwierig macht.

a) *Anhaltspunkte auf Tatbestandsebene*

Auf Tatbestandsebene streitet vor allem der Anwendungsbereich der Norm dafür, dass § 32 UrhG über die Herstellung materialer Vertragsfreiheit hinaus auch materiale Vertragsgerechtigkeit gewährleisten soll. Während nämlich das Bundesverfassungsgericht in seiner Rechtsprechung zum Ausgleich gestörter Vertragsparität an zentraler Stelle eine tatsächliche Fremdbestimmung der unterlegenen Partei durch ihren Vertragspartner voraussetzt[528], ist § 32 UrhG nicht nur auf solche Verträge anwendbar, bei denen die Urheber ihren Verwertern tatsächlich unterlegen sind und Letztere daher einseitig ihre Bedingungen durchsetzen können. Vielmehr ist § 32 UrhG auf alle Verträge, die die Einräumung von Nutzungsrechten zum Gegenstand haben, anwendbar.[529] Insbesondere ist die Feststellung einer tatsächlichen Fremdbestimmung des Urhebers

---

524 Vgl. ebd., 287.

525 So auch *Grzeszick*, AfP 2002, 383, 385 (»material verstandene[n] Vertragsgerechtigkeit«).

526 So auch *Bayreuther*, UFITA 2002/III, 623, 683.

527 Vgl. *Thüsing*, GRUR 2002, 203, 206 (»die materielle, tatsächliche Freiheit, eine rechtsgeschäftliche Bindung eingehen zu können oder auch nicht«); vgl. zu der Einordnung mit Blick auf die Bürgschaftsentscheidungen auch *Canaris* selbst, AcP 200 (2000), 273, 296.

528 Vgl. in diesem Zusammenhang die Zurückweisung einer zweiten Verfassungsbeschwerde in der vorgenannten Bürgschaftsentscheidung wegen fehlender Fremdbestimmung, BVerfG 1 BvR 567/89, 1 BvR 1044/89, 19.10.1993, BVerfGE 89, 214, 235f. – *Bürgschaftsvertrag*.

529 Vgl. dazu oben unter § 3 A. II.

durch seinen Verwerter gerade nicht Teil des Tatbestands des § 32 UrhG.[530] Der Ausgleich gestörter Vertragsparität und dessen Voraussetzungen werden somit auf Tatbestandsebene nicht reflektiert.

Mit der Ausweitung des Anwendungsbereichs des § 32 UrhG auf alle Nutzungsrechtseinräumungen zwischen Urhebern und Verwertern bewegte sich der Gesetzgeber indes nicht außerhalb seiner verfassungsrechtlichen Befugnisse in Bezug auf den Ausgleich gestörter Vertragsparität. Zwar sieht § 32 UrhG nicht vor, dass eine Fremdbestimmung im konkreten Fall Voraussetzung der Anwendung der Norm ist. Allerdings ging der Gesetzgeber bei der Urhebervertragsrechtsreform 2002 davon aus, dass Urheber aus strukturellen Gründen und damit typischerweise ihren Verwertern in den Vertragsverhandlungen unterlegen sind.[531] Insofern enthält § 32 UrhG eine generelle Vermutung der Fremdbestimmung der Urheber durch ihre Verwerter.[532] Eine derartige Einschätzung bewegt sich innerhalb des verfassungsrechtlichen Einschätzungsspielraums des Gesetzgebers, wie das Bundesverfassungsgericht in seiner Entscheidung zum entschädigungslosen Wettbewerbsverbot für Handelsvertreter feststellte[533] und in *Übersetzerhonorare* auch mit Blick auf § 32 UrhG explizit bestätigte.[534]

Gleichwohl ist die mangelnde Begrenzung des § 32 UrhG auf Fälle tatsächlicher Fremdbestimmung der Urheber ein starkes Indiz dafür, dass es primärer Normzweck des § 32 UrhG ist, ein Leitbild materialer Gerechtigkeit durchzusetzen, und nicht nur eine staatliche Pflicht zum Ausgleich gestörter Vertragsparität zu erfüllen. Es hätte sonst nahe gelegen, den Anspruch nach § 32 Abs. 1 S. 3 UrhG davon abhängig zu machen, dass der Urheber Anhaltspunkte für eine Fremdbestimmung durch den Verwerter darlegt, so etwa in Form eines besonders stark ausgeprägten Missverhältnisses der beiderseitigen Leistungen oder in Form von besonderen Umständen, die eine Drucksituation für den Urheber im Einzelfall glaubhaft machen. Demgegenüber ist es für die Durchsetzung einer materialen Gerechtigkeitskonzeption aus offensichtlichen Gründen hilfreich

530 Auf das Fehlen einer derartigen Voraussetzung weisen auch explizit hin *Stickelbrock*, GRUR 2001, 1087, 1094; *Thüsing*, GRUR 2002, 203, 207; *Ritgen*, JZ 2002, 114, 119f.; *Czychowski*, GRUR-PRax 2014, 27, 27f.; *Bayreuther*, UFITA 2002/III, 623, 629. *Grzeszick* dagegen geht davon aus, dass Fälle, in denen keine Fremdbestimmung vorliegt, nicht vom Tatbestand des § 32 UrhG erfasst werden. Die Frage sei unter die Bestimmung der Angemessenheit unter Berücksichtigung aller Umstände des Einzelfalls zu fassen, vgl. AfP 2002, 383, 387 sowie 390.

531 Vgl. nur Regierungsentwurf, BTDrucks 14/6433, 9.

532 Diese Vermutung wird vor allem aufgrund der unsicheren Tatsachenermittlung vielfach kritisch bewertet; beispielhaft dafür *Czychowski*, GRUR-Prax 2014, 27, 28; *Bayreuther*, UFITA 2002/III, 623, 642ff.

533 Vgl. BVerfG 1 BvR 26/84, 07.02.1990, BVerfGE 81, 242, 260f. – *Wettbewerbsverbot des Handelsvertreters.*

534 Vgl. BVerfG 1 BvR 1842/11, 1 BvR 1843/11, 23.10.2013, BVerfGE 134, 204, Rn. 70 – *Übersetzerhonorare.*

und sogar notwendig, dass die Überprüfung des Vertragsinhalts in allen Fällen erfolgen kann.

b) Anhaltspunkte auf Rechtsfolgenebene

Noch entscheidender für die Einordnung des § 32 UrhG ist allerdings dessen Rechtsfolgenebene. Die Rechtsfolge der Norm[535] – Vertragsanpassung und Festsetzung einer angemessenen Vergütung als vertragliche Zahlungspflicht des Verwerters – ist unmittelbarer Ausdruck eines materialen Verständnisses von Vertragsgerechtigkeit.

Das Bundesverfassungsgericht hat dem Gesetzgeber in seinen Entscheidungen – wie oben dargestellt – hinsichtlich der Ausgestaltung des Ausgleichs gestörter Vertragsparität einen weiten Spielraum zugesprochen. Dieser betrifft insbesondere auch die Rechtsfolge von Normen, die einen solchen Ausgleich herstellen sollen. In diesem Zusammenhang ist zu beachten, dass § 32 UrhG im Gegensatz zu Generalklauseln wie § 138 BGB oder § 307 BGB[536] gerade nicht mit Nichtigkeit oder Unwirksamkeit des Vertrages auf das Ungleichgewicht der Vertragsparteien reagiert.[537] Vielmehr antwortet die Norm hierauf mit staatlicher Vertragsanpassung, durch die die Zahlung einer gerichtlich festzulegenden Vergütung zur vertraglichen Pflicht des Verwerters wird. Diese Korrektur ist aber abhängig von materialen Kriterien der Vertragsgerechtigkeit, die ihrerseits nur aus einer bestimmten Konzeption von Vertragsgerechtigkeit abgeleitet werden können. Im Falle des Urhebervertragsrechts ist die materiale Konzeption von Vertragsgerechtigkeit die der – flächenmäßig – angemessenen Bezahlung von Urhebern.

Damit ist zwar nicht gesagt, dass der Ausgleich gestörter Vertragsparität auf Rechtsfolgenebene in sonstigen Konstellationen gänzlich unabhängig von materialen Kriterien ist. Auch bei einer Unwirksamkeit einzelner Klauseln etwa nach § 307 BGB ist der Rückfall auf dispositives Vertragsrecht geboten, das seinerseits Ausdruck inhaltlicher Kriterien und damit materialer Vertragsgerechtigkeit ist.[538] § 32 UrhG übertrifft dies aber vor allem durch seinen Bezug auf die Hauptleistungspflicht des Verwerters, einen Bereich von Verträgen, auf den der Staat üblicherweise nur in Ausnahmefällen Einfluss nimmt. Gerade dieser Punkt unterscheidet § 32 UrhG schließlich von einem Großteil des sonstigen

535 Die angemessene Vergütung ist zwar Teil sowohl der Tatbestands- als auch der Rechtsfolgenebene, die folgenden Ausführungen beziehen sich aber ausschließlich auf Letztere.

536 Die ihrerseits zum Ausgleich von gestörter Vertragsparität dienen, vgl. *Canaris*, AcP 200 (2000), 273, 287 ff. sowie 321 ff.

537 Diesen Umstand betont auch *Berger*, in: Stern/Peifer/Hain, Urhebervertragsrecht – Gelungen oder reformbedürftig?, 9, 14.

538 Vgl. *Canaris*, AcP 200 (2000), 273, 285.

Privatrechts.[539] An diesem neuralgischen Punkt wählte der Gesetzgeber nicht etwa eine reine Annullierung des Vertrages, infolge derer eine erneute, auch im materialen Sinne freiwillige Vereinbarung über die Nutzungsrechtseinräumung ergehen könnte. Vielmehr entschied er sich dazu, aktiv in Parteivereinbarungen einzugreifen und diese anhand einer materialen Gerechtigkeitskonzeption zu korrigieren. An die Stelle der zu korrigierenden ersten Parteivereinbarung tritt also gerade nicht ein nunmehr der materialen Vertragsfreiheit entsprechender Vertrag. Vielmehr wird die – vermeintlich – unfreiwillige ursprüngliche Parteivereinbarung durch einen Vertrag ersetzt, der in Bezug auf die Hauptleistungspflicht des Verwerters umso mehr nicht Ergebnis einer freiwilligen Parteivereinbarung ist, sondern das eines staatlichen Eingriffs. Diese Rechtsfolge unterscheidet § 32 UrhG von bisher im Zusammenhang mit ungleichen Vertragspartnern unternommen Versuchen des Ausgleichs. Sie ist Beleg dafür, dass es dem Gesetzgeber nicht primär darum ging, material unfreiwillig ergangenen Vereinbarungen die rechtliche Akzeptanz zu versagen, um materiale Vertragsfreiheit und formale Vertragsgerechtigkeit zu gewährleisten. Vielmehr ging es ihm um die Durchsetzung eines Leitbilds materialer Vertragsgerechtigkeit.

3. *Geringer Bezug des § 32 UrhG zum Ausgleich gestörter Vertragsparität*

Aus dieser Perspektive ist die Stoßrichtung des § 32 UrhG eine andere als die der verfassungsrechtlichen Grundsätze zum Ausgleich gestörter Vertragsparität nach Art. 2 Abs. 1 GG. Insoweit durch die Verfolgung des Ziels materialer Vertragsgerechtigkeit gleichwohl auch die Anpassung solcher Verträge erfolgt, die tatsächlich Ergebnis des Missbrauchs überwiegender Verhandlungsmacht durch die Verwerter sind, ist § 32 UrhG auch im Hinblick auf die verfassungsrechtliche Pflicht des Staates zum Ausgleich gestörter Vertragsparität als überobligatorische Maßnahme zu betrachten.[540] Insbesondere auf Rechtsfolgenebene geht § 32 UrhG über den Ausgleich gestörter Vertragsparität immerhin weit hinaus. Auf dieser Ebene besteht nur ein geringer Bezug der angemessenen Vergütung als Rechtsfolge zu den Grundsätzen des Bundesverfassungsgerichts zum Ausgleich gestörter Vertragsparität.

Schon aus diesen systematischen Gründen erscheint es unwahrscheinlich, dass die Abweichung der Gerichte vom gesetzgeberischen Leitbild der Einzelfallgerechtigkeit im Zusammenhang mit der Herstellung materialer Vertragsfreiheit problematisch ist. Die Abweichung bezieht sich immerhin auf jene Rechtsfolgenebene, die hiernach als Ausdruck von materialer Vertragsgerech-

---

539 Vgl. nur *Schack*, GRUR 2002, 853, 855; vgl. auch unten unter § 10 B. II. 2.

540 So auch ausdrücklich *Ritgen*, JZ 2002, 114, 120; *Grzeszick*, AfP 2002, 383, 388; kritisch mit Blick auf das Übermaßverbot *Bayreuther*, UFITA 2002/III, 623, 631 (»so folgt daraus nicht, dass der Gesetzgeber […] gleich einen Anspruch des Urhebers auf einen ›gerechten Preis‹ vorsehen darf«).

tigkeit und nicht -freiheit gesehen werden muss. Es ist schon aufgrund der unterschiedlichen Zielsetzung nicht anzunehmen, dass die Generalisierung der Betrachtungsweise innerhalb der gerichtlichen Wertung dazu führt, dass der verfassungsrechtlich notwendige Ausgleich zwischen Urhebern und Verwertern nicht hergestellt wird. Wiederum sind nämlich unterschiedliche Ebenen – die Vertragsgerechtigkeit im Gegensatz zur Vertragsfreiheit – betroffen.

B. Sind auch Branchentarife zum Ausgleich gestörter Vertragsparität geeignet?

Gleichwohl kann die Geeignetheit von Generalisierungen und den daraus resultierenden Branchentarife zum Ausgleich gestörter Vertragsparität weitergehend bewertet werden. In diesem Zusammenhang gibt es schlüssige Argumente dafür, dass nach gängigem Rechtsverständnis nicht nur die individuell bemessene Vergütung einen ausreichenden Ausgleich für mangelnde Verhandlungsmacht bietet, sondern auch Branchentarife einen Ausgleich zwischen Urhebern und Verwertern schaffen können. Hierfür streiten Parallelen zu arbeitsrechtlichen Kollektivverträgen, wie vor allem Tarifverträgen (*dazu unter I.*). Darüber hinaus erachtete der Gesetzgeber selbst – trotz der Ausrichtung des § 32 Abs. 2 S. 2 UrhG am konkreten Einzelfall – grundsätzlich branchenbezogene Kollektivverträge als ausreichendes und sogar bevorzugtes Mittel zum Ausgleich der gestörten Vertragsparität (*dazu unter II.*).

I. Parallele zu Tarifverträgen

So gehört es zu der sogenannten Schutzfunktion von Tarifverträgen, die Verhandlungsmacht der Arbeitnehmer zu bündeln und ein annähernd gleichberechtigtes Aushandeln der Entgelte und der sonstigen Arbeitsbedingungen zu gewährleisten.[541] Durch die Kollektivierung der Interessensvertretung auf Seiten der Arbeitnehmer wird der Machtposition der Arbeitgeber eigene wirtschaftliche Macht und fachliche Expertise entgegengesetzt und so – zumindest theoretisch – ein Gleichgewicht der Verhandlungsmacht hergestellt. Folglich wird davon ausgegangen, dass Tarifverträge Ergebnis einer gleichberechtigten Verhandlung sind und damit einen ausgewogenen Interessensausgleich bieten. Ihnen wird daher zumindest grundsätzlich eine Richtigkeitsgewähr bzw. Ver-

541 So BVerfG 1 BvR 779/85, 26.06.1991, BVerfGE 84, 212, 229 – *Arbeitskampf*; BAG 4 AZR 50/13, 21.05.2014, BAGE 148, 139, Rn. 29 – *Opel Fall*; *Treber*, in: Schaub, Arbeitsrechts-Handbuch, § 196 Rn. 3; *Franzen*, in: ErfK ArbR, § 1 TVG Rn. 2; *Waas*, in: Beck OK ArbR, § 1 TVG Rn. 12f.

mutung der Angemessenheit zugesprochen.[542] Dem Instrument der Tarifverträge wird mithin in der Regel zugetraut, das Problem der strukturellen Unterlegenheit einer Vertragspartei zu lösen bzw. ausreichend abzumildern. Insoweit sind Tarifverträge als Mittel zum Ausgleich gestörter Vertragsparität anerkannt.

Allerdings sind Tarifverträge offensichtlich nicht an Einzelfällen ausgerichtet, sondern vermögen allenfalls die typischen Interessen einer Gruppe von Arbeitnehmern in ihre Regelungen miteinzubeziehen. Insofern ist Grundlage von Tarifverträgen ebenfalls eine generalisierende Betrachtungsweise, die aber nicht der Vermutung entgegensteht, dass auch die Interessen des einzelnen Arbeitnehmers durch den Tarifvertrag ausreichend geachtet werden. Die Garantie von Entgelten und Arbeitsbedingungen, die zugleich die speziellen Interessen eines individuellen Arbeitnehmers berücksichtigen, sind – soweit ersichtlich – kein Thema im Arbeitsrecht. An der Akzeptanz von Tarifverträgen als Mittel des Ausgleichs zwischen ungleichen Vertragspartnern zeigt sich somit, dass ein solcher Ausgleich keine einzelfallbezogene Interessenswertung voraussetzt. Vielmehr reicht hierzu die mittelbare Berücksichtigung der Interessen des Einzelnen durch die Achtung der typisierten und generalisierten Interessen einer gesamten Berufsgruppe.

Selbst soweit die Gerichte im Rahmen des § 32 Abs. 2 S. 2 UrhG also mit Generalisierungen arbeiten und – im Extremfall – reine Branchentarife zur angemessenen Vergütung erklären, so bietet diese Vorgehensweise dennoch einen ähnlichen Schutz der Urheber wie ihn Tarifverträge den Arbeitnehmern zukommen lässt.

II. Befürwortung von Kollektivverträgen durch den Gesetzgeber

Die Zweckbestimmung von Kollektivverträgen, einen Ausgleich zwischen ungleichen Vertragspartnern herzustellen, spielte aber auch eine spezifische Rolle bei den Reformbemühungen um das Urhebervertragsrechts und relativiert so das Bedürfnis nach Einzelfallgerechtigkeit innerhalb des § 32 UrhG. Neben der vorgenannten Parallele zu Tarifverträgen in funktioneller Hinsicht streitet nämlich auch die Einschätzung des Gesetzgebers hinsichtlich der Rolle von Kollektivverträgen im System des § 32 UrhG dafür, dass Branchentarife dem Reformziel des ausreichenden Ausgleichs der ungleichen Verhandlungsmacht zwischen Urhebern und Verwertern gerecht werden können. Auch wenn der Gesetzgeber nämlich im Rahmen des § 32 Abs. 2 S. 2 UrhG eine Vergütung für

542 Vgl. BAG 1 AZR 822/79, 10.06.1980, BAGE 33, 140, 149; BAG 2 AZR 697/92, BAGE 74, 167, 177; BAG 4 AZR 50/13, 21.05.2014, BAGE 148, 139, Rn. 29 – *Opel Fall*; *Waas*, in: Beck OK ArbR, § 1 TVG Rn. 13 m.w.N.

den konkreten Einzelfall zu normieren suchte, so erachtete er auf den vorderen Stufen der Hierarchie der Bestimmungsgrundlagen des § 32 UrhG Kollektivverträge für geeigneter, die Frage nach der angemessenen Vergütung zu regeln. Aus diesem Grund gehen immerhin die Bestimmung der Vergütung anhand von Tarifverträgen (§ 32 Abs. 4 UrhG) als auch gemeinsamen Vergütungsregeln (§ 32 Abs. 2 S. 1 UrhG) der Bestimmung anhand der Legaldefinition vor.[543]

Ein ganz zentrales Motiv der Urhebervertragsrechtsreform war es, eine Kollektivierung der Interessensvertretung auf Seiten der Urheber herzustellen.[544] Der Gesetzgeber handelte insoweit in der Erwartung, dass infolge der Reform von 2002 eine Bestimmung der angemessenen Vergütung anhand von Kollektivverträgen die Regel darstellen und Individualvereinbarungen eine Ausnahme bleiben würden.[545] Er ging folglich davon aus, dass sich die generalisierende Erfassung der Urheberinteressen mittels der Kollektivinstrumente der gemeinsamen Vergütungsregeln und Tarifverträgen weitgehend durchsetzen würde. Demgegenüber wäre die Ermittlung der angemessenen Vergütung anhand des konkreten Einzelfalls im Wege der Heranziehung der Legaldefinition nach dieser Erwartung nur ein Ausnahmefall geblieben. Dieser Zustand wäre nach der Prognose des Gesetzgebers – der bei der Ausgestaltung des Ausgleichs gestörter Vertragsparität immerhin einen großen Einschätzungs- und Gestaltungsspielraum genießt[546] – ausreichend gewesen, um Fehlentwicklungen in den Kreativbranchen entgegenzuwirken. Insoweit bleiben die generalisierenden Regeltarife der Gerichte hinsichtlich des Ausgleichs gestörter Vertragsparität nicht hinter dem Anliegen des Gesetzgebers zurück. Dieser erwartete vielmehr, dass sich seine materiale Vorstellung von Vertragsgerechtigkeit auch durch die Erfassung der betroffenen und schutzbedürftigen Urheber durch Kollektivverträge und damit Branchenregelungen erreichen lassen würde.

C. Folgerungen

I. Keine Beeinträchtigung des Ausgleichs gestörter Vertragsparität durch gerichtliche Generalisierungen

Nach dem Vorstehenden stellen sich Generalisierungen und Branchentarife im Hinblick auf die verfassungsrechtlichen Grundsätze zum Ausgleich gestörter

543 Vgl. dazu oben unter § 3 A. I.

544 Vgl. dazu oben unter § 1.

545 Vgl. Antwort der Bundesregierung auf eine große Anfrage, BTDrucks 14/6426, 19; ebenso *Bornkamm*, in Stern/Peifer/Hain, Urhebervertragsrecht – Gelungen oder reformbedürftig?, 27, 33f.; *Peifer*, AfP 2008, 545, 547.

546 Vgl. dazu oben unter A. II.

Vertragsparität als nicht problematisch dar, da Letztere keine staatliche Pflicht zur Herstellung von Einzelfallgerechtigkeit im Sinne von § 32 Abs. 2 S. 2 UrhG bedingen. Vielmehr ist ein verfassungsrechtlich akzeptabler Ausgleich zwischen ungleichen Vertragspartnern auch dann geschaffen, wenn Rechte und Pflichten im Einzelfall durch Kollektivverträge geregelt werden, die ihrerseits Branchentarife darstellen. Im Kern zeigen sich an dieser Stelle das abweichende Leitbild des § 32 Abs. 2 S. 2 UrhG, der nicht materiale Vertragsfreiheit herstellen soll, sondern flächendeckende materiale Vertrags*gerechtigkeit*. Insbesondere aus diesem Grund war die Einführung des § 32 UrhG – und speziell der Legaldefinition der angemessen Vergütung – im Hinblick auf den Ausgleich gestörter Vertragsparität eine überobligatorische Maßnahme des Gesetzgebers. Dieser Umstand wird einerseits dadurch belegt, dass Kollektivverträge anderweitig als ausreichender Schutz der unterlegenen Vertragspartei angesehen werden, obwohl sie naturgemäß Generalisierungen vornehmen müssen und den Einzelfall nur typisierend erfassen können, und andererseits dadurch, dass der Gesetzgeber selbst die Ausweitung von Kollektivverträgen und den darin enthaltenen Regeltarifen als probates Mittel zum Schutz der Urheber erachtete. Vor diesem Hintergrund erscheint es wenig bedenklich, wenn Gerichte den zu beurteilenden Einzelfall generalisierend durch die Anwendung von Branchentarifen zu erfassen suchen.

II. Die hypothetische Parteivereinbarung als partielle Rückkehr zu prozeduralen Maßstäben

Die vorgenannten Unterscheidungen von *Canaris* veranlassen aber zu weiteren Feststellungen hinsichtlich der Konkretisierung der Legaldefinition. Über die grundsätzliche Zielrichtung des § 32 UrhG hinaus lässt sich auch die Frage nach der Ausrichtung der Redlichkeit mit der Systematik von *Canaris* behandeln. Soweit § 32 UrhG insgesamt nämlich Ausdruck von einem materialen Verständnis von Vertragsgerechtigkeit ist, gehen die beiden oben dargestellten Maßstäbe in der Verwirklichung dieser Maxime unterschiedlich weit.

Soweit *Canaris* der deutschen Rechtsordnung ein primär prozedurales Verständnis von Vertragsgerechtigkeit zuschreibt[547], stellt der Maßstab der hypothetischen Parteivereinbarung eine partielle Rückkehr zu diesem Verständnis dar. Ist im Rahmen der Redlichkeit nämlich zu prüfen, was die Parteien ohne Beeinflussung von Formen des Marktversagens vereinbart hätten, und wird das Ergebnis dieser Prüfung wiederum als angemessen angenommen, so ist das Resultat eines – wenn auch fiktiven – Prozesses maßgeblich für die Gerechtigkeit des Vertrages. Das Durchlaufen des Prozesses der marktwirtschaftlichen Ko-

547 Vgl. dazu oben unter A. III. 1.

ordination wäre in seiner hypothetischen Form mit der Gerechtigkeit des Vertrages im rechtlichen Sinne gleichzusetzen. Innerhalb der insgesamt der materialen Vertragsgerechtigkeit zuzuordnenden Norm des § 32 UrhG würde die Prüfung des hypothetischen Marktergebnisses wiederum dem prozessualen und damit primär formalen Verständnis von Vertragsgerechtigkeit Raum geben.

Ist demgegenüber ein ›objektiver Wert‹ der Nutzung zu ermitteln, um die angemessene Vergütung zu bestimmen, so ist damit gerade keine prozedurale Koordination entscheidend für die Vertragsgerechtigkeit, sondern vielmehr ein grundsätzlicheres Verständnis eines solchen ›objektiven Wertes‹. Hierbei geht es also umso mehr um die Verwirklichung eines inhaltlichen und damit materialen Verständnisses von Vertragsgerechtigkeit. Aus diesem Blickwinkel geht der Maßstab des ›objektiven Werts‹ der Nutzung einen Schritt weiter in Richtung materialer Vertragsgerechtigkeit als der der ›hypothetischen Parteivereinbarung‹. Dieser Umstand ist insoweit beachtlich, als § 32 UrhG ohnehin eine außergewöhnliche Regelung darstellt. Die Konkretisierung der Redlichkeit im Sinne einer der beiden Varianten beeinflusst aber weitergehend, inwieweit sich die Norm vom gängigen marktwirtschaftlichen und prozeduralen Verständnis des deutschen Rechts von Preisen und Vertragsgerechtigkeit entfernt.

§ 10 Branchentarife und das Sozialstaatsprinzip

Es verbleibt schließlich noch ein dritter verfassungsrechtlicher Ansatzpunkt, der zur Rechtfertigung des durch § 32 UrhG intendierten Schutzes der Urheber vorgebracht wurde. Es handelt sich dabei um das Sozialstaatsprinzip nach Art. 20 Abs. 1, 28 Abs. 1 S. 1 GG. Insoweit weder die Eigentumsgarantie noch die Grundsätze zum Ausgleich gestörter Vertragsparität besondere Vorgaben an das Ergebnis der Normkonkretisierung stellen, könnte der entscheidende Maßstab zur Bewertung von Branchentarifen eben jenes Sozialstaatsprinzip sein.

Als Staatszielbestimmung[548] ist das Sozialstaatsprinzip indes nicht geeignet, unmittelbar eine Schutzpflicht des Staates gegenüber den Urhebern zu begründen. Das kann freilich in Verbindung mit und als Ergänzung zu einzelnen Grundrechten geschehen.[549] In eben diesem Kontext ergänzt das Sozialstaatsprinzip nach der Rechtsprechung des Bundesverfassungsgerichts immerhin auch die Schutzpflicht des Staates gegenüber dem Einzelnen zum Ausgleich gestörter Vertragsparität.[550] Da die Garantie der angemessenen Vergütung

548 Vgl. *Grzeszick*, in: Maunz/Dürig, Art. 20 GG VIII. Rn. 18; *Huster/Rux*, in: Epping/Hillgruber, Art. 20 GG Rn. 209; *Badura*, DÖV 1989, 491, 493.
549 *Badura*, DÖV 1989, 491, 492; *Voßkuhle*, SGb 2011, 181, 184.
550 Vgl. dazu oben unter § 9 A. II.

gemäß § 32 UrhG nach hier vertretener Auffassung aber über diese Schutzpflicht und den Ausgleich einer Disparität zwischen Urhebern und Verwertern weit hinausgeht, soll im Folgenden auf einer vorgelagerten und abstrakten Ebene die von der Gewährleistung der angemessenen Vergütung betroffene Dimension des Sozialstaats bestimmt werden. An eben dieser Dimension der sozialen Fürsorge durch den Sozialstaat können die Auswirkungen von gerichtlichen Generalisierungen und Branchentarifen sodann gemessen werden. Insoweit löst sich die Untersuchung also von einer strikt verfassungsrechtlichen Perspektive. Art. 20 Abs. 1, 28 Abs. 1 S. 1 GG sind verfassungsrechtliche Anknüpfungspunkte, stehen aber nicht unmittelbar im Zentrum der Betrachtung.

Dementsprechend ist zunächst festzustellen, inwieweit sozialstaatliche Motive für die Reformbemühungen von 2002 und 2017 maßgeblich waren (*dazu unter A.*). Sodann ist die konkrete sozialstaatliche Dimension zu identifizieren, der diese Motive entsprechen. Dies erfolgt unter Zuhilfenahme einer Theorie der politischen Philosophie (*dazu unter B.*). Daraufhin werden einige Argumente dafür zusammengetragen, dass Generalisierungen und Branchentarife in diesem Zusammenhang sogar hilfreich sein könnten, wobei eine endgültige Beantwortung dieser Frage weitergehende empirische Befunde voraussetzt (*dazu unter C.*). Abschließend sind wiederum die für die hiesige Untersuchung relevanten Folgerungen zu formulieren (*dazu unter D.*).

A. Die soziale Besserstellung von Urhebern als Leitgedanke des § 32 UrhG

Während das Sozialstaatsprinzip im Professorenentwurf noch an zentraler Stelle zur Begründung des Reformvorhabens von 2002 angeführt[551] und von dessen Verfassern auch an anderer Stelle[552] betont wurde, tauchte es in den damaligen Gesetzgebungsmaterialien namentlich nur an einer einzelnen Stelle auf.[553] Gleichzeitig ist aber festzustellen, dass eben jene Gesetzgebungsmaterialien an diversen Stellen auf das sozialstaatliche Motiv der sozialen Besserstellung von Urhebern Bezug nehmen.[554] So wurde zur Begründung des Reformvorhabens 2002 an zentraler Stelle wiederholt auf eine soziale Not der Urheber verwiesen. Die Bundesregierung sprach in ihrem ursprünglichen Gesetzentwurf etwa davon, dass die »wirtschaftliche Lage der Kreativen [...] häufig schwierig [sei]« und von »kärglichen Pauschalhonorare[n]«, die freiberufliche Übersetzer für

551 Vgl. *Dietz/Loewenheim/Nordemann/Schricker/Vogel*, GRUR 2000, 765, 769.

552 Vgl. *Dietz*, AfP 2001, 261, 263; *Schricker*, GRUR Int. 2002, 797, 797.

553 Vgl. Regierungsentwurf, BTDrucks 14/6433, 20 (im Zusammenhang mit der geplanten Regelung zur Rückwirkung der Reform).

554 Vgl. dazu auch oben unter § 1.

ihre Arbeit bekämen.[555] Kreative sollten durch die Reformbemühungen vor allem die Möglichkeit erhalten, ihre wirtschaftliche Existenz zu sichern.[556] Die Urhebervertragsrechtsreform 2017 wurde schließlich mit mehrfachen Verweisen auf die »prekäre« wirtschaftliche und soziale Situation der freiberuflichen Urheber begründet.[557] Die Sicherstellung der »fairen Beteiligung an den Erlösen der Verwertung« als Ziel der Reform wurde dabei als eine Aufgabe des Vertragsrechts im sozialen Rechtsstaat dargestellt.[558] Schon in Anbetracht dieser Textstellen liegt der Schluss nah, dass die Idee des Sozialstaats bei den Reformbemühungen eine wesentlich größere Rolle gespielt hat, als es die spärliche Bezugnahme auf das Sozialstaatsprinzip der Art. 20 Abs. 1, 28 Abs. 1 S. 1 GG suggeriert. Dies gilt umso mehr, als die soziale Besserstellung bereits zum Zeitpunkt der Urhebervertragsrechtsreform 2002 eine jahrzehntealte Forderung der Urheberseite war.[559]

Unter Berücksichtigung dieser sozialen Beweggründe können im Übrigen auch der unbegrenzte Anwendungsbereich und die Rechtsfolge des § 32 UrhG besser erfasst werden. Diese basieren hiernach auf der Einschätzung des Gesetzgebers, dass es einer flächendeckenden Verbesserung der sozialen Lage von Urhebern bedurfte. Die sozialstaatlichen Motive des Gesetzgebers waren damit im Hinblick auf die Reform wohl von vornherein (mit-)entscheidend. Diese Vermutung gilt umso mehr für die flächendeckende Garantie einer angemessenen Vergütung und damit die konkrete Ausgestaltung des § 32 UrhG.[560]

So verwies auch das Bundesverfassungsgericht in *Übersetzerhonorare* auf den »Schutzzweck [...] des Sozialstaatsprinzips« als einen der zentralen verfassungsrechtlichen Pfeiler des § 32 UrhG.[561] Dementsprechend spielten das Sozialstaatsprinzip und soziale Beweggründe des Gesetzgebers in *Übersetzerhonorare* eine wichtige Rolle bei der Rechtfertigung des § 32 UrhG.[562] Der Grund

555 Vgl. Regierungsentwurf, BTDrucks 14/6433, 9.

556 Vgl. ebd., 7.

557 Vgl. Referentenentwurf des BMJ vom 05.10.2015, 14; Regierungsentwurf, BTDrucks 18/8625, 16.

558 Vgl. Referentenentwurf des BMJ vom 05.10.2015, 10; Regierungsentwurf, BTDrucks 18/8625, 13.

559 Vgl. *Dietz*, GRUR 1972, 11, 12 m.w.N.

560 Insoweit der Gesetzgeber die schlechte soziale Lage der Urheber gleichzeitig als Symptom der tiefer liegenden Ursache der strukturellen Unterlegenheit der Urheber beschrieb (vgl. dazu erneut oben unter § 1), so spiegelt sich dies nur begrenzt in den gewählten Maßnahmen wider. Das gilt mindestens für § 32 Abs. 2 S. 2 UrhG, der unmittelbar keinen Bezug zur Kollektivierung der Urheberinteressen hat.

561 Vgl. BVerfG 1 BvR 1842/11, 1 BvR 1843/11, 23.10.2013, BVerfGE 134, 204, Rn. 75 – *Übersetzerhonorare*.

562 Vgl. ebd., Rn. 68 (»...um sozialen [...] Ungleichgewichten entgegenzuwirken...«), 73 (»...verwirklichen sie [...] zugleich das grundgesetzliche Sozialstaatsprinzip...«), 76 (»Urheber stellen nach der Begründung des Gesetzentwurfs regelmäßig die schwächere

dafür, dass sich die Prüfung des Bundesverfassungsgerichts auf das Sozialstaatsprinzip in erster Linie als Ergänzung zu den Grundsätzen zum Ausgleich gestörter Vertragsparität bezog, liegt dabei wohl in dem vorgenannten Umstand, dass das Sozialstaatsprinzip Staatszielbestimmung ist und unmittelbar keine subjektiven Rechte vermitteln kann. Gleichwohl entsteht auf der Grundlage von *Übersetzerhonorare* der Eindruck, dass auch das Bundesverfassungsgericht die Einführung des § 32 UrhG als sozialstaatliche Maßnahme begriff, die über die verfassungsrechtlichen Schutzpflichten des Gesetzgebers hinausging.[563]

Schließlich betrachtet auch ein bedeutender Teil der Literatur das Bemühen des Gesetzgebers um das Urhebervertragsrecht im Kern als Adressierung einer »sozialen Frage«.[564] Pointiert werden die Reformbemühungen etwa als »Sozialpolitik im Gewande des Urheberrechts«[565] oder als »unmittelbare Sozialpolitik«[566] bezeichnet. An anderer Stelle wird auf die sozialpolitischen Aspekte der Regelung und die sozialen Beweggründe des Gesetzgebers verwiesen.[567] Selbst Vertreter der Urheberseite – die sich immerhin überwiegend auf den Ausgleich gestörter Vertragsparität und die Eigentumsgarantie berufen – räumen bisweilen die Rückführbarkeit des § 32 UrhG auf eine sozialstaatliche Motivation ein.[568] Gemeinsam ist all diesen Verweisen jedenfalls, dass sie die konkrete Ausgestaltung des Urhebervertragsrechts und des § 32 UrhG im Wesentlichen auf sozialstaatliche Prinzipien zurückführen.

Folglich ist von einem – ausgeprägten – sozialstaatlichen Gehalt der Urhebervertragsrechtsreformen im Allgemeinen und § 32 UrhG im Speziellen auszugehen. Die vorgenannten, verschiedenartigen Anhaltspunkte deuten darauf hin, dass die Intention der sozialen Besserstellung der Urheber Anlass zu den Reformbemühungen gab und die Bezugnahme auf den Ausgleich gestörter Vertragsparität und die Zuordnung des vermögenswerten Ergebnisses an die Urheber insoweit unterstützenden Charakter hatte. Als verfassungsrechtlicher Anknüpfungspunkt muss dementsprechend das Sozialstaatsprinzip der Art. 20

Partei dar, ihre wirtschaftliche Lage sei häufig schwierig. Freiberufliche Übersetzer erhielten zumeist nur kärgliche Pauschalhonorare.«), 88 (»Der […] zuständige Ausschuss leitet daraus die Notwendigkeit der Erhaltung eines angemessenen Lebensstandards für Autoren […] ab«).

563 Vgl. dazu auch oben unter § 9 A. I.

564 Diese Formulierung findet sich bei *Metzger*, in: Obergfell, Zehn Jahre reformiertes Urhebervertragsrecht, 37, 44.

565 Vgl. *Berger*, ZUM 2010, 90, 91; *Ory*, AfP 2015, 389, 393f.; *ders.*, in: Ory/Cole, Reform des Urhebervertragsrechts, 11, 14f.

566 Vgl. *Flechsig*, ZUM 2000, 484, 485.

567 Vgl. *Ohly*, in: Riesenhuber, Die »Angemessenheit« im Urheberrecht, 169, 173; *von Olenhusen*, ZUM 2000, 736, 737; *Soppe*, in: Ahlberg/Götting, § 32 UrhG Rn. 2; *Wandtke*, K&R 2001, 601, 602; *ders.*, in: Obergfell, Zehn Jahre reformiertes Urhebervertragsrecht, 101, 106; *Peifer*, Urhebervertragsrecht in der Reform, 7.

568 Vgl. *Schimmel*, ZUM 2010, 95, 106.

Abs. 1, 28 Abs. 1 S. 1 GG in den Blickpunkt rücken. Soweit die sozialstaatliche Substanz des § 32 UrhG die Gewährleistung einer angemessenen Vergütung an alle Urheber zu erklären vermag, ist sie auch für die Frage nach der Konkretisierung der Angemessenheit und die Zulässigkeit von Generalisierungen und Branchentarifen entscheidend. Diesem Zusammenhang ist bei der Konkretisierung der Legaldefinition nachzugehen.

B. Welche Dimension des Sozialstaats wird durch die Garantie einer angemessenen Vergütung verwirklicht?

Der sozialstaatliche Gehalt des § 32 UrhG muss zu diesem Zweck aber näher bestimmt werden. Um etwa die Frage zu beantworten, ob auch Branchentarife den sozialen Aufgaben und Zielen des Gesetzgebers Genüge tun, sind jene sozialen Aufgaben zunächst herauszuarbeiten. Im Folgenden wird daher untersucht, welche Dimension des Sozialstaats durch die Gewährleistung des § 32 UrhG verwirklicht werden soll. Dies geschieht wegen der geringen inhaltlichen Vorgaben der Art. 20 Abs. 1, 28 Abs. 1 S. 1 GG unter anderem unter Einbeziehung eines theoretischen Ansatzes der politischen Philosophie, der den Terminus der sozialen Gerechtigkeit näher ausarbeitet. Auf Grundlage dieser Feststellungen sollen im foglenden Abschnitt einige Überlegungen zur Vereinbarkeit der Abkehr vom Gedanken der Einzelfallgerechtigkeit im Rahmen des § 32 Abs. 2 S. 2 UrhG angestellt werden.

I. Der verfassungsrechtliche Anknüpfungspunkt der Betrachtung

1. *Die Ausgestaltung des Sozialstaats im Grundgesetz*

Das Sozialstaatsprinzip der Art. 20 Abs. 1, 28 Abs. 1 S. 1 GG stellt das Bekenntnis der Verfassung zu einem im Sinne sozialer Belange agierenden Staat dar. Es handelt sich um eine bindende Aussage zu den Aufgaben des Staates und damit um eine Staatszielbestimmung.[569] Der Gesetzgeber ist durch diese Grundsatzentscheidung folglich zu sozialer Aktivität verpflichtet.[570]

Allerdings ist mit Bezug auf das Sozialstaatsprinzip der deutschen Verfassung wohl allgemein anerkannt, dass normative Aussagen des Art. 20 Abs. 1 GG im Speziellen und des Grundgesetzes im Allgemeinen zum Sozialstaat sehr begrenzt

569 Vgl. die Nachweise oben in Fn. 549.

570 Vgl. BVerfG 1 BvR 220/51, 19.12.1951, BVerfGE 1, 97, 105 – *Hinterbliebenenrente*; BVerfG 1 BvR 2203/93, 1 BvR 897/95, 27.04.1999, BVerfGE 100, 271, 284 – *Lohnabstandsklausel*.

sind.[571] Aus diesem Grund bedürfen Art. 20 Abs. 1, 28 Abs. 1 S. 1 GG einer erheblichen Konkretisierung. Diese Aufgabe trägt nach Rechtsprechung des Bundesverfassungsgerichts allen voran der Gesetzgeber. Aus der Offenheit des Normtextes der Art. 20 Abs. 1, 28 Abs. 1 S. 1 GG ergibt sich daher nach seiner ständiger Rechtsprechung ein weiter Gestaltungsspielraum des Gesetzgebers.[572] Die genaue Ausgestaltung des Sozialstaats kann hiernach folglich nur durch den Gesetzgeber erfolgen.[573] Das Bundesverfassungsgericht betont in diesem Zusammenhang außerdem, dass sich sozialstaatliche Pflichten des Gesetzgebers in Gestalt konkreter Maßnahmen unmittelbar aus Art. 20 Abs. 1 GG nicht ergeben.[574] Vielmehr resultieren aus dem Sozialstaatsprinzip als solchem in erster Linie abstrakt formulierte Aufgaben des Staates, so etwa die Schaffung einer gerechten Sozialordnung[575] und die Gewährleistung der Mindestvoraussetzungen eines menschenwürdigen Daseins seiner Bürger[576]. Unmittelbar aus dem Normtext lassen sich – abgesehen von außergewöhnlichen Konstellationen – also keine verbindlichen Einzelmaßnahmen ermitteln, die der Staat zu treffen hätte.[577] Die verfassungsrechtliche Notwendigkeit bestimmter Einzelmaßnahmen ergibt sich daher regelmäßig erst aus dem Zusammenspiel des Sozialstaatsprinzips mit anderen Normen des Grundgesetzes.[578] Insbesondere aus der sozialstaatlichen Interpretation der Grundrechte können sich subjektive Rechte des Bürgers gegenüber dem Staat – als Gegenstück zu staatlichen Schutzpflichten – ergeben.[579]

---

571 Vgl. nur *Voßkuhle*, SGb 2011, 181, 182; *Neumann*, DVBl 1997, 92, 92f.; *Grzeszick*, in: Maunz/Dürig, Art. 20 GG VIII. Rn. 4; *Sachs*, in: Sachs, Art. 20 GG Rn. 47 jeweils m.w.N.

572 Vgl. nur BVerfG 1 BvR 624/56, 03.12.1969, BVerfGE 27, 253, 283 – *Kriegsfolgeschäden*; BVerfG 1 BvL 20/84, 1 BvL 26/84, 1 BvL 4/86, 29.05.1990, BVerfGE 82, 60, 80 – *Kindergeldkürzung*; BVerfG 1 BvL 51/86, 1 BvL 50/87, 1 BvR 873/90, 1 BvR 761/91, 07.07.1992, BVerfGE 87, 1, 36 – *Trümmerfrauen*; BVerfG 1 BvR 2203/93, 1 BvR 897/95, 27.04.1999, BVerfGE 100, 271, 284 – *Lohnabstandsklausel*; BVerfG 2 BvL 5/00, 08.06.2004, BVerfGE 110, 412, 436 sowie 445– *Teilkindergeld*.

573 Vgl. BVerfG 1 BvR 220/51, 19.12.1951, BVerfGE 1, 97, 105 – *Hinterbliebenenrente*; BVerfG 2 BvL 4/56, 2 BvL 26/56, 2 BvL 40/56, 2 BvL 1/57, 2 BvL 7/57, 12.11.1958, BVerfGE 8, 274, 329 – *Preisgesetz*.

574 Vgl. nur BVerfG 1 BvL 20/84, 1 BvL 26/84, 1 BvL 4/86, 29.05.1990, BVerfGE 82, 60, 80 – *Kindergeldkürzung*; BVerfG 1 BvL 51/86, 1 BvL 50/87, 1 BvR 873/90, 1 BvR 761/91, 07.07.1992, BVerfGE 87, 1, 36 – *Trümmerfrauen*; BVerfG 1 BvR 1629/94, 03.04.2001, BVerfGE 103, 242, 259f. – *Pflegeversicherung III*; BVerfG 2 BvL 5/00, 08.06.2004, BVerfGE 110, 412, 436 sowie 445 – *Teilkindergeld*.

575 Vgl. etwa BVerfG 2 BvE 2/08, 2 BvE 5/08, 2 BvR 1010/08, 2 BvR 1022/08, 2 BvR 1259/08, 2 BvR 182/09, 30.06.2009, BVerfGE 123, 267, 362 – *Lissabon-Vertrag*.

576 Vgl. etwa BVerfG 1 BvL 20/84, 1 BvL 26/84, 1 BvL 4/86, 29.05.1990, BVerfGE 82, 60, 80 – *Kindergeldkürzung*.

577 *Sachs*, in: Sachs, Art. 20 GG Rn. 47.

578 Vgl. *Grzeszick*, in: Maunz/Dürig, Art. 20 GG VIII. Rn. 20.

579 Vgl. *Huster/Rux*, in: Epping/Hillgruber, Art. 20 GG Rn. 216; *Sachs*, in: Sachs, Art. 20 GG Rn. 54; *Voßkuhle*, SGb 2011, 181, 184; *Badura*, DÖV 1989, 491, 495; *Neumann*, DVBl 1997,

Indes werden bisweilen im Wege der Typisierung diverse Dimensionen des Sozialstaats benannt, zu deren Realisierung der Sozialstaat beauftragt sein soll und die zur konkreten Ausgestaltung des abstrakten Prinzips anleiten sollen. Zu diesen Dimensionen des Sozialstaats gehören allen voran der soziale Ausgleich sowie die soziale Sicherung.[580] Diese Dimensionen sind Anknüpfungspunkt der folgenden Betrachtung.

2. *Suche nach abstraktem Zweck statt konkreter Schutzpflicht*

Auf Grundlage der vorgenannten Erwägungen des Gesetzgebers zur schlechten wirtschaftlichen Situation der – insbesondere freiberuflichen – Urheber ist der sozialstaatliche Gehalt des § 32 UrhG am ehesten der sozialen Sicherung zuzuordnen. Wenn der Gesetzgeber beabsichtigt, die »prekäre« wirtschaftliche Situation jener Urheber zu verbessern, indem eine Beteiligung an den Erlösen der Verwerter sichergestellt wird, entspricht das der Sicherung der Urheber vor wirtschaftlichen Notlagen. Allerdings ist damit das hinter § 32 UrhG stehende sozialstaatliche Motiv noch nicht ausreichend präzisiert, um die Konkretisierung des § 32 Abs. 2 S. 2 UrhG anleiten oder die Zulässigkeit von Branchentarifen beurteilen zu können. Es ist weitergehend zu fragen, inwieweit der Schutz von Urhebern vor wirtschaftlichen Notlagen einer sozialen Verpflichtung des Staates entspricht.

Dabei ist allerdings nicht nach einer konkreten Schutzpflicht des Staates zu fragen, die sich aus der Verbindung des Sozialstaatsprinzips mit einem Grundrecht ergeben würde. Vielmehr ist auf einer diesem Schritt vorgelagerten Ebene zu untersuchen, welche Dimension des Sozialstaats überhaupt betroffen ist und damit für eine solche Verbindung mit einem Grundrecht überhaupt in Frage käme. Es handelt sich hier also weniger um eine verfassungsrechtliche Prüfung als um eine vorgelagerte, abstrakte Betrachtung. In diesem Zusammenhang rückt auch die in methodischer Hinsicht erforderliche Folgenorientierung einer Normkonkretisierung wiederum in den Blickpunkt.[581] Das Ergebnis der Konkretisierung soll schließlich die intendierten Folgen der Norm berücksichtigen. Um eben jene Folgen geht es hier.

Dabei kann der Umstand, dass bei der methodischen Folgenorientierung auch interdisziplinäre Gesichtspunkte eine Rolle spielen, nutzbar gemacht werden. Zur Annäherung an den Inhalt des Sozialstaatsprinzips werden nämlich

---

92, 92f. Die staatliche Pflicht zum Ausgleich gestörter Vertragsparität basiert gerade auf dieser Form des Zusammenspiels des Sozialstaatsprinzips mit dem Grundrecht aus Art. 2 Abs. 1 GG; vgl. dazu oben unter § 9 A. II.

580 Vgl. etwa BVerfG 1 BvL 22/63, 1 BvL 27/64, 27.05.1970, BVerfGE 28, 324, 348 – *Heiratsklausel*; *Voßkuhle*, SGb 2011, 181, 183; *Badura*, DÖV 1989, 491, 493; *Grzeszick*, in: Maunz/Dürig, Art. 20 GG VIII. Rn. 21; *Huster/Rux*, in: Epping/Hillgruber, Art. 20 GG Rn. 211f.

581 Vgl. dazu oben unter § 4 D. II.

– neben den vorgenannten Typisierungen – bisweilen die Termini der sozialen Gerechtigkeit oder der gerechten Sozialordnung verwendet.[582] Insoweit es also nach dem Sozialstaatsprinzip Aufgabe des Staates ist, eine Sozialordnung zu schaffen, die der sozialen Gerechtigkeit entspricht, ist mit Blick auf § 32 UrhG zu fragen, inwiefern die Norm die soziale Gerechtigkeit fördert. Indes ist mit Blick auf die Verfassung der Terminus der sozialen Gerechtigkeit unterbestimmt.[583] Diese Lücke muss auf theoretischer Ebene ausgefüllt werden.

II. Theoretische Bestreitbarkeit von Zweck sowie Mittel des § 32 UrhG

Dabei ist selbstverständlich zu beachten, dass eine ganze Reihe von widerstreitenden, theoretischen Ansätzen zu unterschiedlichen Ergebnissen führen würde. Dies gilt im Besonderen für den Begriff der sozialen Gerechtigkeit als Beschreibung des Zwecks von § 32 UrhG, aber auch für die Akzeptanz des Mittels der staatlichen Preiskontrolle, wie sie durch § 32 UrhG festgeschrieben wird.

1. Bestreitbarkeit des Zwecks der sozialen Gerechtigkeit

Bereits die grundsätzliche Rechtfertigung des staatlichen Ziels der sozialen Gerechtigkeit ist – auch auf theoretischer Ebene – hoch umstritten.[584] Eine ganze Bandbreite von – ökonomischen, philosophischen und anderen – Ansätzen reicht von der aktiven und umfassenden staatlichen Gestaltung im Sinne eines bestimmten Bilds von sozialer Gerechtigkeit bis zur vollständigen Zurückweisung der Idee von sozialer Gerechtigkeit. Dementsprechend wäre auch die gesetzgeberische Intention im Rahmen der Reformbemühungen – die vorgenannte Besserstellung der Urheber – unterschiedlich zu bewerten.

Auf der einen Seite jener Bandbreite sind liberale bzw. libertäre Auffassungen zu verorten, nach denen eine staatliche Intervention in marktwirtschaftliche Abläufe wie im Rahmen des § 32 UrhG grundsätzlich abzulehnen sind. So beschrieb etwa der Ökonom *Friedrich von Hayek* den das Ziel der sozialen Gerechtigkeit verfolgenden Staat als auf dem Weg zum Sozialismus und zu dessen

---

582 Vgl. etwa BVerfG 1 BvR 624/56, 03.12.1969, BVerfGE 27, 253, 283 – *Kriegsfolgeschäden*; BVerfG 1 BvL 15/87, 27.01.1998, BVerfGE 97, 169, 185 – *Kleinbetriebsklausel I*; BVerfG 2 BvL 5/00, 08.06.2004, BVerfGE 110, 412, 445 – *Teilkindergeld*; BVerfG 2 BvE 2/08, 2 BvE 5/08, 2 BvR 1010/08, 2 BvR 1022/08, 2 BvR 1259/08, 2 BvR 182/09, 30.06.2009, BVerfGE 123, 267, 362 – *Lissabon-Vertrag*; BVerfG 1 BvL 21/12, 17.12.2014, BVerfGE 138, 136, Rn. 3 sowie 5 der abweichenden Meinung – *Erbschaftssteuer*; *Badura*, DÖV 1989, 491, 495; *Grzeszick*, in: Maunz/Dürig, Art. 20 GG VIII. Rn. 21; *Sachs*, in: Sachs, Art. 20 GG Rn. 46 m.w.N.

583 Vgl. *Di Fabio*, Politische Studien 406 (2006), 51, 51f.

584 Vgl. zum Folgenden auch den ausführlicheren Überblick bei *Eidenmüller*, Effizienz als Rechtsprinzip, 276ff.

»Zwang anwendenden und [...] willkürlichen Methoden«.[585] Schon das Konzept der sozialen Gerechtigkeit als solches wurde von ihm als in Wahrheit nichtexistent und konzeptionell mit einer freien Gesellschaft unvereinbar betrachtet.[586] Auch mit dem ›Minimalstaat‹ des Philosophen *Robert Nozick* wäre eine Norm wie § 32 UrhG schon vom Grunde her abzulehnen. *Nozick* ging davon aus, dass eine Verteilung von Gütern dann als gerecht anzusehen ist, wenn sie das Ergebnis eines freiwilligen und rechtmäßigen (Erst-)Erwerbs und folgenden Transfers zwischen verschiedenen Bürgern ist.[587] Eine staatliche Umgestaltung der auf diesem Wege erreichten Verteilung entspricht nach seiner Theorie einer Zwangsarbeit zugunsten anderer – und damit gleichzeitig einem teilweisen ›Eigentumsrecht‹ an dem Betroffenen – und wurde von ihm daher grundsätzlich ausgeschlossen.[588]

Dem gegenüber stehen am anderen Ende der theoretischen Bandbreite solche Staatstheorien, in denen es als bedeutende Aufgabe des Staates angesehen wird, eine umfassende Vorstellung von sozialer Gerechtigkeit zu verfolgen und in diesem Zusammenhang die Besserstellung von wirtschaftlich und sozial vergleichsweise schlechter gestellten Gruppen zu bezwecken. Beispielhaft dafür ist etwa die Gerechtigkeitstheorie des Philosophen *John Rawls*, der innerhalb seines zweiten Prinzips der Gerechtigkeit einer Gesellschaft diejenige Ordnung herzustellen suchte, die zum größten Vorteil für die am schlechtesten gestellte Gruppe der Gesellschaft ist.[589] Wirkt sich eine bestimmte Änderung der Ordnung auf diese Gruppe nicht aus, so rückt nach *Rawls* Theorie die am nächstschlechtesten gestellte Gruppe in den Blickpunkt, bis eine betroffene Gruppe gefunden ist, anhand deren Wohlergehen die Änderung der Gesellschaftsordnung sodann zu beurteilen ist.[590] Die staatlichen Maßnahmen einer sozial gerechten Gesellschaft richten sich hiernach also – zu einem bedeutenden Teil – nach den Interessen der sozial und wirtschaftlich Schwachen. In diese Konzeption lässt sich auch die hinter § 32 UrhG stehende sozialstaatliche Intention des Gesetzgebers ohne Schwierigkeiten einfügen.

Es zeigt sich hiernach, dass schon die nähere Bestimmung des Begriffs der sozialen Gerechtigkeit auf theoretischer Ebene nicht unzweifelhaft zu vollziehen ist.

585 Vgl. *von Hayek*, Die Verfassung der Freiheit, 353.
586 Vgl. ebd., 409f.
587 Vgl. *Nozick*, Anarchy, State and Utopia, 151 sowie 155ff.
588 Vgl. ebd., 168ff.
589 Vgl. *Rawls*, A Theory of Justice, 266.
590 Vgl. ebd., 72.

2. *Bestreitbarkeit des Mittels der Preiskontrolle*

Selbst wenn aber das Motiv der sozialen Besserstellung einzelner Gruppen und der Idee der sozialen Gerechtigkeit Anerkennung findet, ist jedoch auch das dazu verwendete Mittel der staatlichen Preiskontrolle – insbesondere aus ökonomischer Sicht – kritisch zu hinterfragen.

So wird bisweilen darauf hingewiesen, dass es sich bei § 32 UrhG und der damit verbundenen Kontrolle des Preises der Nutzungsrechtseinräumung durch die Gerichte um ein im sonstigen deutschen Privatrecht – nahezu – beispielloses Rechtsinstitut handelt.[591] Auch das Bundesverfassungsgericht stellte in *Übersetzerhonorare* explizit fest, dass die gerichtliche Überprüfung und Festlegung des Preises einer Leistung eine außergewöhnliche Regelung darstellt, da diese Festsetzung grundsätzlich zum Kern der Privatautonomie gehöre.[592] Schon die mangelnde Üblichkeit einer staatlichen Preiskontrolle legt den Schluss nahe, dass diese kein anerkanntes Mittel des Sozialstaats zum Schutz einzelner Gruppen darstellt. Vielmehr basiert das geltende Recht auf der Annahme, dass ein Preis auf Ebene der Austauschgerechtigkeit dann ›fair‹ oder gerecht ist, wenn er durch den – idealen – Marktprozess zustande kommt.[593] Das Ergebnis all dieser Transaktionen unter solchen idealen Marktbedingungen bildet die Referenz des Rechts in Bezug auf Verteilungsgerechtigkeit.[594] Das Recht verfolgt also nach dieser theoretischen Sicht grundsätzlich eine Verteilung, wie sie sich aus dem idealen Marktprozess ohne Beeinträchtigungen – zu denen auch eine gestörte Vertragsparität gehört – ergeben würde. Mit diesem Verständnis hängt letztlich auch das Bild der formalen Vertragsgerechtigkeit bei materialer Vertragsfreiheit zusammen.[595]

Für die Zwecke dennoch erforderlicher staatlicher Umverteilungen betrachtet die ökonomische Theorie des Rechts prinzipiell das Steuersystem – im Gegensatz zu unmittelbaren staatlichen Eingriffen in das Marktergebnis – als das geeignete Mittel.[596] Nur bisweilen und in begrenztem Umfang wird der Um-

---

591 Am ehesten wird die Norm noch mit § 9 ArbnErfG und § 23 ArbnErfG verglichen, die aber einen weitaus begrenzteren Anwendungsbereich als § 32 UrhG haben. § 23 ArbnErfG sieht zudem die Unwirksamkeit statt der Anpassung der Vergütungsabsprache vor; vgl. dazu *Chzychowski*, in: Fromm/Nordemann, § 32 UrhG Rn. 4f.; *Erdmann*, GRUR 2002, 923, 925

592 Vgl. BVerfG 1 BvR 1842/11, 1 BvR 1843/11, 23.10.2013, BVerfGE 134, 204, Rn. 89 – *Übersetzerhonorare.*

593 So *Rödl*, Law and Contemporary Problems 76 (2013), 57, 68ff.; *ders.*, in: Klesczewski/Müller-Mezger/Neuhaus, Mindestlohn – (k)ein gerechter Lohn?, 11, 19.

594 Vgl. *Ackermann*, in: Riesenhuber, Die »Angemessenheit« im Urheberrecht, 9, 12f.

595 Vgl. dazu oben unter § 9 A. III. 1.

596 Vgl. *Shavell*, Foundations of Economic Analysis of Law, 3; *Mathis*, Effizienz statt Gerechtigkeit?, 231; *Schäfer/Ott*, Lehrbuch der ökonomischen Analyse des Zivilrechts, 19; explizit unter Ablehnung der Umverteilung im Rahmen des Urheberrechtssystems *Benoliel*, 10 Yale Journal of Law and Technology 1 (2008), 45, 77f. sowie 81; vgl. auch die Übersicht bei *Eidenmüller*, Effizienz als Rechtsprinzip, 283ff.

verteilung durch Eingriffe des Staates in vertragliche Schuldverhältnisse als Ergänzung zur Umverteilung durch das Steuer- und Sozialsystem Raum gegeben.[597] Nach der liberalen ökonomischen Theorie ist das Mittel der staatlichen Preisregulierung ohnehin grundsätzlich ausgeschlossen.[598] Aber auch Vertreter der sozialen Marktwirtschaft sehen Abweichungen vom Marktprozess – im Sinne sozialer Belange – durch eine staatliche Preiskontrolle höchst kritisch und erlauben solche – wenn überhaupt – nur in besonders begründungsbedürftigen Ausnahmefällen.[599]

Es handelt sich damit bei dem im Rahmen des § 32 UrhG verwendeten Mittel der staatlichen Preiskontrolle nicht nur um eine im deutschen Recht ganz außergewöhnliche, sondern auch eine theoretisch nicht unbestreitbare Maßnahme des Gesetzgebers.

3. *Auswahl eines einzelnen sozialstaatlichen Ansatzes*

Beide Problemkreise sind letztlich an dieser Stelle nicht auflösbar. Im Folgenden soll vielmehr versucht werden, der durch § 32 UrhG zu verwirklichenden sozialstaatlichen Dimension auf theoretischer Ebene dennoch näher zu kommen, indem unter vielen in Betracht kommenden theoretischen Ansätzen eine bestimmte Perspektive gewählt wird. Diese soll einerseits dem urheberschützenden Zweck der Reformbemühungen gerecht werden und Raum für einen entsprechenden Begriff der sozialen Gerechtigkeit lassen. Andererseits soll die Wahl des Ansatzes auch dem Umstand Rechnung tragen, dass die Rolle des Sozialstaats im Privatrecht auch im Lichte des Wandels der jeweils herrschenden Sozialauffassung betrachtet werden muss.[600] Der Ansatz wird also auch aufgrund seiner Aktualität gewählt.

III. Annäherung durch die Perspektive des ›Capability Approach‹ nach Sen und Nussbaum

1. *Der Capability Approach/Befähigungsansatz*

Zur Identifizierung der in Bezug auf § 32 UrhG einschlägigen Dimension des Sozialstaats ist eine Theorie der politischen Philosophie hilfreich, die sich in jüngerer Zeit einiger Popularität erfreut hat. Es handelt sich dabei um den

597 Vgl. *Eidenmüller*, Effizienz als Rechtsprinzip, 306.

598 Vgl. *von Hayek*, Die Verfassung der Freiheit, 312ff.

599 Vgl. *Böhm*, ORDO: Jahrbuch für die Ordnung von Wirtschaft und Gesellschaft 17 (1966), 75, 97f. sowie 147f.

600 Vgl. zu diesem Motiv *Habermas*, Faktizität und Geltung, 472ff.; *Wieacker*, in: Wieacker, Industriegesellschaft und Privatrechtsordnung, 9, 16ff.; *ders.*, in: Wieacker, Industriegesellschaft und Privatrechtsordnung, 36, 44ff. sowie 52f.

Capability Approach (im Folgenden zu Deutsch als Befähigungsansatz bezeichnet), der vor allem vom Ökonomen und Philosophen *Amartya Sen* und der Philosophin *Martha C. Nussbaum* geprägt wurde und wird. Ihre Theorie ist in diesem Kontext deshalb hilfreich, weil sie Aufgaben des (Sozial-)Staats in Form bestimmter Freiheiten bzw. Befähigungen (*Capabilities*) formuliert, die ein jeder berechtigte Bürger innehaben muss, damit dieser Staat als sozial gerecht gelten kann. Die vom Urhebervertragsrecht im Allgemeinen und von § 32 UrhG im Speziellen zu verwirklichende Dimension des Sozialstaats ist im Folgenden in Form einer solchen Freiheit zu formulieren.

Der Befähigungsansatz wurde von *Sen* ursprünglich Ende der 70er-Jahre als Alternative zu den *Primary Goods* formuliert.[601] Letztere hatte *Rawls* innerhalb seiner Gerechtigkeitstheorie als Maßstab des Wohlergehens der Bürger in einer idealen Gesellschaft verwendet. Sie beinhalten neben Einkommen, Vermögen auch ›Güter‹ wie bestimmte Rechte, Freiheiten, Befugnisse, Ämter sowie »soziale Grundlagen der Selbstachtung«.[602] Während *Sen* in vielerlei Hinsicht ähnliche Ansätze wie *Rawls* vertritt, stellt die Formulierung der Befähigungen als Alternative zu den Primary Goods eine bedeutende Abweichung dar. Sie basiert vor allem auf der Kritik, dass die von *Rawls* formulierten Güter letztlich nur Mittel zum Zweck und nicht eigentliches Ziel einer sozial gerechten Gesellschaft sein könnten.[603] Seinen Ursprung hatte der Befähigungsansatz demnach als Alternative zur Messung und zum Vergleich des Wohlergehens zwischen Bürgern einer oder mehrerer Gesellschaften. In der Folge wurde der Befähigungsansatz von *Sen* vor allem im Hinblick auf Fragen der Entwicklungspolitik theoretisch weiterentwickelt und auch in eine Gerechtigkeitstheorie eingebettet.[604] Gleichwohl sind Befähigungen und damit der Befähigungsansatz als solcher auch im Rahmen dieser umfassenderen Theorie von *Sen* vor allem Maßstab des Wohlergehens der Bürger einer Gesellschaft und im Wesentlichen auf diese Rolle beschränkt.[605]

Der Befähigungsansatz wurde parallel aber auch von *Nussbaum* in eine Art eigenständiger Theorie weiterentwickelt. Auch in dieser Theorie sind Befähigungen Maßstab des Wohlergehens der Menschen einer Gesellschaft, stellen aber gleichzeitig auch das zentrale Ziel einer gerechten Gesellschaft bzw. eines gerechten Staates dar. So geht es in *Nussbaums* Theorie entscheidend darum, eine bestimmte Liste von Befähigungen zu entwickeln, die den Mindeststandard

601 Vgl. *Sen*, The Tanner Lectures on Human Values 1980, 195–220.
602 Vgl. *Rawls*, A Theory of Justice, 79; *ders.*, Political Liberalism, 181; *ders.*, Justice as Fairness, 58f.
603 Näher dazu unten unter 2. c).
604 Vgl. *Sen*, The Journal of Philosophy 103 (2006), 215–238; *ders.*, The Idea of Justice.
605 Vgl. *Sen*, The Idea of Justice, 231ff.; *ders.*, in: Brighouse/Robeyns, Measuring Justice, 239, 242f.

eines solchen gerechten Staates ausmachen.[606] Hierbei sind die Befähigungen also nicht auf die Rolle als Vergleichsmaßstab beschränkt, sondern fungieren zugleich als entscheidende, materielle Gerechtigkeitskriterien.[607]

Insoweit es im Folgenden um Befähigungen in ihrer Rolle als materielle Gerechtigkeitskriterien geht, ist die Betrachtung eher an den Ansatz von *Nussbaum* angelehnt. Da hier aber in erster Linie die Idee und das Denken in der Kategorie der Befähigungen relevant sind, ist keine eindeutige Zuordnung zu einer der beiden Ausprägungen des Befähigungsansatzes vonnöten. Der Befähigungsansatz im Allgemeinen ist zudem für die vorliegende Annäherung an die Aufgaben des Sozialstaats zum einen deshalb besonders geeignet, weil er neben dem Ansatz von *Rawls* und den Primary Goods als einflussreichste Theorie der sozialen Gerechtigkeit gilt.[608] Das zeigt sich nicht zuletzt auch darin, dass der Befähigungsansatz bereits seit einiger Zeit auch in der Praxis als ein Maßstab von Armut und Reichtum anerkannt ist.[609] Zum anderen ist er für die hiesige Untersuchung aber auch geeignet, weil er mit seiner grundsätzlich sozialen Ausrichtung dem sozialstaatlichen Gehalt der Urhebervertragsrechtsreform tendenziell nahesteht.

2. *Befähigungen…*

a) *… als Maßstab von Gerechtigkeit*

Wie bereits zuvor angedeutet, stehen im Zentrum der Gerechtigkeitskonzeption des Befähigungsansatzes die namensgebenden Befähigungen, die der Staat seinen Bürgern zu gewährleisten verpflichtet ist. Sie sind innerhalb dieser theoretischen Konzeption das entscheidende Kriterium dafür, ob und inwieweit ein Staat sozial gerecht ist.

Der Begriff der Befähigungen ist dabei näherungsweise mit den faktischen Möglichkeiten eines Bürgers zur Verwirklichung der von ihm angestrebten Tätigkeiten und Seins-Zuständen zu umschreiben.[610] Dabei unterscheidet insbesondere *Nussbaum* zwischen verschiedenen Teilen vollständiger Befähigun-

---

606 Vgl. *Nussbaum*, 9 Feminist Economics (2003), 33, 40ff.; näher dazu sogleich unter 2. a).

607 Auch *Sen* sieht die Befähigungen zwar als wichtige Kriterien sozialer Gerechtigkeit, widersetzt sich aber Versuchen eine bestimmte, allgemeingültige Liste von Befähigungen zu entwickeln, die einen sozial gerechten Staat ausmachen, weil er dies dem politischen Diskurs innerhalb des jeweiligen Staates überlassen will, vgl. *ders.*, 10 Feminist Economics (2004), 77, 77ff. Insofern sind die Befähigungen bei *Sen* in ihrer Rolle als ausformulierte Gerechtigkeitskriterien weniger zentral als bei *Nussbaum*.

608 So etwa *Robeyns/Brighouse*, in: Brighouse/Robeyns, Measuring Justice, 1, 6.

609 Vgl. etwa Zweiter Armuts- und Reichtumsbericht der Bundesregierung (2005), 9f.; Fünfter Armuts- und Reichtumsbericht der Bundesregierung (2017), 615.

610 Vgl. *Nussbaum*, Fordham Law Review 66 (1997), 273, 285 (»What is A actually able to do and to be?«).

gen (*Combined Capabilities*).[611] Ein grundlegendes Element der Befähigungen sind hiernach die angeborenen Eigenschaften und Fähigkeiten eines Menschen, die der weiteren Entwicklung bedürfen, um zur Verwirklichung seiner Lebensziele eingesetzt zu werden (*Basic Capabilities*).[612] Werden diese Eigenschaften und Fähigkeiten in der Folge ihrem Potenzial entsprechend entwickelt, werden sie als interne Fähigkeiten des Menschen (*Internal Capabilities*) zu einem wichtigen Bestandteil der vollständigen Befähigungen.[613] Den anderen entscheidenden Bestandteil der Befähigungen machen nach der Theorie von *Nussbaum* darüber hinaus die sozialen, politischen sowie ökonomischen Umstände aus, die eine tatsächliche Ausübung der vorgenannten Fähigkeiten möglich machen.[614] Erst aus der Kombination der entwickelten menschlichen Fähigkeiten mit den günstigen gesellschaftlichen Umständen ihrer Ausübung ergeben sich somit die namensgebenden Befähigungen.

Die Rolle des Staates besteht hiernach darin, die Voraussetzungen der Entwicklung von natürlichen Fähigkeiten einerseits und deren späterer Ausübung andererseits zu schaffen.[615] Insofern geht es mit der aktiven Befähigung der Bürger durch den Staat durchgehend um die Gewährleistung von – in der Terminologie von *Nussbaum* – »positiver Freiheit« und nicht nur um lediglich »negativer Freiheit«, die sich auf ein Verbot der staatlichen Behinderung beschränken würde.[616] Im Übrigen stellen die Befähigungen nach dem Befähigungsansatz auch den Maßstab von Vergleichen im Sinne der Verteilungsgerechtigkeit dar.[617]

Indes ist es nach der Konzeption von *Nussbaum* naturgemäß kein Erfordernis der sozialen Gerechtigkeit, dass jedwede Befähigung durch den Staat zu gewährleisten ist. Vielmehr bestehen neben wichtigen Befähigungen auch solche, die unwichtig und damit nicht Teil des staatlichen Pflichtenkatalogs zur Verwirklichung sozialer Gerechtigkeit sind.[618] Zur Abgrenzung von – im Rahmen ihrer Konzeption von sozialer Gerechtigkeit – wichtigen und unwichtigen Befähigungen bemüht *Nussbaum* sodann in erster Linie die Idee eines men-

611 Vgl. hierzu und zum Folgenden *Nussbaum*, Creating Capabilities, 20ff.
612 Vgl. ebd., 23.
613 Vgl. ebd., 21.
614 Vgl. ebd., 21f.
615 Aus diesem Grund erscheint im Übrigen die Bezeichnung Befähigungsansatz sinnvoller als die Bezeichnung ›Fähigkeitenansatz‹ – der Begriff der Befähigung spiegelt insofern die Rolle des Staates bei der Schaffung der gesellschaftlichen Gegebenheiten besser wider.
616 Vgl. *Nussbaum*, 9 Feminist Economics (2003), 33, 38; *dies.*, Creating Capabilities, 65. An dieser Stelle besteht eine erkennbare Parallele zu der Terminologie des status negativus und status positivus der deutschen Grundrechtslehre.
617 Vgl. *Nussbaum*, 9 Feminist Economics (2003), 33, 35f.
618 Vgl. *Nussbaum*, Creating Capabilities, 31f.

schenwürdigen Lebens.[619] Hiernach sind für die soziale Gerechtigkeit eines Staates solche Befähigungen zentral, die das menschliche Leben zu einem menschenwürdigen Leben machen.[620] An anderer Stelle verwendet *Nussbaum* in diesem Zusammenhang den Begriff eines ›guten Lebens‹, wobei die genauere Bestimmung vom Begriff des Guten dem einzelnen Bürger überlassen bleibt.[621] Mit anderen Worten sind die Befähigungen in diesem Zusammenhang die Grundlage, auf der der Einzelne seine Vorstellung eines ›guten Lebens‹ zu verwirklichen versuchen möge. In Weiterführung dieses Ausgangspunkts entwickelt Nussbaum die Idee einer Liste von Befähigungen, die für ein menschenwürdiges Leben unabdingbar sind (*Central Capabilities* – im Folgenden als zentrale Befähigungen bezeichnet).[622] Die Liste jener unabdingbaren Befähigungen bildet in ihrer Gesamtheit dabei die Schwelle zu einem sozial gerechten Staat (von ihr als *Threshold* bezeichnet).[623] Mithin kann ein Staat nach der Konzeption von *Nussbaum* nur dann sozial gerecht sein, wenn er seinen Bürgern alle dieser zentralen Befähigungen sichert. Gleichzeitig hat ein jeder Bürger hierbei gegenüber der Regierung des Staates einen Anspruch auf Gewährleistung der als wichtig erachteten Befähigungen.[624]

Grundsätzlich ist die Bestimmung von – in einem bestimmten Staat – wichtigen Befähigungen dabei dem politischen Diskurs überlassen.[625] Gleichwohl geht *Nussbaum* davon aus, dass wenigstens die Schwelle zu einem – minimal – sozial gerechten Staat in Form einer Liste von mindestens zu gewährleistenden Befähigungen bereits theoretisch erarbeitet werden kann und sollte.[626] Sie selbst schlägt eine solche Liste als Grundlage weiterer Erörterungen vor.[627] Ungeachtet der spezifischen Herkunft der zentralen Befähigungen sind diese aber in jedem Fall maßgebend für die rechtliche Beziehung des Bürgers zum Staat. Unabhängig von der Frage, ob ein Staat nur die Liste von im Mindesten zu gewährleistenden Befähigungen anerkennt oder ob der politische Diskurs in diesem Staat eine umfassendere Liste zentraler Befähigungen hervorbringt, sind die anerkannten zentralen Befähigungen nach dem Befähi-

619 Vgl. *Nussbaum*, Fordham Law Review 66 (1997), 273, 286; *dies.*, 9 Feminist Economics (2003), 33, 40; *dies.*, Creating Capabilities, 29ff.

620 Vgl. ebd.

621 Vgl. *Nussbaum*, Fordham Law Review 66 (1997), 273, 286.

622 Vgl. *Nussbaum*, 9 Feminist Economics (2003), 33, 40f.

623 Vgl. *Nussbaum*, Creating Capabilities, 24, 32f. sowie 40.

624 Vgl. ebd., 35f. (»...people have a claim against government...«) sowie 64f. Hier wiederum besteht eine offensichtliche Parallele zum Konzept der staatlichen Schutzpflichten nach deutscher Grundrechtsdoktrin.

625 Vgl. ebd., 32.

626 Vgl. ebd., 75f. Dem steht die Position von Sen gegenüber, der die Ausgestattung jeglicher Listen dem demokratischen Diskurs in einzelnen Gesellschaften überlassen will, vgl. *Sen*, 10 Feminist Economics (2004), 77, 77ff.

627 Vgl. *Nussbaum*, Creating Capabilities, 33f.

gungsansatz von *Nussbaum* nämlich auch taugliche Grundlage einer Verfassung für diesen Staat, jedenfalls aber Bezugspunkt für die Gesetzgebung und die gerichtliche Verfassungs- und Gesetzesinterpretation.[628]

Auszeichnendes Merkmal des Befähigungsansatzes nach *Nussbaum* ist es mithin vor allem, dass er die – insbesondere sozialen – staatlichen Aufgaben ausgehend von der Kategorie der für ein menschenwürdiges Leben notwendigen Freiheiten und Möglichkeiten seiner Bürger her bestimmt. Diese Denkweise soll im Folgenden auch auf den sozialstaatlichen Gehalt des Urhebervertragsrechts und des § 32 UrhG angewandt werden. Dabei wird insbesondere auch auf das Konzept der zentralen Befähigungen zurückzugreifen sein.

b) ... in Abgrenzung zum Konzept des Nutzens

Zuvor erscheint es zur vollständigen Erfassung des Befähigungsansatzes jedoch geboten, kurz auf dessen Abgrenzung zu anderen Maßstäben des menschlichen Wohlergehens einzugehen. Die Unterschiede zu anderen Konzeptionen sind insbesondere insoweit von Bedeutung, als die Entwicklung des Befähigungsansatzes zu einem bedeutenden Teil mit Blick auf die Kritik an jenen anderen Konzeptionen zu verstehen ist.

Befähigungen als Maßstab des Wohlergehens und der Gerechtigkeit innerhalb einer Gesellschaft sind zum einen in Abgrenzung zum utilitaristischen Maßstab des Nutzens zu verstehen. Grundlegend kritisieren die Verfechter des Befähigungsansatzes an der Figur des Nutzens, dass dieser Maßstab häufig auch moralisch verwerfliches Verhalten berücksichtigt, sofern der Handelnde dabei Freude bzw. Befriedigung verspürt.[629] Ebenso grundlegend ist die Kritik, dass die Figur des Nutzens Gefahr läuft, zu ungerechten Verteilungsergebnissen zu führen, weil der große Nutzen einiger Weniger den geringen Nutzen der Mehrheit in vielen Ausprägungen des Nutzenansatzes auszugleichen vermag.[630] Zudem wird nach Ansicht von *Nussbaum* im Rahmen der Konzeption des Nutzens auch die Rolle menschlicher Entscheidungs- und Handlungsfreiheit grundlegend falsch gedeutet, da selbige in dessen Konzeption nur Mittel zum Zweck der Erreichung von Befriedigung bzw. Freude ist.[631] Auf einer zugleich theoretischen wie praktischen Ebene liegt sodann die Kritik, dass die Figur des Nutzens viele verschiedene Formen des menschlichen Wohlergehens in eine einzelne Kennziffer vereint und dabei die beachtenswerte Diversität des

628 Vgl. ebd., 73.

629 Vgl. *Sen*, The Tanner Lectures on Human Values 1980, 195, 210f.

630 Vgl. *Sen*, The Tanner Lectures on Human Values 1980, 195, 201f.; *Nussbaum*, Fordham Law Review 66 (1997), 273, 281.

631 Vgl. *Nussbaum*, Creating Capabilities, 55f.

menschlichen Empfindens und der menschlichen Bedürfnisse unterschlägt.[632] Zuletzt reagieren die Verfechter des Befähigungsansatzes auch auf die Beobachtung, dass soziale Konditionierung dazu führen kann, dass Menschen trotz objektiv schlechterer Situation mehr Nutzen empfinden als Menschen in einer objektiv besseren Lage (bezeichnet als *adaptive preferences*).[633]

Es ist insbesondere als Reaktion auf diese Kritiken zu verstehen, dass der Befähigungsansatz verschiedene, als wertvoll und für wichtig befundene Aspekte menschlicher Freiheit in das Zentrum seiner Betrachtung stellt und diese für alle Mitglieder einer Gesellschaft – bis zu einer gewissen Schwelle – gleichermaßen zu gewährleisten sucht.

c) ... in Abgrenzung zu Ressourcen

Darüber hinaus ist der Befähigungsansatz auch von Konzeptionen abzugrenzen, die allein oder zumindest zum Teil auf Ressourcen – wie etwa Einkommen oder Vermögen – als Maßstab des Wohlergehens von Menschen abstellen. Diesbezüglich kritisieren *Sen* und *Nussbaum* zum einen, dass Ressourcen an sich nur Mittel sind, um einen bestimmten Zweck – ein menschenwürdiges bzw. gutes Leben – zu erreichen.[634] Hiernach setzen diese Theorien an einem falschen Punkt an, indem sie das Mittel statt den Zweck in das Zentrum ihrer Betrachtung stellen. Wiederum auf einer praktischeren Ebene wenden beide ein, dass auf der Messung von Ressourcen basierende Ansätze Unterschiede zwischen Menschen in ihrer Fähigkeit zur Umsetzung der Ressourcen in die Erfüllung ihres Lebensplans außer Acht lassen. So werde etwa nicht beachtet, wenn natürliche Gegebenheiten – wie etwa die körperliche Behinderung einer Person – dazu führen, dass eine Person mit der gleichen Anzahl an Ressourcen weniger bewerkstelligen kann als eine andere Person.[635] Die gleiche Menge an Ressourcen führt demnach nicht ohne Weiteres zum gleichen Niveau des Wohlergehens. Insofern sind an Ressourcen angelehnte Ansätze nach den Verfechtern des Befähigungsansatzes bei der Messung von Wohlergehen auch ungenau.

Der Befähigungsansatz stellt insbesondere auf Grundlage dieser Erwägungen auf die Aspekte eines menschlichen Lebens ab, die nach Ansicht seiner Verfechter tatsächlich bedeutend sind – nämlich die faktischen Möglichkeiten eines Menschen – und gewährleistet diese allen Menschen gleichermaßen.

---

632 Vgl. *Nussbaum*, Creating Capabilities, 51ff.; *dies.*, Fordham Law Review 66 (1997), 273, 281f.

633 Vgl. *Nussbaum*, Creating Capabilities, 54f.; *dies.*, Fordham Law Review 66 (1997), 273, 282f.; *Sen*, The Idea of Justice, 282ff.

634 Vgl. *Nussbaum*, Creating Capabilities, 57f.; *Sen*, in: Brighouse/Robeyns, Measuring Justice, 239, 250.

635 Vgl. *Sen*, The Tanner Lectures on Human Values 1980, 195, 215f.; *ders.*, in: Brighouse/Robeyns, Measuring Justice, 239, 247f.; *ders.*, The Idea of Justice, 254ff.

d) ... in Abgrenzung zu deren Gebrauch

Mit den namensgebenden Befähigungen steht im Zentrum des Befähigungsansatzes aber andererseits lediglich eine Vorstufe dessen, was letzten Endes für das erstrebte menschenwürdige bzw. gute Leben tatsächlich konstitutiv ist, nämlich der Gebrauch jener Befähigung (die sogenannten *Functionings*). Auch diese Abgrenzung ist von den Begründern des Befähigungsansatzes aber bewusst gewählt worden. In diesem Zusammenhang steht für sie ebenfalls der Gedanke der menschlichen Entscheidungs- und Handlungsfreiheit im Vordergrund.[636] Die Wahl zwischen Gebrauch und Nichtgebrauch einer Befähigung soll beim betroffenen Bürger verbleiben. Insofern wird der Gedanke eines paternalistisch handelnden Staates, der die Bürger zu als wertvoll erachtetem Verhalten bewegt, von den Begründern des Befähigungsansatzes weitgehend abgelehnt.[637] Gewisse Abweichungen gelten insoweit nur in bestimmten Ausnahmefällen, so etwa bei Kindern, deren Fähigkeit zur freien Entscheidung noch nicht ausreichend entwickelt ist.[638]

3. Die Existenzsicherung als angestrebte Befähigung?

Nach der Logik des Befähigungsansatzes dreht sich die hiesige Frage nach der zu verwirklichenden Dimension des Sozialstaats also darum, in welcher Hinsicht die Urheber durch das Urhebervertragsrecht und die Gewährleistung einer angemessenen Vergütung befähigt werden. In diesem Zusammenhang kommt zunächst die reine Existenzsicherung als Befähigung der betreffenden Urheber in Betracht, soweit die angemessene Vergütung dafür Sorge trägt, dass jene Urheber eine Mindestversorgung zur Erwirtschaftung ihres Lebensunterhalts erhalten.

Für eine derartige Intention des Gesetzgebers sprechen in erster Linie die vorgenannten Ausführungen zu der schlechten wirtschaftlichen Situation vieler – vor allem freiberuflicher[639] – Urheber in den Gesetzgebungsmaterialien. Insbesondere die Verweise auf die »prekäre« wirtschaftliche und soziale Situation von freiberuflichen Urhebern deuten auf eine – vom Gesetzgeber angenom-

---

636 Vgl. *Sen*, The Idea of Justice, 236ff.; *ders.*, The Tanner Lectures on Human Values 1985, 3, 48ff.; *Nussbaum*, Fordham Law Review 66 (1997), 273, 287; *dies.*, Creating Capabilities, 25. In diesem Zusammenhang ist ein Beispiel von *Sen* beachtenswert (vgl. dazu die vorstehenden Nachweise), in dem dieser zwischen einem aus religiösen Gründen Fastenden und einem aufgrund einer Hungersnot Hungernden unterscheidet. Beide sind auf Ebene der tatsächlichen Tätigkeit/der Functionings gleich – beide hungern nämlich. Sie unterscheiden sich aber deutlich auf der Ebene der Entscheidungs- und Handlungsfreiheit. Hieran setzt der Befähigungsansatz an.

637 Vgl. *Nussbaum*, Creating Capabilities, 25f.

638 Vgl. *Nussbaum*, Fordham Law Review 66 (1997), 273, 291.

639 Zum Ziel des § 32 UrhG vor allem selbstständigen Urhebern eine ausreichende Vergütung zu sichern vgl. auch *Bayreuther*, NJW 2017, 357, 357f.

mene – besondere Not jener Betroffenen hin. Zwar wurde an einzelnen Stellen der Gesetzgebungsmaterialien auch betont, dass es bei den Reformbemühungen um das Urhebervertragsrechts nicht um die soziale Absicherung jener Urheber gegangen sein soll.[640] Dem stehen aber eben jene ausführlichen Darlegungen zu der wirtschaftlichen Situation und dem unterdurchschnittlichen Einkommen vieler Urheber innerhalb derselben Dokumente entgegen.[641] In diesem Zusammenhang wurde auf solche Parameter wie das Durchschnittseinkommen der bei der Künstlersozialkasse versicherten Urheber Bezug genommen, die gerade für die wirtschaftliche und soziale Absicherung eine zentrale Rolle spielen. Insofern ist davon auszugehen, dass es ungeachtet der anderweitigen Bekräftigungen bei den Reformbemühungen gleichwohl um eine Form der Absicherung der wirtschaftlich schlechter gestellten Urheber ging und geht.[642]

Ist mithin mit dem Gesetzgeber von einer schlechten oder sogar prekären wirtschaftlichen Situation auszugehen,[643] betrifft auch die in diesem Zusammenhang eingeführte Gewährleistung einer angemessenen Vergütung die Möglichkeit der Urheber, durch ihre Tätigkeit ihren Lebensunterhalt in ausreichendem Maße zu bestreiten. Es ginge in der Logik des Befähigungsansatzes somit um die entsprechende Befähigung der Urheber zur Befriedigung ihrer grundlegenden Bedürfnisse. Hiermit verbunden sind Fragen, die wohl unbestritten im Fokus eines sozial agierenden Staats stehen. So sieht auch *Nussbaum* die Befähigungen zum reinen Überleben, zu ausreichender Gesundheit und Ernährung wie auch zur Teilnahme am sozialen Leben als Teil der Liste zentraler

640 Vgl. etwa Regierungsentwurf, BTDrucks 18/8625, 13 (»Die Reform will auch kein Grundeinkommen für Kreative garantieren [...] Die soziale Absicherung leisten Institutionen wie beispielsweise die Künstlersozialkasse«).

641 Vgl. ebd., 16f. (»Den wenigen erfolgreichen Urhebern steht in vielen Bereichen eine große Zahl von Kreativen gegenüber [...] Sie erzielen oft nur geringe Einkünfte«), (»Ähnliche Erkenntnisse wie etwa eine Tendenz zu anteilig weniger sozialversicherungspflichtiger Beschäftigung und niedrige [sic] Einkommenssituationen im Bereich Kultur [...]«), (»Klagen über eine schlechter werdende wirtschaftliche Situation kommen auch aus bislang eher besser gestellten Urheberkreisen«).

642 So auch *Ory*, in: Ory/Cole, Reform des Urhebervertragsrechts, 11, 14f.

643 Diese Diagnose wird freilich vielfach bezweifelt, insgesamt weichen die Befunde drastisch voneinander ab; wie der Gesetzgeber von einer prekären Lage in Bezug auf die literarischen Übersetzer ausgehend etwa *Schimmel*, ZUM 2010, 95, Fn. 105; von einer in der Breite bescheidenen Einkommenssituation spricht *Peifer*, Urhebervertragsrecht in der Reform, 173f.; betroffene Übersetzer haben in der Vergangenheit zum Teil angegeben, dass sie mit der gängigen Vergütung ihren Lebensunterhalt nicht bestreiten können, vgl. *von Rom*, Der Schutz des Übersetzers im Urheberrecht, 140; mit Blick auf die behaupteten gängigen Einkünfte jener freiberuflichen Übersetzern dagegen skeptisch *von Becker*, ZUM 2007, 249, 250; zwischen verschiedenen Branchen differenzierend dagegen etwa *Czychowski*, GRUR-Prax 2014, 27, 28. Letztlich wird eine solche differenzierende Betrachtungsweise der Realität wohl am ehesten gerecht.

Befähigungen.[644] Aus der Perspektive des Grundgesetzes hat das Bundesverfassungsgericht die grundrechtliche Gewährleistung eines menschenwürdigen Existenzminimums aus Art. 1 Abs. 1 GG in Verbindung mit dem Sozialstaatsprinzip des Art. 20 Abs. 1 GG anerkannt.[645] Insofern erscheint es unzweifelhaft, dass es mit der Sicherung der Grundversorgung der Urheber um eine der zentralen Befähigungen für ein menschenwürdiges Leben und damit eine grundlegende sozialstaatliche Aufgabe ginge.

Allerdings ist zu beachten, dass mit der Idee der reinen Existenzsicherung bzw. des Bestreitens des jeweiligen Lebensunterhalts die den Ausführungen in den Gesetzgebungsmaterialien enthaltene Vorstellung nicht vollständig erfasst werden kann. In Bezug genommen wird schließlich die Möglichkeit der Urheber, *in ihrer jeweiligen Tätigkeit als Urheber* ein für ihren jeweiligen Lebensunterhalt ausreichendes Einkommen zu erzielen. Auch wenn auf die schlechte wirtschaftliche Situation von Urhebern in bestimmten Branchen bzw. von einzelnen Berufsgruppen hingewiesen wird,[646] ist damit an die Möglichkeit der Erwirtschaftung eines ausreichenden Einkommens durch die jeweiligen Urheber als *in eben jener Branche Berufstätige* angeknüpft. Damit enthalten die Reformbemühungen neben der Vorstellung der Befähigung der Urheber zur Erwirtschaftung ihres Lebensunterhalts aber noch ein weiteres Element – die Urheber sollen nicht nur dazu befähigt werden, ihren Lebensunterhalt überhaupt zu erwirtschaften, sondern auch dazu, dabei die von ihnen gewählten Tätigkeit ausüben zu können. Die Befähigung zur Existenzsicherung der Urheber kann damit den sozialstaatlichen Gehalt des § 32 UrhG nicht vollständig erklären.

4. *Die freie Berufswahl als angestrebte Befähigung?*

Der sozialstaatliche Zweck des § 32 UrhG betrifft somit auch die Möglichkeit der Urheber, beruflich als Urheber tätig zu werden. Diese Berufswahl[647] ist immerhin nur dann beizubehalten, wenn durch die Tätigkeit als Urheber in der jeweiligen Branche auch der notwendige Lebensunterhalt erwirtschaftet werden kann. Insofern sind die Erwägungen des Gesetzgebers zu der wirtschaftlich schlechten Situation mancher Urheber auch Erwägungen zur Einschränkung der zuvor von eben diesen getroffenen Berufswahl. In der Logik des Befähigungsansatzes geht es – auch und vor allem – um die Befähigung zur Wahl des Berufs des Urhebers.

---

644 Vgl. *Nussbaum*, Creating Capabilities, 33f. (Ziff. 1, 2, 7 und 10 der Liste).

645 Vgl. BVerfG 1 BvL 1/09, 1 BvL 3/09, 1 BvL 4/09, 09.02.2010, BVerfGE 125, 175, 222 – *Hartz IV-Regelsatz.*

646 So etwa die Ausführungen zu den »kärglichen Pauschalhonorare[n]« für freiberufliche literarische Übersetzer im Regierungsentwurf, BTDrucks 14/6433, 9.

647 Hier im Sinne sowohl der ursprünglichen Wahl des Berufs als auch deren Ausübung verwendet.

Dies setzt indes gleichzeitig voraus, dass der Schutz dieser Befähigung der Urheber auch einer sozialstaatlichen Aufgabe entspricht.

Ansätze dieser Logik sind wiederum in den vorstehend zitierten Gesetzgebungsmaterialien erkennbar. So ging die Bundesregierung im Rahmen der Reformbemühungen 2017 davon aus, dass zu der wirtschaftlich schlechten Situation der in Bezug genommenen Urheber insbesondere auch ein Überangebot derselben beiträgt.[648] Eine Korrektur jenes Überangebots an freiberuflichen Urhebern würde aber notwendigerweise[649] mit einer Abnahme des Angebots an Urhebern und damit einer Negierung der vorher getroffenen Berufswahl einiger Urheber einhergehen. Bereits im Rahmen der Urhebervertragsrechtsreform 2002 sprach die damalige Bundesregierung davon, dass es ein »Glück für die Literatur, Wissenschaft und Kunst« sei, dass bei »vielen Urhebern das künstlerische Schaffen im Vordergrund [stehe], auch wenn das im Einzelfall auf Kosten der Angemessenheit der Vergütung gehen mag«.[650] Dem ist implizit zu entnehmen, dass es aus Sicht der Bundesregierung wünschenswert war, den gegebenen Bestand an Urhebern zu erhalten. Dies könnte einerseits auf ein staatliches Ziel der Kulturförderung zurückgeführt werden, für das aber naturgemäß eine andere verfassungsrechtliche Grundlage als das Sozialstaatsprinzip angeführt werden müsste. Auf individueller Ebene hängt die Aussage der Bundesregierung aber andererseits mit der Berufswahl des einzelnen Urhebers insofern zusammen, als es als »Glück« aufgefasst wird, dass die intrinsische Motivation der Urheber einen ausreichenden Anreiz zur Fortführung ihrer beruflichen Tätigkeit darstellt. Insoweit also das Sozialstaatsprinzip als Grundlage des Schutzes der Urheber in Bezug genommen wird, geht es um den Schutz der Berufswahl der betroffenen Urheber.

Den vom deutschen Gesetzgeber implizit vorausgesetzten Befund des Zusammenhangs zwischen der Vergütung der Urheber und ihrer Befähigung zur Tätigkeit als eben solche[651] teilt überdies auch der europäische Gesetzgeber. So heißt es in Erwägungsgrund 10 der Richtlinie 2001/29/EG des Europäischen Parlaments und des Rates zur Harmonisierung bestimmter Aspekte des Urheberrechts und der verwandten Schutzrechte in der Informationsgesellschaft:

648 Vgl. Regierungsentwurf, BTDrucks 18/8625, 17 (»Bei einem oft bereits bestehenden Überangebot an freiberuflichen Urhebern, die Leistungen außerhalb des Star-Sektors anbieten, führt dies dazu, dass faire Vergütungen nicht durchgesetzt werden können«).

649 Es sei denn, es gäbe einen schlagartigen Anstieg der Nachfrage, was aber in diesem Zusammenhang nicht im Raum steht.

650 Vgl. Regierungsentwurf, BTDrucks 14/6433, 7.

651 Unberücksichtigt bleibt hierbei indes die Möglichkeit, dass die mit dem nachträglichen Vertragsanpassungsanspruch verbundene Rechtsunsicherheit sowie die Unmöglichkeit des Preiswettkampfs durch die Urheber zu einem Abfall der Nachfrage an urheberischen Leistungen führen; vgl. beispielhaft zu der Kritik an § 32 UrhG in diesem Zusammenhang *Grosche*, DÖV 2014, 382, 386; *Sprang*, ZUM 2010, 116, 123; *von Becker*, ZUM 2007, 249, 250.

»Wenn Urheber und ausübende Künstler weiter schöpferisch und künstlerisch tätig sein sollen, müssen sie für die Nutzung ihrer Werke eine angemessene Vergütung erhalten [...]«. Hierbei wird der Zusammenhang zwischen der staatlich durchgesetzten Gewährleistung einer angemessenen Vergütung und der Berufswahl der Urheber unmittelbar formuliert.

Der Umstand, dass der mit § 32 UrhG verbundene Eingriff in den Marktmechanismus zugunsten der Befähigung der Urheber zur Fortführung ihrer jeweiligen beruflichen Tätigkeit erfolgt, wird auch in der Literatur bisweilen recht deutlich herausgestellt. So weist *Axel Metzger* darauf hin, dass einerseits ein gesellschaftliches Interesse daran bestehe, auch wirtschaftlich – zumindest zunächst – nicht tragfähige Werke zu schaffen, weil so langfristig die kulturelle Vielfalt gefördert werde. Andererseits gebe es in heutiger Zeit ein Überangebot an Urhebern auch deshalb, weil nahezu jedermann – privat oder beruflich – Urheber in der einen oder anderen Form sei. So bestehe ein doppelter Druck auf die Einkommenslage von Urhebern.[652] In diesem Zusammenhang rücke sodann die Frage in den Vordergrund, inwieweit die Gesellschaft sich einen von Marktmechanismen befreiten Kultursektor leisten will.[653]

Diese Feststellungen führen aber notwendigerweise zu der Frage, inwieweit die Befähigung der Urheber zur Aufnahme und Fortführung ihrer beruflichen urheberischen Tätigkeit überhaupt Aufgabe des Sozialstaats sein kann. In der hier herangezogenen Theorie *Nussbaums* ist in diesem Zusammenhang zu fragen, ob es sich bei der freien Berufswahl um eine der zentralen Befähigungen handelt. Und tatsächlich wurde die freie Berufswahl in der Vergangenheit als eine solche – zumindest potenzielle – zentrale Befähigung angeführt.[654] Darüber hinaus ist die freie Berufswahl auch innerhalb von *Rawls* Gerechtigkeitstheorie als eines der Primary Goods ein Element sozialer Gerechtigkeit.[655] Andererseits wäre eine Ausdehnung der Sozialpolitik auf die Berufswahl aus Sicht einiger der anderen vorgenannten theoretischen Ansätze zweifellos abzulehnen. Im Übrigen taucht die Befähigung zur freien Berufswahl in der vollständigen, von *Nussbaum* vertretenen Liste von zentralen Befähigungen wiederum nicht mehr auf. In Bezug auf die berufliche Tätigkeit des Einzelnen sieht *Nussbaum* in der von ihr derzeit vertretenen Liste nur die Befähigung zur Annahme einer irgendwie gearteten beruflichen Tätigkeit vor, nicht aber den Schutz der Wahl eines spezifischen Berufs.[656]

All dies ist möglicherweise auch dem Umstand geschuldet, dass die Liste die

652 Vgl. *Metzger*, in: Obergfell, Zehn Jahre reformiertes Urhebervertragsrecht, 37, 40ff.

653 Vgl. ebd., 42; zustimmend *Czychowski*, in: Fromm/Nordemann, § 32 UrhG Rn. 2.

654 Vgl. *Nussbaum*, 9 Feminist Economics (2003), 33, 36.

655 Vgl. *Rawls*, Political Liberalism, 181; *ders.*, Justice as Fairness, 58.

656 Vgl. zu all dem *Nussbaum*, Creating Capabilities, 33f. (insb. die Befähigungen unter Ziff. 10).

vorgenannte Schwelle zu – einem mindestens erforderlichen Maß an – sozialer Gerechtigkeit darstellt, die auch und gerade im Hinblick auf Entwicklungsländer entwickelt wurde. Allerdings erscheint es selbst für einen Staat wie Deutschland zweifelhaft zu sein, ob sich eine subjektiv einzufordernde staatliche Schutzpflicht hinsichtlich der freien Berufswahl – wie sie der Konzeption der zentralen Befähigungen entspricht – im Rahmen des Sozialstaatsprinzips gewährleisten ließe. Dementsprechend wird die Berufsfreiheit des Art. 12 Abs. 1 GG auch in erster Linie als Abwehrrecht verstanden[657] und eine umfassende staatliche Schutzpflicht in Form eines Rechts auf Bereitstellung und Bestand eines Arbeitsplatzes oder Berufs abgelehnt.[658] Dieser Auslegung folgend liefe es auf den Befund hinaus, dass letztlich auch das Sozialstaatsprinzip der Art. 20 Abs. 1, 28 Abs. 1 S. 1 GG nicht ausreicht, um das Motiv hinter § 32 UrhG und dessen Ausgestaltung als flächendeckende Garantie einer angemessenen Vergütung vollständig zu erklären.

Letztlich kann die vorliegende Untersuchung diese Frage nicht abschließend klären. Gleichzeitig ist die Frage einer der entscheidenden Wegweiser für die Auslegung und Konkretisierung des § 32 UrhG und der Legaldefinition der angemessenen Vergütung. Schlussendlich ist auch die Frage nach der Vereinbarkeit von der Abkehr vom Gedanken der Einzelfallgerechtigkeit im Rahmen des § 32 UrhG mit den Zielen der Reformbemühungen von einer weiteren Herausarbeitung der sozialstaatlichen Ziele abhängig. Gleichwohl kann als Ergebnis dieses Abschnitts zweierlei festgehalten werden: Zum einen erstreckt sich die mit § 32 UrhG verbundene sozialstaatliche Motivation so weit, dass die Urheber in ihrer spezifischen Tätigkeit als Urheber erhalten werden, also zum Erhalt der von ihnen gewählten Tätigkeit befähigt werden sollen; zum anderen ist unklar, ob dies mit dem gängigen – rechtlichen wie theoretischen – Verständnissen der Aufgaben eines Sozialstaats ohne weiteres zu vereinbaren ist.

C. Inwiefern sind die Einzelfallumstände im Rahmen dieses sozialstaatlichen Zwecks von Bedeutung?

Unter Zugrundelegung dieser sozialstaatlichen Motivation können dennoch einige vorläufige Überlegungen zur Notwendigkeit von Einzelfallgerechtigkeit im Rahmen des § 32 Abs. 2 S. 2 UrhG angestellt werden. Hierbei stechen vor allem zwei widerstreitende Aspekte heraus.

---

657 Vgl. *Scholz*, in: Maunz/Dürig, Art. 12 GG Rn. 47.

658 Vgl. BVerfG 1 BvR 1341/90, 24.04.1991, BVerfGE 84, 133, 146f. – *Warteschleifenregelung*; BVerfG 1 BvR 1444/02, 21.08.2002, NJW 2002, 3460, 3460f.; *Scholz*, in: Maunz/Dürig, Art. 12 GG Rn. 53; *Mann*, in: Sachs, Art. 12 GG Rn. 78f. jeweils m.w.N.

Tatsächlich könnte einerseits davon ausgegangen werden, dass die Generalisierungen und die hieraus folgenden Branchentarife in diesem Zusammenhang für die Urheber sogar vorteilhaft wären. Zentral für diese Annahme ist der Aspekt der Rechtssicherheit von feststehenden und bekannten Tarifen. So wiesen diverse Autoren mit Blick auf die ›Karlsruher Übersetzertarife‹ darauf hin, dass diese sowohl für die Verwerter als auch für die Urheber den Vorteil von Rechtssicherheit mit sich brächten.[659] Auch an anderer Stelle wird auf die Rechtssicherheit als ein für beide Seiten vorteilhafter Aspekt von feststehenden Tarifen – vor allem in Form von Kollektivverträgen – verwiesen.[660] Dementsprechend wurde im Rahmen der Urhebervertragsrechtsreform 2002 – spiegelbildlich – auch die mangelnde Vorhersehbarkeit einer gerichtlichen Preiskontrolle im Einzelfall kritisiert.[661] Vertreter der Urheberseite sprechen andererseits mit Blick auf die Herausbildung bestimmter Richtmaße gar davon, dass »Mindeststandards« das Geschäft erleichterten und geeignet seien, »professionell arbeitende Kreative als Vertragspartner […] zu erhalten«.[662]

Diese Schlussfolgerung ist für den einzelnen Urheber – insbesondere auch mit Blick auf die Befähigung zu dessen Berufswahl und -ausübung – durchaus nachvollziehbar. Zum einen entsteht durch die Existenz eines gerichtlich bestimmten Branchentarifs – den Kollektivverträgen entsprechend – die Gewissheit, dass für die Schaffung eines Werkes in der dazu gehörigen Branche eine in dem entsprechenden Rahmen liegende Vergütung erzielt wird. Daraus folgt insbesondere eine verbesserte Planbarkeit der urheberischen Tätigkeit, da die Urheber diese besser auf ihre jeweiligen Bedürfnisse und ihren Lebensstandard abstimmen können. Gleichzeitig wird durch die Existenz eines durch die Branchentarife gesetzten Rahmens auch die Informationsbasis erhöht, die Urhebern und potenziellen Urhebern offensteht. Auf dieser Grundlage scheint insbesondere auch die erstmalige Entscheidung zur beruflichen urheberischen Tätigkeit mit größerer Sicherheit zu treffen zu sein. Mit anderen Worten kann ein Urheber vor der ursprünglichen Berufswahl auf Grundlage der Branchentarife eher abschätzen, welche Vergütung er im Rahmen seiner potenziellen Tätigkeit erwarten kann. Diese Rechtssicherheit bietet eine am jeweiligen Einzelfall bemessene Vergütung dagegen nicht. In diesem Zusammenhang ist wiederum beachtlich, dass der Gesetzgeber von vornherein auf die Ausbreitung von Kollektivverträgen hoffte und diese für geeignet hielt, das soziale Problem

659 Vgl. *Berger*, in: Stern/Peifer/Hain, Urhebervertragsrecht – Gelungen oder reformbedürftig?, 9, 19; *Jacobs*, GRUR 2011, 306, 306; *Obergfell/Zurth*, ZGE/IPJ 2016, 1, 9.

660 Vgl. etwa *von Becker*, ZUM 2007, 249, 249 sowie 255; *Dietz*, ZUM 2001, 276, 282; *ders.*, AfP 2001, 261, 263; *Kasten*, ZUM 2015, 479, 480f.; *Ory*, AfP 2014, 23, 26.

661 Vgl. *Grzeszick*, AfP 2002, 383, 386 m.w.N.

662 Vgl. *Schimmel*, ZUM 2010, 95, 106.

der Urheber zu lösen.[663] Auch dies sollte durch generelle Tarife erreicht und die Urheber durch sie zur Tätigkeit als Urheber befähigt werden.[664] Sofern die Branchentarife also nicht so niedrig bemessen sind, dass sie die Bedürfnisse eines typischen Urhebers jener Branche nicht zu decken vermögen, spricht der Aspekt der Rechtssicherheit dafür, dass die Abkehr vom Gedanken der Einzelfallgerechtigkeit im Rahmen des § 32 Abs. 2 S. 2 UrhG bei der Befähigung der Urheber zur Existenzsicherung und zur Beibehaltung ihrer Berufswahl Vorteile bietet.

Demgegenüber steht ein spezifisch sozialpolitischer Aspekt, nämlich der der Berücksichtigung der individuellen Bedürfnisse des Einzelnen. Individuellen Bedürfnisse des Urhebers bei der Existenzsicherung wie auch bei der Ausübung seines Berufes können einzig bei einer gerichtlichen Wertung des konkreten Einzelfalls berücksichtigt werden. Dieser Aspekt ist gedanklich mit der vom Befähigungsansatz hervorgebrachten Kritik an ressourcenbasierten Konzepten verbunden, die die unterschiedlich ausgeprägte Fähigkeit der Menschen zur Umsetzung von Einkommen in Freiheiten betrifft.[665] Besondere Bedürfnisse eines einzelnen Urhebers zur Existenzsicherung und zum Erhalt seiner beruflichen Tätigkeit können bei Bemessung der im Rahmen von § 32 Abs. 2 S. 2 UrhG geschuldeten Vergütung nicht erfüllt werden.[666] In diesem Zusammenhang könnte etwa ein unterdurchschnittlich schnell arbeitender Urheber betroffen sein, wenn sich die von ihm geleistete Arbeitszeit – etwa im Rahmen des Kriteriums des Arbeitsaufwands[667] – nicht in der angemessenen Vergütung gemäß § 32 Abs. 2 S. 2 UrhG widerspiegelt, weil diese anhand von Generalisierungen des Gerichts anhand des typischen Urhebers bemessen wurde.[668] Ähnliches könnte für das Kriterium des dem Urheber durch seine Tätigkeit entgangenen Gewinns[669] gesagt werden, sofern hierdurch die berufliche Tätigkeit des Urhebers gefährdet ist. Derartige Überlegungen spielen jedenfalls dann eine Rolle, wenn man der sozialstaatlichen Motivation des Gesetzgebers tatsächlich in vollem Umfang Genüge tun wollte. Indes bedingt all dies die Annahme einer sehr ausgeprägten Rolle des Staates beim Schutz der freien Berufswahl und -aus-

663 Vgl. zu diesem Argument auch oben unter § 9 B. II.

664 In diesem Zusammenhang ist beachtenswert, dass auch die Gesetzgebungsmaterialien letztlich in erster Linie auf einem typisierten bzw. generalisierten Bild des Urhebers als Mitglied einer Berufsgruppe basierten. Dies gilt etwa für die Verweise auf die freiberuflichen Übersetzer als unterbezahlte Berufsgruppe

665 Vgl. dazu oben unter B. III. 2. c).

666 Auf die spiegelbildlich notwendige Berücksichtigung der besonderen Umstände und Interessen von Verwertern weist *Ory* hin, vgl. AfP 2014, 23, 26; *ders.*, AfP 2015, 389, 392f.

667 Vgl. oben unter § 6 A. III. 1.

668 Dieser Aspekt taucht in ähnlicher Form – mit Blick auf einen ›Mindestlohn‹ für Selbstständige – auch auf bei *Bayreuther*, NJW 2017, 357, 359.

669 Vgl. oben unter § 6 A. II. 3. d).

übung, die vor dem Hintergrund der Art. 20 Abs. 1, 28 Abs. 1 S. 1 GG problembehaftet ist.[670]

Im Ergebnis finden sich unter dem Blickwinkel des Sozialstaatsprinzips somit zwei starke, aber widerstreitende Argumente für und wider die Notwendigkeit von Einzelfallgerechtigkeit im Rahmen des § 32 Abs. 2 S. 2 UrhG. Eine tiefer gehende Analyse der Problematik bedarf einerseits einer Diskussion hinsichtlich der Reichweite des sozialstaatlichen Gehalts des § 32 UrhG. In der Logik des Befähigungsansatzes betrifft dies die vom Staat mit der Garantie einer angemessenen Vergütung zu gewährleistenden zentralen Befähigungen. An dieser Stelle herrscht einerseits dringender Klärungsbedarf und andererseits wohl erhebliches Konfliktpotenzial. Es handelt sich um eine der entscheidenden Fragen rund um § 32 UrhG und auch bei der Konkretisierung des § 32 Abs. 2 S. 2 UrhG. Andererseits wären in diesem Zusammenhang auch empirische Daten zur Vereinbarkeit der beruflichen urheberischen Tätigkeit in den betroffenen Branchen mit den gerichtlichen Branchentarifen vonnöten, um deren Auswirkungen einschätzen zu können und damit die ›Konkretisierungstatsachen‹ ausreichend zu ermitteln.

D. Folgerungen

I. Die Bedeutung des sozialstaatlichen Gehalts von § 32 UrhG für die Konkretisierung der Legaldefinition

Es zeigt sich mithin, dass aus der Perspektive des mit den Reformbemühungen und § 32 UrhG verbundenen Urheberschutzes sozialpolitische Motive den Schwerpunkt bilden. Das gilt im Besonderen für das Leitbild materialer Vertragsgerechtigkeit, das durch den Anspruch auf Vertragsanpassung durchgesetzt wird und eine Besserstellung der Urheber gewährleisten soll. Vor allem jene Intention, die soziale und wirtschaftliche Situation der Urheber zu verbessern, vermag zu erklären, weshalb § 32 UrhG auf die – vermutete – strukturelle Disparität zwischen Urhebern und Verwertern nicht mit Nichtigkeit der Preisabsprache reagiert, sondern mit einer gerichtlich festzulegenden Vergütung.

Aus diesem Grund sollte der sozialpolitische Gehalt des § 32 UrhG auch für die Konkretisierung der Begriffe von Üblichkeit und Redlichkeit eine zentrale Rolle spielen. Ging es bei dem Anspruch auf eine angemessene Vergütung vor allem um die wirtschaftliche Besserstellung der Urheber, muss sich die Konkretisierung der Angemessenheit ebenfalls nach diesem Motiv richten. Das erscheint in der Vergangenheit in Form der sozialpolitischen Kriterien zum Teil

670 Zu den diesbezüglich angebrachten Zweifeln vgl. oben unter B. III. 4.

erfolgt zu sein,[671] wäre aber auch im Rahmen der personenbezogenen und der schaffensbezogenen Kriterien möglich. In jedem Fall aber erscheint es unumgänglich, dass die Konkretisierung der Angemessenheit die Reichweite der sozialpolitischen Motive des Gesetzgebers berücksichtigt.

II. Die fragliche Reichweite des sozialstaatlichen Gehalts

Dabei stellt sich nach dem Vorstehenden aber die Frage, welche sozialpolitischen Gewährleistungen die Garantie einer angemessenen Vergütung im Rahmen des § 32 UrhG enthält. Wie anhand des Befähigungsansatzes dargestellt, sind die Ausführungen des Gesetzgebers im Rahmen der Reformbemühungen von 2002 und 2017 so zu verstehen, dass den Urhebern nicht nur die Existenzsicherung ermöglicht werden sollte, sondern auch der Erhalt ihrer beruflichen Tätigkeit im Angesicht eines Überangebots in manchen Branchen. Es geht in der Logik jenes Befähigungsansatzes also nicht nur um die Befähigung zur Existenzsicherung, sondern auch zur freien Berufswahl. Ob diese Reichweite des sozialpolitischen Bestrebens seine Rechtfertigung findet, scheint auf theoretischer wie verfassungsrechtlicher Ebene zweifelhaft und daher ebenfalls weiter diskussions- und klärungsbedürftig. In diesem Zusammenhang steht auch die Frage, ob mit § 32 UrhG eine Form der Kulturförderung bezweckt ist. Die Antwort auf diese Fragen hat offensichtliche Auswirkungen auf die Konkretisierung der Angemessenheit anhand des sozialpolitischen Gehalts von § 32 UrhG.

III. Vor- und Nachteile von Branchentarifen bei der Verwirklichung des sozialstaatlichen Gehalts

Bedingt der soziapolitische Gehalt des § 32 UrhG tatsächlich, dass hiermit neben der reinen Existenzsicherung auch die freie Berufswahl der Urheber gewährleistet wird, so bieten die gerichtlichen Generalisierung und die daraus folgenden Branchentarife sowohl Vorteile als auch Nachteile. Einerseits ergibt sich für die Urheber aus Branchentarifen eine größere Rechtssicherheit und Planbarkeit in Bezug auf ihre Tätigkeit. Andererseits werden besondere Bedürfnisse des einzelnen Urhebers durch Branchentarife nicht berücksichtigt und die sozialpolitischen Möglichkeiten im Rahmen der Gewährleistung einer angemessenen Vergütung abgeschwächt. Eine klare Beurteilung der Branchentarife ist auf dieser abstrakten Ebene also nur schwer möglich. Solange im Rahmen beson-

671 Das Motiv der Besserstellung der freiberuflichen Übersetzer hat insbesondere in der Rechtsprechung des BGH eine Rolle gespielt. Eine Alimentierung der Urheber wurde andererseits fast durchweg abgelehnt; vgl. dazu oben unter § 6 A. V. Hierin zeigen sich wiederum die Unsicherheit mit Bezug auf den sozialpolitischen Gehalt des § 32 UrhG.

derer Umstände des Einzelfalls Raum für Anpassungen der Branchentarife bleibt,[672] ist gewissermaßen ein Mittelweg gefunden. Gleichwohl verbleibt dann weiterhin die Frage danach, anhand welcher Kriterien die Anpassungen vorzunehmen sind.

IV. Verbindungen zur Frage nach der Ausrichtung der Redlichkeit

Schließlich ergibt sich in Bezug auf die Berücksichtigung besonderer Bedürfnisse des Urhebers im konkreten Einzelfall wiederum eine Verbindung zur Frage danach, ob die gerichtliche Wertung im Rahmen der Redlichkeit anhand des hypothetischen Marktergebnisses in einem idealen Markt oder anhand eines ›objektiven Wertes‹ ausgerichtet werden sollte. Eine Berührung der beiden Problemkreise ergibt sich vor allen Dingen daraus, dass es gemeinhin als Vorteil des marktwirtschaftlichen Prozesses gesehen wird, dass dieser die persönlichen Präferenzen und Bedürfnisse der verschiedenen beteiligten Parteien zu koordinieren vermag.[673] Der marktwirtschaftlichen Preisbildung liegen schließlich die persönlichen Präferenzen der vertragsschließenden Parteien zugrunde.[674] Insofern ist eine Ausrichtung der Redlichkeit an einem hypothetischen Marktergebnis wiederum zur Berücksichtigung von besonderen Bedürfnisse des Urhebers im Einzelfall prädestiniert. Hinsichtlich der Ausrichtung der gerichtlichen Wertung an einem ›objektiven Wert‹ wäre wiederum klärungsbedürftig, inwieweit dies zur Berücksichtigung der sozialpolitisch relevanten Umstände geeignet wäre. Dies gilt insbesondere für die der Kategorie der personenbezogenen Kriterien zugeordneten Umstände. Auch an dieser Stelle zeigt sich also, dass die Antwort der Frage nach dem Umfang des mit § 32 UrhG bezweckten Urheberschutzes erhebliche Auswirkungen auf die sonstigen mit der Konkretisierung der Angemessenheit zusammenhängenden Fragen hat. Eine gelungene Konkretisierung der Legaldefinition bedarf somit einer einheitlichen und vollständigen Klärung jener Probleme.

672 Wie es der Rechtsprechung des BGH entspricht; vgl. dazu oben unter § 6 C. III. Zu der Tendenz der Gerichte Branchentarife ohne Anpassung anhand des Einzelfalls zu übernehmen vgl. erneut oben unter § 7 C. III.

673 Vgl. *Eidenmüller*, Effizienz als Rechtsprinzip, 333f.; *Mathis*, Effizienz statt Gerechtigkeit?, 51 sowie 221; *Posner*, Economic Analysis of Law, 535; *Böhm*, ORDO: Jahrbuch für die Ordnung von Wirtschaft und Gesellschaft 17 (1966), 75, 92f.

674 *Eidenmüller*, Effizienz als Rechtsprinzip, 333f.

Hauptthesen der Untersuchung

1. Die Gesetzgebungsmaterialien der Reformbemühungen von 2002 und 2017 bieten für die Konkretisierung des Begriffs der Angemessenheit und ihrer Elemente der Üblichkeit und Redlichkeit wenige konkrete Vorgaben. Es zeigt sich, dass die Legaldefinition des § 32 Abs. 2 S. 2 UrhG im Laufe der Reform von 2002 letztlich ad hoc von einem einzelnen Kriterium zur für die Gerichte entscheidenden Definition der Angemessenheit entwickelt wurde, ohne dass dahinter ein tiefergehendes Konzept stand (**§ 2**)[675].
2. Bis dato nicht ausreichend geklärt ist die Systematik des § 32 Abs. 2 S. 2 UrhG. Das betrifft insbesondere das Verhältnis der dort verwendeten Maßstäbe der Üblichkeit, der Redlichkeit und des billigen Ermessens zueinander. Richtigerweise sollte die Üblichkeit als Ermittlung eines Referenzwertes und die Redlichkeit als deren wertende Korrektur durch das Gericht ausgelegt werden. Das bei fehlender Branchenübung anzuwendende billige Ermessen sollte zudem durch das Muster von Üblichkeit und Redlichkeit ausgefüllt werden. In seinem Anwendungsbereich sollte entsprechend der Üblichkeit ein branchennaher Referenzwert ermittelt werden, der dann entsprechend der Redlichkeit wertend anzupassen ist (**§ 3**).
3. Die Konkretisierung der Legaldefinition und ihrer Elemente der Üblichkeit und Redlichkeit muss nach methodischen Gesichtspunkten in Form der Qualifizierung eines feststehenden Kriterienkatalogs erfolgen. Dieser sollte diejenigen Umstände des Einzelfalls benennen können, die in allen dem § 32 Abs. 2 S. 2 UrhG unterfallenden Fällen in die gerichtliche Beurteilung der Angemessenheit einer Vergütung einzubringen sind. Der – wegen großer Unterschiede zwischen verschiedenen Branchen – notwendigen Flexibilität des Kriterienkatalogs ist durch eine ausreichende Abstrahierung bei der Regelbildung Rechnung zu tragen (**§ 4**).

675 Die Angaben in Klammern beziehen sich auf die Kapitel, in denen die Thesen vertreten werden.

4. Die Analyse der Rechtsprechungspraxis zum Begriff der Üblichkeit zeigt, dass sich die Gerichte zur Ermittlung einer Branchenübung allen voran an nicht unmittelbar anwendbaren Kollektivverträgen – wie insbesondere gemeinsamen Vergütungsregeln und Tarifverträgen in Fällen außerhalb deren Anwendungsbereichs – orientieren. Empirische Daten spielen bei der Ermittlung einer Branchenübung demgegenüber nur eine höchst subsidiäre Rolle (§ 5).
5. Die Rechtsprechungspraxis zum Begriff der Redlichkeit weist eine erhebliche Uneinheitlichkeit auf. Diese drückt sich in einer Vielzahl von in der gerichtlichen Wertung angewandten Kriterien und sich regelmäßig widersprechenden Entscheidungen aus. Ein deutlicher Schwerpunkt der gerichtlichen Wertung liegt aber im Bereich der nutzungsbezogenen Kriterien. Das gilt insbesondere für Kriterien zum Ausmaß und Umfang sowie des wirtschaftlichen Ergebnisses der Nutzung eines Werkes (§ 6).
6. Ein einender Gedanke hinter vielen der im Rahmen der Redlichkeit angewandten Kriterien ist der Versuch, den Anteil beider Parteien am Endprodukt und dessen Verwertungserfolg zu bemessen. Diesem Gedanken lassen sich sowohl nutzungsbezogene, personenbezogene, schaffensbezogene als auch werkbezogene Kriterien zuordnen. Indes reicht dieser Gedanke nicht aus, um die Anwendung der Redlichkeit generell anzuleiten. Die diesbezügliche Lücke stellt eine der größten Hürden bei der Konkretisierung der Legaldefinition dar (§ 6).
7. Entgegen der gesetzgeberischen Intention, im Rahmen des § 32 Abs. 2 S. 2 UrhG Einzelfallgerechtigkeit zu schaffen, tendieren viele Gerichte in der Praxis zu einer Wertung am für die jeweilige Branche typischen Fall. Durch diese Generalisierungen von Branchenumständen entstehen im Extremfall Branchentarife, in denen allein die für eine Branche typischen Gegebenheiten vergütungsrelevant sind. Jene Tendenz der Gerichte ist vor dem Hintergrund ihrer begrenzten Möglichkeiten und den ganz außergewöhnlichen Anforderungen, die der Gesetzgeber mit § 32 Abs. 2 S. 2 UrhG an sie gestellt hat, praktisch unausweichlich (§ 7).
8. Eine allein an den Gegebenheiten der Branche ausgerichtete Vergütung beeinträchtigt nicht die »Zuordnung des vermögenswerten Ergebnisses der schöpferischen Leistung an den Urheber« im Sinne der Rechtsprechung des Bundesverfassungsgerichts zur Eigentumsgarantie des Art. 14 Abs. 1 S. 1 GG. Letztere bezieht sich auf die vorgelagerte Zuordnung einer Verfügungsbefugnis über die Nutzungsrechte an der schöpferischen Leistung, während § 32 UrhG das nachgelagerte Ergebnis jener Verfügung regelt. Es sind damit unterschiedliche Ebenen des Verwertungsprozesses betroffen (§ 8).

9. Auch der Ausgleich gestörter Vertragsparität im Sinne der Rechtsprechung des Bundesverfassungsgerichts wird durch die Anwendung von Generalisierungen und Branchentarifen durch die Gerichte nicht beeinträchtigt. § 32 UrhG verfolgt mit der Idee von materialer Vertragsgerechtigkeit eine andere Stoßrichtung als der auf materiale Vertragsfreiheit gerichtete Ausgleich gestörter Vertragsparität. Mit der Verfolgung eines Leitbilds materialer Vertragsparität im Rahmen des § 32 Abs. 2 S. 2 UrhG ging der Gesetzgeber über den verfassungsrechtlich notwendigen Schutz der schwächeren Vertragspartei weit hinaus. (**§ 9**).
10. Zentraler Beweggrund für die Ausgestaltung des § 32 UrhG als flächendeckende Garantie einer angemessenen Vergütung waren vielmehr sozialpolitische Motive. Dabei ist bemerkenswert, dass der Gesetzgeber die Urheber nicht nur zur Existenzsicherung befähigen wollte, sondern auch zur Beibehaltung einer beruflichen urheberischen Tätigkeit. Dies entspricht einer weitgehenden Auffassung von sozialstaatlichen Aufgaben und ist im Hinblick auf Art. 20 Abs. 1 GG nicht unproblematisch (**§ 10**).
11. Aus der Perspektive dieser gesetzgeberischen Intention haben Branchentarife sowohl positive als auch negative Auswirkungen auf die Position der Urheber. Einerseits haben diese durch Branchentarife Rechtssicherheit bei der Wahl und Ausübung ihres Berufes und der Erwirtschaftung ihres Lebensunterhalts. Andererseits werden besondere Bedürfnisse einzelner Urheber durch jene Branchentarife nicht berücksichtigt, wodurch die Tauglichkeit zur Lösung der sozialen Probleme der Urheber wiederum verringert wird (**§ 10**).

Literaturverzeichnis

Ackermann, Thomas: Die Angemessenheit im allgemeinen Privat- und Wirtschaftsrecht, in: Riesenhuber, Karl, Die »Angemessenheit« im Urheberrecht, Tübingen 2013, S. 9–36

Ahlberg, Hartwig/Götting, Horst-Peter: Beck'scher Online-Kommentar Urheberrecht, 21. Edition, Stand: 04.06.2018

Andernach, Melanie: Die vertragliche Beteiligung nach dem neuen Urhebervertragsrecht Deutschlands und dem Urheberrecht Frankreichs – unter besonderer Berücksichtigung des Filmkomponisten, München 2004 (zitiert: *Andernach*, Die vertragliche Beteiligung nach dem neuen Urhebervertragsrecht)

Badura, Peter: Der Sozialstaat, DÖV 1989, S. 491–499

Bayreuther, Frank: Die Vereinbarkeit des neuen Urhebervertragsrechts mit dem Grundgesetz, UFITA 2002, S. 623–687

ders.: Entgeltsicherung Selbstständiger, NJW 2017, S. 357–361

von Becker, Bernhard: Die angemessene Übersetzervergütung – Eine Quadratur des Kreises?, ZUM 2007, S. 249–257

Benoliel, Daniel: Copyright Distributive Injustice, 10 Yale Journal of Law and Technology 1 (2008), S. 45–81

Berger, Christian/Wündisch, Sebastian: Urhebervertragsrecht – Handbuch, 2. Auflage, Baden-Baden 2015

Berger, Christian: Das neue Urhebervertragsrecht, Baden-Baden 2003

ders.: Sieben Jahre §§ 32ff. UrhG – Eine Zwischenbilanz aus Sicht der Wissenschaft, ZUM 2010, S. 90–95

ders.: Urhebervertragsrecht – Was der Gesetzgeber wollte, in: Stern, Klaus/Peifer, Karl-Nikolaus/Hain, Karl-Eberhard, Urhebervertragsrecht – Gelungen oder reformbedürftig?, München 2014, S. 9–25

Boeser, Knut: Modelle kollektiver Beteiligungsregelungen in der Filmverwertung, ZUM 2013, S. 737–740

Böhm, Franz: Privatrechtsgesellschaft und Marktwirtschaft, ORDO: Jahrbuch für die Ordnung von Wirtschaft und Gesellschaft 17 (1966), S. 75–151

Bornkamm, Joachim: Urhebervertragsrecht in der Praxis des Bundesgerichtshofs, in: Stern, Klaus/Peifer, Karl-Nikolaus/Hain, Karl-Eberhard, Urhebervertragsrecht – Gelungen oder reformbedürftig?, München 2014, S. 27–48

Bydlinski, Franz: Juristische Methodenlehre und Rechtsbegriff, 2. Auflage, Wien/New York 1991 *ders.:* Bewegliches System und juristische Methodenlehre, in: Bydlinski, Franz/Krejci, Heinz/Schilcher, Bernd/Steininger, Viktor, Das Bewegliche System im geltenden und künftigen Recht, Wien/New York 1986, S. 21–42

Canaris, Claus-Wilhelm: Systemdenken und Systembegriff in der Jurisprudenz entwickelt am Beispiel des deutschen Privatrechts, 2. Auflage, Berlin 1983 (zitiert: *Canaris*, Systemdenken und Systembegriff)

ders.: Wandlungen des Schuldvertragsrechts – Tendenzen zu seiner »Materialisierung«, AcP 200 (2000), S. 273–364

Czychowski, Christian: Offene Fragen nach den ersten Urteilen des Bundesgerichtshofs zum neuen Vergütungsrecht im Urheberrecht, GRUR 2010, S. 793–795

ders.: Vergütungsrecht im Urheberrecht verfassungskonform, GRUR-Prax 2014, S. 27–29

Däubler-Gmelin: Zur Notwendigkeit eines Urhebervertragsgesetzes – Vorwort zum Entwurf eines Gesetzes zur Stärkung der vertraglichen Stellung von Urhebern und ausübenden Künstlern, GRUR 2000, S. 764–765

Dietz, Adolf/Loewenheim, Ulrich/Nordemann, Wilhelm/Schricker, Gerhard/Vogel, Martin: Entwurf eines Gesetzes zur Stärkung der vertraglichen Stellung von Urhebern und ausübenden Künstlern (Stand: 22. Mai 2000), GRUR 2000, S. 765–778

Dietz, Adolf: Die sozialen Bestrebungen der Schriftsteller und Künstler und das Urheberrecht, GRUR 1972, S. 11–19

ders.: Die Pläne der Bundesregierung zu einer gesetzlichen Regelung des Urhebervertragsrechts – Ein Beitrag aus der Sicht der Entwurfsverfasser, ZUM 2001, S. 276–282

ders.: Der Entwurf zur Neuregelung des Urhebervertragsrechts, AfP 2001, S. 261–265

ders.: Amendment of German Copyright Law in Order to Strengthen the Contractual Position of Authors and Performers, IIC 2002, S. 828–843

Di Fabio, Udo: Soziale Gerechtigkeit und Verfassung, Politische Studien 406 (2006), S. 51–60

Dreier, Thomas/Schulze, Gernot: Urheberrechtsgesetz, Urheberrechtswahrnehmungsgesetz, Kunsturhebergesetz – Kommentar, 6. Auflage, München 2018

Dreyer, Gunda/Kotthoff, Jost/Meckel, Astrid: Heidelberger Kommentar – Urheberrecht, 4. Auflage, Heidelberg 2018 (zitiert: *Bearbeiter*, in: HK-UrhR)

Eidenmüller, Horst: Effizienz als Rechtsprinzip, 4. Auflage, Tübingen 2015

Engisch, Karl: Die Idee der Konkretisierung in Recht und Rechtswissenschaft unserer Zeit, 2. Auflage, Heidelberg 1968 (zitiert: *Engisch*, Die Idee der Konkretisierung)

ders.: Einführung in das juristische Denken, 11. Auflage, Stuttgart/Berlin/Köln 2010

Epping, Volker/Hillgruber, Christian: Beck'scher Online-Kommentar Grundgesetz, 38. Edition, Stand: 15.08.2018

Erdmann, Willi: Urhebervertragsrecht im Meinungsstreit, GRUR 2002, S. 923–931

Flechsig, Norbert: Der Entwurf eines Gesetzes zur Stärkung der vertragsrechtlichen Stellung von Urhebern und ausübenden Künstlern, ZUM 2000, S. 484–500

Göldner, Detlef Christoph: Verfassungsprinzip und Privatrechtsnorm in der verfassungskonformen Auslegung und Rechtsfortbildung: Verfassungskonkretisierung als Methoden- und Kompetenzproblem, Berlin 1969 (zitiert: *Göldner*, Verfassungsprinzip und Privatrechtsnorm)

Gounalakis, Georgios: Urhebervertragsrecht und Verfassung – Verfassungsrechtliche und rechtsvergleichende Bewertung des Gesetzentwurf zur Stärkung der vertraglichen Stellung von Urhebern und ausübenden Künstlern vom 30. Mai 2001, in: Gounalakis,

Georgios/Heinze, Meinhard/Dörr, Dieter: Urhebervertragsrecht - Verfassungs- und europarechtliche Bewertung des Entwurfs der Bundesregierung vom 30. Mai 2001, Berlin 2001

Greszick, Bernd: Der Anspruch des Urhebers auf angemessene Vergütung: Zulässiger Schutz jenseits der Schutzpflicht, AfP 2002, S. 383–390

Grosche, Nils: Die Kontrolle des gesetzgeberischen Zugriffs auf die Vertragsfreiheit – Anmerkungen zum Beschluss des Ersten Senats des Bundesverfassungsgerichts vom 23. Oktober 2013, DÖV 2014, S. 382–389

Grosheide, F. Willem: A German Revolution That Deserves Support – some reflections on the introduction of the iustum pretium rule in the German Copyright Contract Law 2002, in: Loewenheim, Ulrich, Urheberrecht im Informationszeitalter: Festschrift für Wilhelm Nordemann zum 70. Geburtstag am 8. Januar 2004, S. 447–464 (zitiert: *Grosheide*, in: Loewenheim, Festschrift Nordemann)

Habermas, Jürgen: Faktizität und Geltung, Berlin 1998

Haupt, Stephan/Flisak, Damian: Angemessene Vergütung in der urheberrechtlichen Praxis, KUR 2003, S. 41–48

von Hayek, Friedrich August: Die Verfassung der Freiheit, 4. Auflage, Tübingen 2005

Hertin, Paul: Werklohn und angemessene Vergütung, GRUR 2011, S. 1065–1069

Herzog, Roman/Scholz, Rupert/Herdegen, Matthias/Klein, Hans H.: Grundgesetz – Kommentar, 82. Ergänzungslieferung, München 2018 (zitiert: *Bearbeiter*, in: Maunz/Dürig)

Hillig, Hans-Peter: Zur angemessenen Vergütung freier hauptberuflicher Journalisten an Tageszeitungen, AfP 2016, S. 228–229

Hoeren, Thomas: Auf der Suche nach dem »iustum pretium«: Der gesetzliche Vergütungsanspruch im Urhebervertragsrecht, MMR 2000, S. 449–450

ders.: Kabinettsentwurf zur Reform des Urhebervertragsrechts – kritische Überlegungen, MMR 7/2001, S. V–VI

ders.: Was bleibt von §§ 32, 32a, 36 UrhG? – Überlegungen zur Zukunft des Urhebervertragsrechts, in: Bullinger, Axel/Grunert, Eike/Ohst, Claudia/Wöhrn, Kirsten-Inger, Festschrift für Artur-Axel Wandtke zum 70. Geburtstag, Berlin/Boston 2013, S. 159–186 (zitiert: *Hoeren*, in Bullinger u. a., Festschrift Wandtke)

Hucko, Elmar: Das neue Urhebervertragsrecht: Angemessene Vergütung – Neuer Bestsellerparagraf – Gemeinsame Vergütungsregeln, Halle/Saale 2002

Ipsen, Jörn, Richterrecht und Verfassung, Berlin 1975

Jacobs, Rainer: Die angemessene und die unangemessene Vergütung – Überlegungen zum Verständnis der §§ 32, 32a UrhG, in: Ahrens, Hans-Jürgen/Bornkamm, Joachim/Kunz-Hallstein, Hans Peter, Festschrift für Eike Ullmann, Saarbrücken 2006, S. 79–92 (zitiert: *Jacobs*, in: Ahrens u. a., Festschrift Ullmann)

ders.: Die Karlsruher Übersetzertarife – Zugleich Anmerkung zu BGH »Destructive Emotions«, GRUR 2011, S. 306–309

Kahnemann, Daniel/Schkade, David/Sunstein, Cass R.: Shared Outrage and Erratic Awards: The Psychology of Punitive Damages, Journal of Risk and Uncertainty 16 (1998), S. 49–86

Kahnemann, Daniel: Thinking, Fast and Slow, London 2012

Kasten, Jürgen: Reform des Urhebervertragsrecht aus Sicht der Regisseure, ZUM 2015, S. 479–488

Koch, Ulrich/Linck, Rüdiger/Treber, Jürgen/Vogelsang, Hinrich: Arbeitsrechts-Handbuch, 17. Auflage, München 2017 (zitiert: *Bearbeiter*, in: Schaub, Arbeitsrechts-Handbuch)

Kromer, Eberhard: Zur angemessenen Vergütung in der digitalen Welt, AfP 2013, S. 29–34

Langenbucher, Katja: Die Entwicklung und Auslegung von Richterrecht – Eine methodologische Untersuchung zur richterlichen Rechtsfortbildung im deutschen Zivilrecht, München 1996 (zitiert: *Langenbucher*, Die Entwicklung und Auslegung von Richterrecht)

Larenz, Karl: Methodenlehre der Rechtswissenschaft, 6. Auflage, Berlin 1991

Leistner, Matthias: Die »angemessene Beteiligung« des Urhebers nach § 32 UrhG aus verhaltensökonomischer Sicht, in: Riesenhuber, Karl/Klöhn, Lars, Das Urhebervertragsrecht im Lichte der Verhaltensökonomik – INTERGU-Tagung 2009, Berlin 2010, S. 119–151

Loewenheim, Ulrich/Leistner, Matthias/Ohly, Ansgar: Urheberrecht – Kommentar, 5. Auflage, München 2017 (zitiert: *Bearbeiter*, in: Schricker/Loewenheim)

Loewenheim, Ulrich: Handbuch des Urheberrechts, 2. Auflage, München 2010

Looschelders, Dirk/Roth, Wolfgang: Juristische Methodik im Prozeß der Rechtsanwendung – Zugleich ein Beitrag zu den verfassungsrechtlichen Grundlagen von Gesetzesauslegung und Rechtsfortbildung, Berlin 1996 (zitiert: *Looschelders/Roth*, Juristische Methodik)

Lucas-Schloetter, Agnès: Das neue Urhebervertragsrecht, GRUR 2017, S. 235–241

Mathis, Klaus: Effizienz statt Gerechtigkeit? – Auf der Suche nach den philosophischen Grundlagen der Ökonomischen Analyse des Rechts, 3. Auflage, Berlin 2009

Metzger, Axel: Beteiligungsgrundsatz und Fairness – Warum das Vertragsrecht ungeeignet ist, die soziale Frage zu lösen, in: in: Obergfell, Eva Inés, Zehn Jahre reformiertes Urhebervertragsrecht, Berlin/Boston 2013, S. 37–53

Müller-Glöge, Rudi/Preis, Ulrich/Schmidt, Ingrid: Erfurter Kommentar zum Arbeitsrecht, 18. Auflage, München 2018 (zitiert: *Bearbeiter*, in: ErfK ArbR)

Neumann, Volker: Sozialstaatsprinzip und Grundrechtsdogmatik, DVBl 1997, S. 92–100

Nordemann, Axel/Nordemann, Jan Bernd: Urheberrecht – Kommentar zum Urheberrechtsgesetz, Verlagsgesetz, Urheberrechtswahrnehmungsgesetz, 11. Auflage, Stuttgart 2014 (zitiert: *Bearbeiter*, in: Fromm/Nordemann)

Nordemann, Wilhelm: Vorschlag für ein Urhebervertragsgesetz, GRUR 1991, S. 1–10

Nozick, Robert: Anarchy, State and Utopia, New York 2013

Nussbaum, Martha C.: Capabilities and Human Rights, Fordham Law Review 66 (1997), S. 273–300

dies.: Capabilities as Fundamental Entitlements: Sen and Social Justice, 9 Feminist Economics (2003), S. 33–59

dies.: Creating Capabilities – The Human Development Approach, Cambridge/London 2011

Obergfell, Eva Inés/Zurth, Patrick: Die Angemessenheit vertraglicher Urhebervergütungen und ihre gesetzlichen Sicherungsmechanismen – Zur Reform der Reform des Urhebervertragsrechts, ZGE/IPJ 2016, S. 1–47

Obergfell, Eva Inés: Urhebervertragsrecht 2012 – Eine Zwischenbilanz, in: Obergfell, Eva Inés, Zehn Jahre reformiertes Urhebervertragsrecht, Berlin/Boston 2013, S. 7–23

Ohly, Ansgar: Richterrecht und Generalklausel im Recht des unlauteren Wettbewerbs – Ein Methodenvergleich des englischen und des deutschen Rechts, Köln/ Berlin/ Bonn/ München 1997 (zitiert: *Ohly*, Richterrecht und Generalklausel)

ders.: Generalklausel und Richterrecht, AcP 201 (2001), S. 1–47

ders.: Die Angemessenheit von Vergütungen, Tarifen und Gesamtverträgen, in: Riesenhuber, Karl, Die »Angemessenheit« im Urheberrecht, Tübingen 2013, S. 169–187

von Olenhusen, Albrecht Götz: Der Gesetzentwurf für ein Urhebervertragsrecht – Ein Diskussionsbeitrag, ZUM 2000, S. 736–739

Ory, Stephan: Das Urhebervertragsrecht vor dem BVerfG, AfP 2014, S. 23–26

ders.: Verschärfung des Urhebervertragsrechts, AfP 2015, S. 389–394

ders.: Urhebervertragsrecht – Die Reform der Reform – Von der angemessenen Vergütung zum Besonderen Urhebervertragsrecht?, in: Ory, Stephan/Cole, Mark D., Reform des Urhebervertragsrechts – Dokumentation der EMR-Veranstaltung vom 28. Januar 2016 in Berlin, Baden-Baden 2016, S. 11–46

ders.: Neues Recht für Verträge mit Kreativen, NJW 2017, S. 753–757

Ossenbühl, Fritz: Richterrecht im demokratischen Rechtsstaat, in: Schröder, Meinhard/ Löwer, Wolfgang/Di Fabio, Udo/von Danwitz, Thomas, Freiheit, Verantwortung, Kompetenz: ausgewählte Abhandlungen / Fritz Ossenbühl, Köln/Berlin/Bonn/München 1994, S. 331–345

Peifer, Karl-Nikolaus/Nohr, Christopher: Schutzzweck des Urheberrechts und angemessene Vergütung, in: Obergfell, Eva Inés, Zehn Jahre reformiertes Urhebervertragsrecht, Berlin/Boston 2013, S. 25–36

Peifer, Karl-Nikolaus: Zur angemessenen Vergütung im Urhebervertragsrecht – Neuigkeiten und Funktionsverschiebungen nach Umsetzung des »Zweiten Korbes«, AfP 2008, S. 545–551

ders.: Urhebervertragsrecht in der Reform – Der »Kölner Entwurf« in Text, Erläuterung und Kritik, Berlin/Heidelberg 2016

Peukert, Alexander: Protection of Authors and Performing Artists in International Law – Considering the Example of Claims for Equitable Remuneration Under German and Italian Copyright Law, IIC 2004, S. 900–922

ders.: Güterzuordnung als Rechtsprinzip, Tübingen 2008

Poll, Günter: »Darf's noch ein bisschen mehr sein?« – Zur Unangemessenheit der Anwendung des Bestsellerparagraphen (§ 32a UrhG) auf den Filmbereich, ZUM 2009, S. 611–620

Posner, Richard: Economic Analysis of Law, 9. Auflage, New York 2014

Rachlinski, Jeffrey J.: A Positive Psychological Theory of Judging in Hindsight, University of Chicago Law Review 65 (1998), S. 571–625

Rawls, John: A Theory of Justice – Revised Edition, Cambridge 1999

ders.: Justice as Fairness – A Restatement, Cambridge/London 2001

ders.: Political Liberalism – Expanded Edition, New York 2005

Reber, Nikolaus: Die Redlichkeit der Vergütung (§ 32 UrhG) im Film- und Fernsehbereich, GRUR 2003, S. 393–398

ders.: Der »Ertrag« als Grundlage der angemessenen Vergütung/Beteiligung des Urhebers (§§ 32, 32a, 32c UrhG) in der Film- und Fernsehbranche – Keine »monkey points« nach Art US-amerikanischer Filmvertragsklauseln, GRUR Int. 2011, S. 569–579

Rehbinder, Manfred/Peukert, Alexander: Urheberrecht – Ein Studienbuch, 18. Auflage, München 2018

Ritgen, Klaus: Vertragsparität und Vertragsfreiheit, JZ 2002, S. 114–121

Robeyns, Ingrid/Brighouse, Harry: Introduction: Social Primary Goods and Capabilities as Metrics of Justice, in: Brighouse, Harry/Robeyns, Ingrid, Measuring Justice – Primary Goods and Capabilities, Cambridge 2010, S. 1–13

Rödl, Florian: Contractual Freedom, Contractual Justice, and Contractual Law (Theory), Law and Contemporary Problems 76 (2013), S. 57–70

ders.: Gesetzlicher Mindestlohn und Vertragsgerechtigkeit, in: Klesczewski, Diethelm/Müller-Mezger, Steffi/Neuhaus, Frank, Mindestlohn – (k)ein gerechter Lohn?, Münster 2017, S. 11–26

Rolfs, Christian/Kreikebohm, Ralf/Giesen, Richard/Udsching, Peter: Beck'scher Online-Kommentar Arbeitsrecht, 48. Edition, Stand: 01.06.2018 (zitiert: *Bearbeiter*, in: Beck OK ArbR)

von Rom, Katharina: Der Schutz des Übersetzers im Urheberrecht, Baden-Baden 2007

Röthel, Anne: Normkonkretisierung im Privatrecht, Tübingen 2004

Rüthers, Bernd/Fischer, Christian/Birk, Axel: Rechtstheorie, 9. Auflage, München 2016

Sachs, Michael: Grundgesetz – Kommentar, 7. Auflage, München 2014

Schack, Haimo: Neuregelung des Urhebervertragsrechts – Kritische Anmerkungen zum Professorenentwurf, ZUM 2001, S. 453–466

ders.: Urhebervertragsrecht im Meinungsstreit, GRUR 2002, S. 853–859

ders.: Urhebervertragsrecht – Probleme und Perspektiven, in: Stern, Klaus/Peifer, Karl-Nikolaus/Hain, Karl-Eberhard, Urhebervertragsrecht – Gelungen oder reformbedürftig?, München 2014, S. 55–74

ders.: Urheber- und Urhebervertragsrecht, 8. Auflage, Tübingen 2017

Schäfer, Hans-Bernd/Ott, Claus: Lehrbuch der ökonomischen Analyse des Zivilrechts, 5. Auflage, Berlin/Heidelberg 2012

Schaub, Renate: Die Angemessenheit im Urhebervertragsrecht, §§ 32ff. UrhG, in: Riesenhuber, Karl, Die »Angemessenheit« im Urheberrecht, Tübingen 2013, S. 97–115

Schimmel, Wolfgang: Das Urhebervertragsrecht – Fehlschlag oder gelungene Reform? – Eine Zwischenbilanz aus Sicht der Autoren, ZUM 2010, S. 95–107

Schmidt, Uwe: Der Vergütungsanspruch des Urhebers nach der Reform des Urhebervertragsrechts, ZUM 2002, S. 781–791

Schricker, Gerhard: Zum neuen deutschen Urhebervertragsrecht, GRUR Int. 2002, S. 797–809

ders.: Zum Begriff der angemessenen Vergütung im Urheberrecht – 10 % vom Umsatz als Maßstab?, GRUR 2002, S. 737–743

ders.: German and Comparative Intellectual Property Law – Efforts for a Better Law on Copyright Contracts in Germany – A Never-Ending Story?, IIC 2004, S. 850–858

Sen, Amartya: Equality of What?, The Tanner Lectures on Human Values 1980, S. 195–220

ders.: The Standard of Living, The Tanner Lectures on Human Values 1985, S. 3–51

ders.: Capabilities, Lists, and Public Reason: Continuing the Conversation, 10 Feminist Economics (2004), S. 77–80

ders.: What Do We Want from a Theory of Justice?, Journal of Philosophy 103 (2006), S. 215–238

ders.: The Idea of Justice, London 2010

ders.: The Place of Capability in a Theory of Justice, in: Brighouse, Harry/Robeyns, Ingrid, Measuring Justice – Primary Goods and Capabilities, Cambridge 2010, S. 239–253
Shavell, Steven: Foundations of Economic Analysis of Law, Cambridge/London 2004
Sprang, Christian: Die Vereinbarung angemessener Vergütung in der Verlagsbranche, ZUM 2010, S. 116–124
Stark, Christian: Empirie in der Rechtsdogmatik, JZ 1972, S. 609–614
Steininger, Viktor: Walter Wilburg als Lehrer und Forscher in der Erinnerung seiner unmittelbaren Schüler und das Bewegliche System im Gesamtgefüge der Wissenschaften, in: Bydlinski, Franz/Krejci, Heinz/Schilcher, Bernd/Steininger, Viktor, Das Bewegliche System im geltenden und künftigen Recht, Wien/New York 1986, S. 1–19
Stickelbrock, Barbara: Ausgleich gestörter Vertragsparität durch das neue Urhebervertragsrecht?, GRUR 2001, S. 1087–1095
Sunstein, Cass R./Kahnemann, Daniel/Schkade, David: Assessing Punitive Damages (with Notes on Cognition and Valuation in Law), Yale Law Journal 107 (1997–1998), S. 2071–2153
Sunstein, Cass R.: Behavioral Law and Economics: A Progress Report, American Law and Economics Review 1 (1999), S. 115–157
Thüsing, Gregor: Tarifvertragliche Chimären – Verfassungsrechtliche und arbeitsrechtliche Überlegungen zu den gemeinsamen Vergütungsregeln nach § 36 UrhG n. F., GRUR 2002, S. 203–212
Tolkmitt, Jan: Die angemessene Vergütung im Urheberrecht – Vergütungs- und Vertragsgestaltung durch Gerichte, in: Büscher, Wolfgang/Erdmann, Willi/Haedicke, Maximilian/ Köhler, Helmut/Loschelder, Michael, Festschrift für Joachim Bornkamm zum 65. Geburtstag, München 2014, S. 991–1006 (zitiert: *Tolkmitt,* in: Büscher u. a., Festschrift Bornkamm)
Ulmer, Eugen: Gutachten zum Urhebervertragsrecht – insbesondere zum Recht der Sendeverträge, Bonn 1977
Ulmer-Eilfort, Constanze/Obergfell, Eva Inés: Verlagsrecht – Kommentar, München 2013
Voßkuhle, Andreas: Der Sozialstaat in der Rechtsprechung des Bundesverfassungsgerichts, SGb 2011, S. 181–186
Wandtke, Artur-Axel/Bullinger, Winfried: Praxiskommentar zum Urheberrecht, 4. Auflage, München 2014
Wandtke, Artur-Axel: Zur Reform des Urhebervertragsrechts, K&R 2001, S. 601–607
ders.: Urhebervertragsrechtsreform oder die Leiden der Kreativen? – Schlussbetrachtungen, Obergfell, Eva Inés, Zehn Jahre reformiertes Urhebervertragsrecht, Berlin/ Boston 2013, S. 101–127
ders.: Urheberrecht, 6. Auflage, Berlin/Boston 2017
Wank, Rolf: Grenzen richterlicher Rechtsfortbildung, Berlin 1978
Wieacker, Franz: Das Sozialmodell der klassischen Privatrechtsgesetzbücher und die Entwicklung der modernen Gesellschaft (1953), in: Wieacker, Franz, Industriegesellschaft und Privatrechtsordnung, Frankfurt am Main 1974, S. 9–35
ders.: Das bürgerliche Recht im Wandel der Gesellschaftsordnungen (1960), in: Wieacker, Franz, Industriegesellschaft und Privatrechtsordnung, Frankfurt am Main 1974, S. 36–54
Wilburg, Walter: Entwicklung eines beweglichen Systems im bürgerlichen Recht, Graz 1950

Wolff, Heinrich Amadeus: Die verfassungsrechtliche Grundlage der Angemessenheit im Urheberrecht, in: Riesenhuber, Karl, Die »Angemessenheit« im Urheberrecht, Tübingen 2013, S. 67–85

Dokumenten- und Materialverzeichnis

Alle hier angegebenen Internetquellen wurden zuletzt abgerufen und überprüft am 20.09.2018.

Antwort der Bundesregierung auf die große Anfrage der Abgeordneten Rainer Funke, Hans-Joachim Otto (Frankfurt), Dr. Edzard Schmidt-Jortzig, weiterer Abgeordneter und der Fraktion der F.D.P., BTDrucks 14/6426

Beschlussempfehlung und Bericht des Rechtsausschusses zu dem Gesetzentwurf der Bundesregierung – Drucksache 14/7564 – Entwurf eines Gesetzes zur Stärkung der vertraglichen Stellung von Urhebern und ausübenden Künstlern, BTDrucks 14/8058

Beschlussempfehlung und Bericht des Ausschusses für Recht und Verbraucherschutz zu dem Gesetzentwurf der Bundesregierung – Drucksachen 18/8625 – Entwurf eines Gesetzes zur verbesserten Durchsetzung des Anspruchs der Urheber und ausübenden Künstler auf angemessene Vergütung, BTDrucks 18/10637

Einigungsvorschlags zum Inhalt Gemeinsamer Vergütungsregeln zwischen dem BVK – Bundesverband Kinematografie e.V. und der Constantin Film Produktion GmbH, http://www.kinematografie.org/kontakt/anhang/2013/2013-03-12_13-35_Einigungsvorschlag.pdf

Formulierungshilfe des Bundesministeriums der Justiz zu dem Entwurf eines Gesetzes zur Stärkung der vertraglichen Stellung von Urhebern und ausübenden Künstlern, 19.11.2001, http://www.urheberrecht.org/UrhGE-2000/download/Formulierungshilfe_20011119.pdf

Gegenäußerung der Bundesregierung zur Stellungnahme des Bundesrates, BTDrucks 14/7564

Gemeinsame Vergütungsregeln Bild, http://www.djv.de/fileadmin/user_upload/Bilder/Faire_Bildhonorare_0702131.pdf

Gemeinsame Vergütungsregeln für Autoren belletristischer Werke in deutscher Sprache, http://www.boersenverein.de/sixcms/media.php/976/Verg%C3%BCtungsregeln%20f%C3%BCr%20belletristische%20Autoren.pdf

Gemeinsame Vergütungsregeln für Übersetzungen, https://www.literaturuebersetzer.de/download/uebersetzer/gvr-2014.pdf

Gemeinsame Vergütungsregelung zwischen Bundesverband der Film- und Fernsehschauspieler e.V. (BFFS) und ProSiebenSat.1 TV Deutschland GmbH, http://www.prosiebensat1.de/uploads/2015/10/25/562d5856a8cb7_original.pdf

Gemeinsame Vergütungsregelung zwischen BVK – Berufsverband Kinematografie e.V. und ProSiebenSat.1 TV Deutschland GmbH, http://www.prosiebensat1.de/uploads/2016/08/23/160817_.Verguetungsregeln_BVK.pdf

Gemeinsame Vergütungsregelung zwischen BVR – Bundesverband der Film- und Fernsehregisseure in Deutschland e.V. und ProSiebenSat.1 TV Deutschland GmbH, http://www.prosiebensat1.de/uploads/2015/10/25/562d585701929_original.pdf

Gemeinsame Vergütungsregelung zwischen Verband Deutscher Drehbuchautoren e.V. und ProSiebenSat.1 TV Deutschland GmbH, http://www.prosiebensat1.de/uploads/2015/10/25/562d5857e786c_original.pdf

Gesetzentwurf der Bundesregierung – Entwurf eines Gesetzes zur Stärkung der vertraglichen Stellung von Urhebern und ausübenden Künstlern, BTDrucks 14/6433

Gesetzentwurf der Bundesregierung – Entwurf eines zweiten Gesetzes zur Regelung des Urheberrechts in der Informationsgesellschaft, BTDrucks 16/1828

Gesetzentwurf der Bundesregierung – Entwurf eines Gesetzes zur verbesserten Durchsetzung des Anspruchs der Urheber und ausübenden Künstler auf angemessene Vergütung, BTDrucks 18/8625

Gesetz zur Stärkung der vertraglichen Stellung von Urhebern und ausübenden Künstlern, BGBl I 2002, 1155

Gesetz zur verbesserten Durchsetzung des Anspruchs der Urheber und ausübenden Künstler auf angemessene Vergütung und zur Regelung von Fragen der Verlegerbeteiligung, BGBl I 2016, 3037

Lebenslagen in Deutschland – Zweiter Armuts- und Reichtumsbericht der Bundesregierung, http://www.armuts-und-reichtumsbericht.de/SharedDocs/Downloads/Berichte/lebenslagen-deutschland-zweiter-armuts-reichtumsbericht.pdf?__blob=publicationFile&v=3

Lebenslagen in Deutschland – Fünfter Armuts- und Reichtumsbericht der Bundesregierung, http://www.armuts-und-reichtumsbericht.de/SharedDocs/Downloads/Berichte/5-arb-langfassung.pdf?__blob=publicationFile&v=2

Professorenentwurf von Adolf Dietz, Ulrich Loewenheim, Wilhelm Nordemann, Gerhard Schricker und Martin Vogel – Entwurf eines Gesetzes zur Stärkung der vertraglichen Stellung von Urhebern und ausübenden Künstlern, wiedergegeben in GRUR 2000, 765ff.

Referentenentwurf des Bundesministeriums der Justiz und für Verbraucherschutz – Entwurf eines Gesetzes zur verbesserten Durchsetzung des Anspruchs der Urheber und ausübenden Künstler auf angemessene Vergütung, 05.10.2015, http://www.bmjv.de/SharedDocs/Gesetzgebungsverfahren/Dokumente/RefE_Urhebervertragsrecht.pdf?__blob=publicationFile&v=2

Stellungnahme des Bundesrates zum Entwurf eines Gesetzes zur Stärkung der vertraglichen Stellung von Urhebern und ausübenden Künstlern, BRDrucks 404/01

Vergütungsmodelle für Drehbuchautoren bei ZDF-Produktionen vom 19.07.2012, wiedergegeben in Boeser, ZUM 2013, 737, 738ff.

Vorschlag aus der Medienwirtschaft für ein Urhebervertragsrecht, 10.04.2001, https://www.ory.de/uvr/UrhVR-Vorschlag.pdf